Gerd-Inno Spindler

Querdenken im Marketing

Gerd-Inno Spindler

Querdenken im Marketing

Wie Sie die Regeln im Markt
zu Ihrem Vorteil verändern

GABLER

Bibliografische Information der Deutschen Nationalbibliothek
Die Deutsche Nationalbibliothek verzeichnet diese Publikation in der
Deutschen Nationalbibliografie; detaillierte bibliografische Daten sind im Internet über
<http://dnb.d-nb.de> abrufbar.

1. Auflage 2011

Alle Rechte vorbehalten
© Gabler Verlag | Springer Fachmedien Wiesbaden GmbH 2011

Lektorat: Manuela Eckstein | Gabi Staupe

Gabler Verlag ist eine Marke von Springer Fachmedien.
Springer Fachmedien ist Teil der Fachverlagsgruppe Springer Science+Business Media.
www.gabler.de

Umschlaggestaltung: KünkelLopka Medienentwicklung, Heidelberg
Umschlagmotiv: © picture-alliance / dpa
Druck und buchbinderische Verarbeitung: AZ Druck und Datentechnik, Berlin
Gedruckt auf säurefreiem und chlorfrei gebleichtem Papier
Printed in Germany

ISBN 978-3-8349-3105-4

„Nicht der Markt soll uns lenken, sondern wir den Markt."

Vorwort oder warum dieses Buch entstand

Im heutigen Wirtschaftsleben bleibt immer weniger Zeit, die richtigen Maßnahmen zu finden und umzusetzen. Trotz der knappen Zeit sind es zu oft keine wirklich neuen Themen und Probleme, mit denen wir uns beschäftigen, sondern Themen, mit denen wir uns schon länger und immer wieder auseinandergesetzt haben. Allerdings in der Vergangenheit offensichtlich nicht mit dem notwendigen Erfolg, denn sie liegen immer noch ungelöst vor uns.

Ebenfalls in diese Kategorie fallen strategische Entscheidungen, die unser Unternehmen in die Zukunft führen sollen. Die Weichen müssen zum richtigen Zeitpunkt in die richtige Richtung gestellt werden. Es ist nicht damit getan, einen permanenten Optimierungswettlauf mit dem Wettbewerb zu starten, um so vielleicht ein paar Prozent an Optimierung zu erreichen, wie natürlich unser Wettbewerber auch. Deutlich effektiver ist es, sich als Spielmacher im Markt zu bewegen und auch dem Wettbewerb als Spielmacher gegenüberzutreten. Der Markt soll nach unseren Regeln spielen und nicht wir nach den Regeln anderer. Genau diese Themen beschäftigen jeden Verantwortlichen nicht nur im Marketing und im Vertrieb. Sollen wir wirklich permanent mit dem Wettbewerb um den günstigsten Preis des Produktes kämpfen, anstatt innovative Maßnahmen und Produkte im Markt zu platzieren und uns kreativ mit dem Kunden zu beschäftigen?

Wenn die bisher angewendeten Lösungsansätze nicht den erhofften Erfolg gebracht haben, sollte etwas geändert werden. In diesem Buch wird solch ein neuer und anders gestalteter Ansatz vorgestellt.

Auf der Suche nach einer geeigneten Managementmethode für diese aktuellen Problemstellungen bin ich auf das Thema „Querdenken – Spielregeln im Markt ändern", wie ich es genannt habe, gestoßen und war vom ersten Moment an überzeugt, ja begeistert. Das Thema Querdenken fasziniert mich seit meiner ersten Berührung mit dieser Methode, in einem Unternehmen die Weichen für eine erfolgreiche Zukunft zu stellen und Probleme zu lösen.

Warum also analog allen anderen im Markt verfahren, denken und Maßnahmen umsetzen? In der Regel führt das zu uniformen Märkten, in denen nur der Preis und sonst nichts bewegt wird. Ein solches Vorgehen ist nicht nur wenig sinnvoll, sondern auch existenziell bedrohlich.

Querdenken ist eine Managementmethode, die höchst innovativ ist und die die Beteiligten und das Unternehmen gleichermaßen fordert. Man muss sich nur entschließen, diesen Weg gehen zu wollen und anzufangen. Ich habe es gewollt und den Prozess Querdenken im Unternehmen mit meinem Team gestartet und umgesetzt. Es gab keine Literatur über einen Umsetzungsprozess und keine Hilfestellung, wie so etwas funktionieren kann. Also musste es selbst versucht und der Mut dazu aufgebracht werden. Während der operativen Umsetzung dieser Managementmethode habe ich viel gelernt und möchte meine Erfahrungen gerne weitergeben. Aus voller Überzeugung.

Querdenken löst sich von den bisherigen Denkprozessen und Denkmodellen im Unternehmen und blendet die vermeintlichen Branchengesetze aus. Quasi auf der „grünen Wiese" beginnen die Überlegungen zur Gestaltung eines Prozesses oder zur Lösung eines Problems ganz neu. Querdenker lösen sich von der alleinigen Orientierung an den Marktgesetzen und respektieren diese nicht blind.

Ich habe gute Erfahrungen damit gemacht, sowohl im Marketing als auch bei kleineren, aber dauerhaften Problemen und bei der Optimierung von Prozessen, die Methode des Querdenkens anzuwenden.

Für die Zukunftsplanung eines Unternehmens ist es zwingend notwendig querzudenken, denn wie können Sie absehen, was in fünf oder zehn Jahren auf Ihrem Markt los sein wird? Sie gelangen nur mit anderen Methoden und Denkprozessen in die heute noch virtuelle Zukunft.

Dieses Buch zeigt Ihnen, was Querdenken ist und wie man als Spielmacher in der Lage ist, die Spielregeln in einem Markt zu seinen Gunsten zu ändern oder anzupassen. Es nennt Ihnen Beispiele für erfolgreiche Querdenker und weniger erfolgreiche Nicht-Querdenker. Aus der Praxis stelle ich Ihnen eine erfolgreiche Vorgehensweise zur Umsetzung des Prozesses vor. Die ausgewählten Querdenker-Sprüche werden Ihnen bestimmt ein Schmunzeln entlocken und einen gewissen Aha-Effekt erzielen.

Wenn die bisherigen Methoden Sie im Stich gelassen haben oder wenn Sie einfach mehr erwarten als die kleinen Schritte der Optimierung für Ihr Unternehmen, dann haben Sie das richtige Buch ausgewählt.

Nachdem mich die Begeisterung für das Thema Querdenken gepackt hatte, wollte ich natürlich unbedingt mein Team davon überzeugen und diese Methode bei uns im Unternehmen für die Lösung eines aktuellen Problems einsetzen. Also habe ich angefangen, eine Präsentation für ein Kick-off-Meeting zusammenzustellen. Einige Grundbegriffe, einige Beispiele und einige Gedanken dazu habe ich zusammengetragen und aufbereitet. Gerne hätte ich dabei auf etwas Fertiges zurückgegriffen, auf das ich hätte aufbauen können. Doch leider habe ich damals nichts gefunden. Sollten Sie genauso wie ich von diesem Thema gepackt werden, soll Ihnen diese Arbeit erspart bleiben. Auf meiner Website – www.gerd-inno-spindler.de – steht Ihnen eine Präsentation zum Thema „Querdenken – Spielregeln ändern" als Download zur Verfügung. Dann können Sie sofort loslegen, wenn Sie das Thema in Ihrem Unternehmen umsetzen wollen.

Es hat viel Spaß gemacht, meine Erfahrungen aufzuschreiben und Anregungen für Sie zusammenzustellen. Ich wünsche Ihnen viel Vergnügen bei der Lektüre dieses Buches und freue mich, wenn ich Sie für das Querdenken und die Spielmacher-Theorie begeistern kann. Meinen Teams und mir haben das Querdenken und das Ändern der Spielregeln erheblich geholfen und uns ganz entscheidende Schritte nach vorne gebracht, uns vom Wettbewerb abzusetzen.

Lassen Sie den Ausflüchten und Entschuldigungen der Vergangenheit keine Chance und nutzen Sie die großen Möglichkeiten, die sich jenseits der Marktbarrieren und -gesetze anbieten.

Gerd-Inno Spindler

Inhaltsverzeichnis

1. Die Zukunft kommt. Sie auch?

Blick nach vorne

*„If everything seems under control,
you are just not going fast enough."*[1]

In diesem Kapitel möchte ich die enorme Wichtigkeit der eigenen und vor allem der aktiven Zukunftsgestaltung des Unternehmens im Marketing- und Vertriebsbereich herausstellen und verdeutlichen, dass man an der Zukunft nicht durch Reagieren oder Optimieren teilnimmt.

Der Blick kann nur nach vorne gehen, die Zukunft ist das, was zählt. Beim Vorwärtsgehen müssen wir unsere Kraft und unsere Finanzen einsetzen. Nach hinten zu optimieren, ist sinnlos. Die Zukunft wird in den seltensten Fällen nur eine simple Fortsetzung der Vergangenheit sein und sieht anders aus als das Heute.

Das Herangehen an die Lösung von Problemen, die uns heute beschäftigen, gehört schon zur Zukunftsplanung. Darum gibt es für mich einen ganz engen Zusammenhang zwischen Zukunft und Problemlösung. Immer und immer wieder die gleiche Vorgehensweise im Markt zu praktizieren, die gleichen Produkte und Vertriebskanäle zu haben, sichert kein Geschäft für die Zukunft. Wären wir mit den heutigen Produkten und Strategien in zehn Jahren noch erfolgreich? Denken Sie einmal zehn Jahre zurück zum Beispiel an die Telefonie oder den Computer. Mit den damaligen Produkten wäre heute im Markt kein Kunde mehr zu gewinnen.

Aufgabe ist es, die eigene Zukunft und das eigene Schicksal selbst zu bestimmen, denn die Zukunft kommt nicht schlagartig wie aus dem Nichts. Die Zukunft ist nichts Passives, sie wird vorbereitet und zwar von den Personen, die sich als Spielmacher aktiv im Markt bewegen. Also weg vom Klon-Marketing, hin zu einer aktiven Gestaltung mit quergedachten Ideen eines Spielmachers. Es gilt permanent zu versuchen, im Voraus zu sein, denn das Morgen wird später zum Heute.

---

1   Mario Andretti, amerikanischer Rennfahrer

Mit dem Optimieren von Prozessen und Produkten werden nur die Fehler und Versäumnisse der Vergangenheit beseitigt. Es ist wichtig zu erkennen, dass man das Geld für Optimierung und Restrukturierung aus den vergangenen Jahren in die Zukunft hätte investieren können. Wo stünde das Unternehmen dann heute? Auf welchen neuen Märkten, mit welchen neuen Produkten und mit welchen neuen Kunden hätte man arbeiten können, wäre das Geld anders eingesetzt worden? Dieser Strafzoll für die Vergangenheit wäre besser in die Zukunft investiert worden. Wo liegen die Grenzen der Vergangenheit? Wo begrenzt uns das Gewohnte und verbaut den Blick nach vorne?

In folgendem Experiment aus dem Tierreich werden die Beschränkung auf das Gewohnte und die sich daraus ergebenden Folgen gut sichtbar:

 Vier Affen sind in einem Käfig, in dem ein Baum mit Bananen an der Baumspitze steht. Jeder Affe versucht natürlich, an die Bananen zu kommen, aber immer, wenn er zugreifen will, kommt von oben eine kalte Wasserdusche. Alle Affen machen diese Erfahrung. Dann wird ein Affe gegen einen neuen „unerfahrenen" Affen ausgetauscht. Der neue Affe will selbstverständlich auch an die Bananen, aber die anderen erfahrenen Affen halten ihn zurück, sie wissen ja, was passieren würde. Nacheinander werden nun alle Affen ausgewechselt, bis zum Schluss keiner mehr die eigene Erfahrung hat. Aber immer noch halten alle den jeweils neuen Affen davon ab, die Bananen zu greifen. Soweit zu Erfahrungen in der Vergangenheit und was sie für die Zukunft taugen.

Der Spielmacher ist erfolgreich, weil er flexibel und schnell ist und sich zutraut, die Zukunft aktiv anzugehen und sich mit ihr auseinanderzusetzen, und zwar nicht aufgrund von Kostenvorteilen, operativer Effizienz oder organisatorischen Vorteilen.

Der Spielmacher und Querdenker schaut hinter die typischen Strategiepläne, er schaut weiter. Was brauche ich für den Markt der Zukunft? Diese Frage sollte einen wichtigen Platz einnehmen. Es geht nicht um einen höheren Marktanteil jetzt, das ist operatives Tagesgeschäft. Es geht um den Markt von morgen, der heute noch nicht einmal in Ansätzen existiert. Wichtig sind die Nicht-Kunden, die zu Kunden werden sollen. Welche neuen Services, Vorteile oder Produkte will ich meinen Kunden in zehn Jahren anbieten? Welche neuen Kunden will ich überzeugen? Welche Kompetenzen brauche ich dafür? Welche Technik, welche Mitarbeiter? Werden dafür Lizenzen oder Firmenkäufe notwendig sein?

Muss ich Mitarbeiter mit dem notwendigen Know-how suchen und für das Unternehmen gewinnen? Sind interne Versetzungen oder eventuell neue Shareholder notwendig?

Wofür geben Sie im Unternehmen mehr Geld aus und investieren mehr Zeit? Für die Erklärung und Bewältigung der Vergangenheit, zum Beispiel mithilfe detaillierter Analysen für etwas, was schon längst vorbei ist? Oder für die aktive Gestaltung der eigenen Zukunft? Nach einer Analyse, nachzulesen bei Gary Hamel und C. K. Prahalad (1995), ist uns die Zukunft gerade mal drei Prozent unserer Aufwendungen wert.

 Testen Sie sich selbst:

Frage 1:

„Wie verbringen Sie Ihre Zeit: Mit internen oder mit externen Fragen?"

Frage 2:

„Bei den externen Themen, schauen Sie auf die nächsten fünf bis zehn Jahre oder auf den nächsten lukrativen Auftrag?"

Frage 3:

„Bei den Themen in den nächsten fünf bis zehn Jahren, werden diese mit internen Kollegen besprochen oder denken Sie mit externen Personen auch mal quer und versuchen, völlig andere Ansätze zu finden?"

Anstatt insgesamt fünfzig Prozent für die aktive Gestaltung der Zukunft einzusetzen, verbleiben durchgerechnet gerade einmal drei Prozent. Dramatisch daran ist, dass damit nichts Entscheidendes für die Zukunft getan wird, sondern die Vergangenheitsbewältigung uns offensichtlich erheblich mehr Zeit und Geld wert ist. Oft beherrscht uns die Angst vor der Zukunft eines Mitspielers und nicht der Wille und das Selbstbewusstsein eines Spielmachers. Auf die unterschiedlichen Rollen von Spielmachern und Mitspielern wird später noch eingegangen.

Der Marktanteil hat seine Tücken

Wachstum und Marktanteil kann man kaufen. Man kauft einfach einen Wettbewerber und fertig. Schon steigt der Marktanteil, man kann Synergien heben und alles ist vermeintlich in Ordnung. Akquisitionen sind allerdings die am wenigsten intelligente Art im Markt zu wachsen. Meistens rechnen sich die Aufwendungen für Zukäufe selbst nach Jahren nicht. Es wird nur in sehr wenigen Fällen gelingen, eine Spitzenstellung in der Zukunft auf Zukäufe zu begründen.

Es ist eminent wichtig zu wissen, wo man sein Geld in Form von Investitionen ausgeben soll. Kaufen Sie heute mit viel Geld Marktanteil im heutigen Markt, der vielleicht morgen gar nicht mehr vorhanden ist oder zahlen Sie lieber in die Zukunft ein? Der Marktanteil hat sowieso seine Tücken. Wie definiere ich meinen Markt? Es gibt ein weites Spielfeld für die Höhe des Marktanteils. Als Reifenproduzent eines Winterreifens für Allradfahrzeuge kann ich meinen Marktanteil genau an diesem Segment berechnen. Er wird wahrscheinlich relativ hoch sein. Beziehe ich ihn auf alle Winterreifen, wird er schon deutlich geringer. Beziehe ich ihn auf alle Reifen, also Sommer- Winter- und Ganzjahresreifen, sieht die Marktanteilswelt schon wieder ganz anders aus. Am Ergebnis des Unternehmens hat sich allerdings gar nichts geändert. Also Vorsicht bei der Interpretation von Marktanteilen und dem „Gesundrechnen". Es ist für die Zukunftsplanung besser, ein Problem auch als solches anzuerkennen, als es durch Zahlenquälerei nur optisch zu lösen und dabei viel Zeit zu verlieren. Lassen Sie die Vergangenheit ruhen und beschäftigen Sie sich mit der Zukunft. Um satt zu werden, reicht es nicht, sich über das gute Essen von gestern zu freuen. Manchmal ist es besser und auch notwendig, die Vergangenheit einfach auszublenden.

Das Positionieren des Unternehmens und der Produkte im aktuellen Markt ist wichtig, aber immer reaktiv und nicht auf die Zukunft gerichtet. Wenn man sich positioniert, übernimmt man Spielregeln und stellt keine neuen auf. Als Querdenker beschäftigt man sich aber mit einem vielleicht unbekannten Markt, über den noch kein Wissen vorhanden ist. Das macht die Aufgabe aber umso spannender. Nehmen wir das Beispiel des Videorekorders. Keiner wusste, was der Markt will, es gab ihn noch nicht. Wo sollte der Preis des Videorekorders liegen? Welche Aufnahmezeit sollte eine Kassette haben? Welche Features sollte das Produkt haben? Zeitlupe, schneller Vorlauf, Programmierung, Schneidemöglichkeit? Eine Marktforschung war schwierig, denn der Konsument hatte vorher nie einen Videorekorder gesehen. Also galt es, einfach zu probieren und schneller als andere im Markt zu sein, um eher Erfahrungen zu sammeln und darauf weiter aufzubauen. So hat es Matsushita gemacht und Sony mit seinem Beta-System. Später die Messlatte im Profibereich, obwohl anfangs für den B2C-Bereich konzipiert. Man lernt und entwickelt sich durch die Beschäftigung mit dem Neuen.

Zukunftsplanung statt Optimierung

Es ist wichtiger, neue Märkte zu entdecken, als im heutigen Markt zu arbeiten und alles auszuquetschen, was noch eben geht. Das ist die Aufgabe Ihrer Spezialisten im Unternehmen. Meistens sind das die Bewahrer der Vergangenheit. Sie selbst sollten anders denken und arbeiten. Es ist besser, Sie erfinden die Zukunft, als an der eigenen Zukunft nicht beteiligt zu sein. Nur der Aktive hat die Macht.

Was wollen Sie oder Ihre Mitarbeiter in zehn Jahren erreicht haben bzw. hinterlassen haben? An welchen bahnbrechenden Entwicklungen im Markt wollen Sie mitgewirkt haben, welche wollen Sie initiiert haben? Die Zukunft ist erheblich reizvoller als die Vergangenheit. Das Festhalten an Verhalten und Lösungen, die in der Vergangenheit ausgereicht haben, sinnvoll und erfolgreich waren, wird nicht die Lösungen für eine sich verändernde Welt bringen können. Wir haben oft Angst vor dem Dunkel der Zukunft, aber dann müssen wir eben die passenden Scheinwerfer finden. Diese Angst vor der Zukunft wird von Paul Watzlawick (1983) in seinem Buch „Anleitung zum Unglücklichsein" beschrieben: Ein Mann verliert nachts auf dem Weg nach Hause seinen Schlüssel und sucht offensichtlich erfolglos immer nur unter dem Lichtschein einer Laterne. Auf die Frage eines dazu kommenden Polizisten, ob er den Schlüssel hier verloren hätte, antwortet der Mann: „Nein, nicht hier, sondern dort hinten – aber dort ist es viel zu finster, um etwas zu sehen." Wenn wir immer unter dem gleichen Lichtkegel, immer nur im Vertrauten nach Lösungen suchen, kommen wir keinen entscheidenden Schritt voran. Bruno Weisshaupt (2006) beschreibt in seinem Buch „Systeminnovation – Die Welt neu entwerfen" eine Art Gesetzmäßigkeit des Fortschritts, indem eine lineare Weiterentwicklung des immer Gleichen, irgendwann ins Leere läuft. Er sieht zum Beispiel den Höhepunkt einer Produktentwicklung dann erreicht, wenn der Aufwand einer Optimierung des Produktes, in keiner Relation mehr zum Wert des Produktes steht. Dieser Punkt ist meistens schneller erreicht, als man denkt und wahrhaben will. Manchmal kommt es mir so vor, als wenn viele nach dem Motto „Keine Ahnung, wohin wir gehen, aber von diesem Weg weichen wir keinen Millimeter ab" handeln.

Was muss ich heute tun, um das Morgen zu erreichen? Wer könnten die neuen Wettbewerber und die neuen Kunden im Zukunftsmarkt sein? In diesem Stadium wird die grobe Richtung benötigt, noch keine Details der Zukunft oder der komplette Weg. Es reicht, den ersten Schritt zu sehen und diesen auch zu tun. Wenn sie mit dem Auto von Hamburg nach München zum Hauptbahnhof fahren wollen, müssen Sie erst einmal die grobe Richtung kennen, die A7 Richtung Süden; der U-Bahnplan von München nutzt Ihnen hier noch nichts. Er interessiert an dieser Stelle noch gar nicht, kann aber mächtig irritieren. Es ist notwendig, in diesem Stadium grobe Vorstellungen von der Zukunft zu entwickeln, aber noch keine Details, die sich erst mit den weiteren Schritten ergeben werden. Unterwegs auf der Reise nach München werden Sie etwas essen und trinken und Sie werden das Auto auftanken müssen. Kaum einer wird schon seine gesamte Verpflegung dabei haben: Sie werden sich unterwegs die Dinge besorgen, die Sie für die Weiterreise brauchen. Sich einfach ins Auto setzen und losfahren, funktioniert allerdings auch nicht, denn dann fahren sie eventuell nach Flensburg und nicht nach München.

Gestaltung der eigenen Zukunft ist es, sich neue Produkte und Anwendungen für die bestehenden Kompetenzen im Unternehmen zu suchen oder sich die Frage zu stellen, welche für den Markt der Zukunft aufgebaut werden müssen. Volkswagen und Honda steigen zum Beispiel über die Kraft-Wärme-Kopplung in die Heiztechnik ein. Dafür wird ein Motor benötigt, und diese Kompetenz ist bei beiden Unternehmen vorhanden.

Die Zukunftsplanung ist kein einmaliger, sondern ein permanenter Prozess, für den nicht Geld entscheidend ist, sondern das Wollen und Können der Manager und Mitarbeiter. Das Management sollte zum Querdenken führen und sich nicht zu viel im Tagesgeschäft verlieren. Ein Unternehmen muss sich verändern, und zwar bevor es eine Notwendigkeit wird. Genau dafür muss ein anderer Weg des Denkens und des Managements eingeschlagen werden.

Zukunftsplanung statt Optimierung

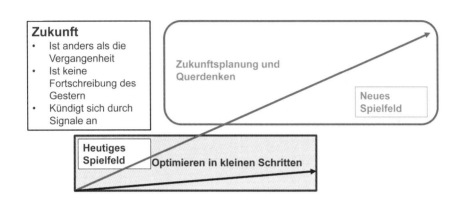

Zukunft
- Ist anders als die Vergangenheit
- Ist keine Fortschreibung des Gestern
- Kündigt sich durch Signale an

Zukunftsplanung und Querdenken

Neues Spielfeld

Heutiges Spielfeld

Optimieren in kleinen Schritten

Abbildung 1: Zukunft

2. Warum ist Querdenken wichtig?

Im Folgenden wird der Begriff Querdenken definiert und erläutert, was Querdenken ist. Es wird beschrieben, warum ein anderes Denken im Marketing und in anderen Unternehmensbereichen dringend notwendig ist. Die bisherigen Ansätze sind Schnee von gestern und somit morgen bereits getaut. Die Chancen, die Querdenken im Marketing ermöglicht und die negativen Folgen, wenn man sich stattdessen im Markt auf den Preis reduzieren lässt, werden veranschaulicht. Am Ende des Kapitels wird an einigen klassischen Fehlinterpretationen verdeutlicht, warum man oft aus der aktuellen Situation heraus die Zukunft falsch einschätzt.

Eine Definition

Joseph Alois Schumpeter hat in seinem Werk „Kapitalismus, Sozialismus und Demokratie" schon 1943 in der englischsprachigen Ausgabe bzw. 1946 in der deutschen Übersetzung von der „schöpferischen Zerstörung" („Process of Creative Destruction") gesprochen. Er bezeichnet so den Prozess einer wirtschaftlichen Mutation, der permanent von innen alte Strukturen zerstört und damit immer wieder neue Strukturen schafft. Für ihn ist dieser Wandel notwendig für eine dynamische und sprunghafte Entwicklung. Erst das Neue sprengt den normalen, langsamen Ablauf in der Wirtschaft. Schumpeter hat sicher nicht das Querdenken, wie hier beschrieben, im Sinn gehabt, seine Gedanken weisen aber doch viele Parallelen auf.

Edward de Bono, ein britischer Mediziner und Schriftsteller, hat den Begriff des „lateralen Denkens" 1967 in einer Veröffentlichung eingeführt. De Bono sieht das laterale Denken im Gegensatz zum vertikalen oder linearen Denken, das kontinuierlich verläuft und auf dem bisher Bekannten beruht. Das laterale Denken zeichnet sich dadurch aus, dass

▶ auch subjektive Eindrücke und Empfindungen zugelassen werden,

▶ keine Kontinuität in den Gedanken vorhanden sein muss,

▶ das Unwahrscheinliche nicht ausgeblendet wird,

▶ beschränkende Rahmen nicht akzeptiert werden,

▶ Schwarz-Weiß-Entscheidungen nicht erlaubt sind.

Für mich ist Querdenken, bezogen auf Marketing und Vertrieb in der Wirtschaft, eine strategische Denkmethode, die sich durch folgende Grundzüge auszeichnet:

- ▶ die Optimierung des Bestehenden alleine ist zu wenig,
- ▶ Branchengesetze werden als Beschränkung nicht akzeptiert,
- ▶ bewusster Ausbruch aus dem Bestehenden,
- ▶ „geht nicht" gibt es nicht,
- ▶ aktives und unvoreingenommenes Vorgehen,
- ▶ Adaptionen aus anderen Branchen als Hilfsmittel.

Querdenken definiere ich so:

> „Querdenken ist eine strategische Denkweise, bei der aktiv, bewusst und unvoreingenommen das bisher Erreichte nicht weiter optimiert, sondern in Frage gestellt und ohne Akzeptanz der bestehenden Branchenregeln nach neuen Möglichkeiten und Regeln im alten oder neuen Markt gesucht wird."

Beim Querdenken gibt es keine Begrenzungen im Denken. Wer sich Grenzen setzt, wird sie auch einhalten. Wenn ein Unternehmen drei Prozent Umsatzsteigerung als Ziel definiert, werden auch nicht mehr als diese drei Prozent realisiert. Wir kennen alle die Self Fulfilling Prophecy. Wenn man schon das Scheitern und Nicht-Gelingen erwartet, wird es auch so passieren. Positiv nach vorne denken, ist eine Grundlage des Querdenkens.

Eine plakative Formulierung dessen, was Querdenken ist, habe ich bei Anja Förster und Peter Kreuz gefunden (2005): „Gesucht ist nicht die bessere Art, zwei Holzstücke aneinander zu reiben, um Licht zu machen, sondern die Glühbirne." Genau das ist es. Querdenken ist eine Strategie, eine Managementmethode, um die Zukunft und die Sicherung des Unternehmens anzugehen. Jack Welch hat uns in seinem Buch „Winning" (2005) gesagt, nach welchen Kriterien er eine Strategie beurteilt. Für ihn muss man bei einer Strategie weniger grübeln und mehr handeln. Es gibt kein Verrennen in Zahlenkolonnen und Power Point Charts, die einem den Durchblick vernebeln, anstatt zu erhellen. Strategie ist keine Theorie, sondern pure Praxis am Markt. Idee haben – Team bilden – Umsetzen. Querdenken ist eine Methode, die uns in die Lage versetzt, ein Thema unvoreingenommen zu behandeln und ein Unternehmen in vielen Bereichen fit für den Markt der Zukunft zu machen. Es gelingt auf diese Weise sich von den bisherigen und nicht erfolgreichen Denkprozessen und -methoden zu befreien und diese hinter sich zu lassen, denn geholfen haben sie bisher nicht. Querdenken heißt, aus diesen Modellen auszubrechen und die Lösung eines Problems oder auch Innovationen in einem ganz neuen Feld und einer ganz neuen Richtung zu suchen. Der große Vorteil des Querdenkens liegt darin, genau das nicht zu akzeptieren, was der Wettbewerb und die anderen Marktteilnehmer als fixen Rahmen und als Branchengesetze ansehen und nicht mehr hinterfragen. Sieht man nur die Branchengesetze, so wird man ganz erheblich eingeschränkt und vernagelt sich geradezu den Blick für ein völlig neues Spielfeld. Der Querdenker ignoriert diese Grenzen. Er fühlt sich als grenzenloser Spielmacher: Er will die Spielregeln in seinem Markt ganz bewusst ändern. Nicht das Unternehmen soll sich nach dem Markt richten, sondern der Markt nach den eigenen Spielregeln des Unternehmens. Querdenken schafft Abstand zu den Wettbewerbern und hält sie auf Distanz. Sie selbst setzen aktiv neue Standards im Markt. Im Gegensatz dazu wurden die existierenden Benchmarks in der Branche von anderen gesetzt und oftmals blind verfolgt.

Querdenken: Eine Definition

„Querdenken ist eine strategische Denkweise, bei der aktiv, bewusst und unvoreingenommen das bisher Erreichte nicht weiter optimiert, sondern in Frage gestellt und ohne Akzeptanz der bestehenden Branchenregeln nach neuen Möglichkeiten und Regeln im alten oder neuen Markt gesucht wird."

(Gerd-Inno Spindler, Querdenker)

Abbildung 2: Querdenken: eine Definition

Die Notwendigkeit, anders zu denken

Am besten beschreibt für mich Henry Ford die Notwendigkeit des Querdenkens:

> „Wenn Sie immer das tun, was sie bisher getan haben, werden Sie auch immer das bekommen, was Sie bisher bekommen haben."[2]

Wenn wir immer mit den gleichen Methoden und Prozessen Themen bearbeiten oder Probleme lösen, dann wird uns das nicht weiter bringen als bisher. Wir kommen immer wieder zu den fast gleichen Ansätzen und Ergebnissen. Ergo bedeutet die gewohnte Methode Stillstand statt Weiterentwicklung.

Wir alle kennen dieses Phänomen immer wieder mit den gleichen Problemen und Umständen zu kämpfen, ohne einen Durchbruch zu erzielen oder die entscheidende Lösung zu finden. Viele Probleme sind schon wie alte Bekannte, die immer mal wieder vorbeischauen, auch wenn sie ab und an ihr Aussehen und ihr Verhalten ändern. Analog gilt dies auch für jede Problemlösung und die generelle Zukunftsgestaltung im Unternehmen. Im Marketing und Vertrieb kennen wir dieses Phänomen gleichermaßen.

Immer wieder gehen wir wie gewohnt vor und starten mit großem Aufwand eine Prozessanalyse, die alles bis ins Kleinste zerlegt. Im Marketing und Vertrieb schauen wir gebannt auf die Maßnahmen und Produkte der Wettbewerber und reagieren in gleicher Weise. Wir tun das natürlich mit denselben Menschen wie immer und doktern an den nicht funktionierenden Dingen herum, ohne sie in Frage zu stellen, anstatt nach dem Neuen zu suchen. Mit der klassischen Vorgehensweise lässt sich jedoch das Neue und Ungewohnte nicht identifizieren. So ist es auch mit den Ideen, die man mit den gleichen Teilnehmern in einem Workshop hat, wenn man immer mit der gleichen „Denke" herangeht. Sie kennen die vorgeschlagenen Lösungsmöglichkeiten noch vom vorletzten Jahr. Da haben sie auch nicht funktioniert, aber sie werden bei dieser Vorgehensweise immer wieder als vermeintliche Lösung herangezogen werden.

Wir müssen uns zum einen von der rein funktionalen Sicht und zum anderen von der rein technischen Sicht (bei Produkten) lösen, die traditionellen Prozess- und Strukturbarrieren aufbrechen und mit neuen Sichtweisen auf die Prozesse und Produkte schauen. Die beste Sichtweise auf ein Produkt hat doch der Kunde, der das Produkt kaufen soll. Oftmals beschäftigen sich viele Unternehmen

---

2   Henry Ford, Gründer Ford Motor Company

nur mit internen Themen, weil sie alles Interne für viel wichtiger als den Kunden und den Markt halten. Optimieren der bestehenden Produkte, der internen Strukturen und der Prozesse macht offensichtlich mehr Spaß und bringt relativ schnell kleine Erfolge, von denen man sich aber nicht blenden lassen sollte. Bruno Weisshaupt (2006) fordert daher: „Es wird in Zukunft nicht mehr darum gehen, immer neue Features in die alten Pflichtenhefte der Techniker zu schreiben. Wir brauchen neue Pflichtenhefte, die der Markt und nicht der Techniker diktiert." Weisshaupt verdeutlicht dies am Beispiel der Drehtür, die nach 120 Jahren Entwicklungsgeschichte immer noch nicht richtig funktioniert und sich oft als Behinderung erweist anstatt den Personenverkehr flüssiger zu gestalten. Zur Sicherheit gibt es neben den Drehtüren noch zwei Flügeltüren, falls die 120-jährige Entwicklung doch nicht funktioniert. Welche Eingangsvariante hätten wir heute, wäre das Entwicklungsgeld für die Drehtür in andere Möglichkeiten gesteckt worden? Wenn man immer an der Verbesserung des Bestehenden arbeitet und die ganze Kraft darauf konzentriert, verliert man den Blick für die bessere Lösung. Wir beharren auf schlechten und nicht funktionierenden Systemen, Prozessen und Produkten, weil wir glauben, dass es keine besseren gibt. Dies ist ein Tunnelblick, denn es gelingt oftmals nicht, aus dem Detail auszubrechen und das gesamte System – hier Personenverkehr und Klimatrennung – zu sehen. Weisshaupt fordert, die Systemgrenzen und die Wertschöpfungsketten aufzubrechen und dem Kunden Lösungen für seine Probleme und Bedürfnisse anzubieten, die über das Heutige weit hinausgehen. Wir lieben verbesserte Produkte, aber sie sind kein Ersatz für die Zukunft. Brauchen wir immer schnellere und leichtere Autos oder wird ein völlig neues Verkehrskonzept benötigt? Wollen wir unsere Städte mit immer mehr und immer größeren und schnelleren Autos verstopfen? Reicht es uns, wenn das neue Auto einen halben Liter Treibstoff weniger verbraucht als das alte Auto, oder müssen wir nicht einen Minderverbrauch von fünfzig Prozent erwarten? Oder sogar ein Verkehrskonzept, in dem das Auto nur eine Teilrolle spielt und die Schiene eine weitere Rolle. Bruno Weisshaupt hat dies in seinem Buch anschaulich beschrieben. Aber man muss lernen und üben, so zu denken. Was bringt mir die Leichtbau-Querlenker-Hinterachse, wenn ich doch morgens nur fünf Kilometer zum Bahnhof fahren will? Damit werden die Produkte für alle viel teurer, ohne dass alle den Nutzen des technischen Aufwandes daraus ziehen können. Wäre es nicht viel besser ein Konzept zu entwerfen, wie man kostengünstig und schnell zum Bahnhof kommt?

 Die Daimler AG ist mit ihrem Konzept car2go auf diesem Gebiet aktiv geworden. In Austin-Texas, in Ulm und in Hamburg stehen jeweils mehrere hundert Smart For Two Fahrzeuge jedem angemeldeten Kunden zur Verfügung. Die Parkspots der Fahrzeuge im Stadtgebiet können online und per App gesucht und das Auto direkt reserviert werden. Das Warten auf den Bus oder die Anschaffung eines eigenen Autos sollen damit in der Stadt unnötig werden. Genutzt werden die Autos für den Einkauf, einen Arztbesuch oder innerstädtische Fahrten jeder Art. Die Tarife liegen in Hamburg zum Beispiel bei 29 Cent pro Minute oder 14,90 Euro pro Stunde.

Sich vom Wettbewerb abheben

Unsere Wettbewerber im Markt werden ebenfalls die gewohnten und klassischen Methoden nutzen, um sich selbst zu entwickeln. Also bewegen wir uns wieder absolut parallel, der Abstand und die Positionierung zu den anderen Marktteilnehmern werden bleiben, sich vielleicht punktuell ändern. Wie beim Seifenkistenrennen, mal ist der eine vorne, mal der andere. Die Frage ist aber doch, wie zünde ich den Turbo, um einen uneinholbaren Vorsprung rauszuarbeiten? Bestimmt nicht, wenn alle mit den gleichen Prozessen und Denkmodellen arbeiten. Das führt wie bei Bolko v. Oetinger (2006) beschrieben zum Treffen der Branche in der Grauzone des Durchschnitts. Schon eigenartig, wenn man immer das Gleiche macht und doch auf ein anderes Ergebnis hofft. Der Kunde wird aber auf eine Grauzone oder ein „Alles ist gleich" keinen Wert legen. Das Spiel funktioniert einfach:

Entweder kann ich den Wettbewerb in einem Punkt deutlich schlagen, oder ich suche mir neue Punkte, die dem Kunden wichtig sind, die der Wettbewerb nicht hat. Dafür kann ich wiederum auf Punkte verzichten, die dem Kunden nicht wichtig sind bzw. die er nicht honoriert. Die Frage ist „Was ist bei meinem Unternehmen oder meinem Angebot einzigartig?" Suchen Sie sich Benchmarks in anderen Branchen, so laufen Sie nicht Gefahr, nur dem direkten Wettbewerb hinterherzulaufen. Auch reine interne Vergleiche bringen einen nicht entscheidend weiter, es wird nur alles ähnlicher und angepasster.

Große Unternehmen sind schwerfällig; Richtlinien, Controlling und Genehmigungsverfahren im internen Ablauf behindern eine neue und ungewohnte Vorgehensweise. Man muss dies erkennen, um die schwere Rüstung der Behinderungen fallen zu lassen. Mit dem Verfassen von Richtlinien ist noch keiner Marktführer geworden. Es fällt nicht schwer, sich vorzustellen, dass in einem Unternehmen, in dem alle erdenklichen Schritte und Wege haarklein in Richtlinien und Vorschriften gefasst sind, keine Kreativität für die Zukunft aufkommt. Hier werden die Kreativität und der Mut der Mitarbeiter gestoppt und zunichte gemacht. Freiraum gehört aber zu einer radikalen Vorwärtsentwicklung dazu.

Befinden sich im Unternehmen die Bewahrer der Vergangenheit oder die wirklichen Zukunftsplaner an entscheidender Stelle?

Leider sind die Bewahrer und Gralshüter des Gestrigen weit verbreitet, oft sind die Verantwortlichen dafür ganz oben im Unternehmen angesiedelt.

Die Spielmacherrolle muss auch gewollt sein, das Querdenken als Managementmethode auch unterstützt werden, ansonsten werden die Bewahrer diejenigen im Unternehmen sein, die immer Recht bekommen, weil sie keine Fehler machen, sondern immer das Gestrige fortführen. Wir müssen uns immer wieder fragen, was uns nach vorne treibt. Sind es die Aktivitäten und Aktionen unserer Wettbewerber im Markt oder sind es unsere eigenen Gedanken und Ideen für die Zukunft?

Schaffen Sie eine Querdenker-Abteilung, in der Spielmacher arbeiten. Schaffen Sie einen eigenen Vorstandbereich dafür. Strategie allein reicht nicht aus, um in der Zukunft Erfolg zu haben.

Wenn etwas Unvorhergesehenes oder Ungewöhnliches im Markt passiert, dann sollte Freude ausbrechen über die Chance, sich damit beschäftigen zu können. Nehmen Sie das als Aufforderung zum Tanz mit der Zukunft. Einen Tanz, bei dem Sie führen und nicht geführt werden. Wollen wir „Malen nach Zahlen" oder lieber ein eigenes Bild gestalten? Wenn Sie nur vernünftige Entscheidungen treffen wollen, denken Sie daran, dass solche Entscheidungen auch von Ihrem Wettbewerb genauso getroffen werden. Unterscheiden Sie sich von anderen, setzen Sie sich von ihnen ab.

Viele Unternehmen betreiben Marktforschung und verstecken sich dahinter. Verdeckt werden damit nicht gelebte Kundenorientierung und Zukunftsplanung.

Marktforschung reicht nicht aus

Marktforschung alleine reicht allerdings nicht aus. Marktforschung kann sicher Anhaltspunkte für Verbesserungen und Weiterentwicklung bestehender Produkte geben, aber eine heute unbekannte Zukunft kann sie nicht beschreiben. Es ist schwierig, Kunden über etwas zu befragen, was es noch nicht gibt, denn die Kunden wissen in der Regel nicht, was kommt. Qualifizierte Aussagen sind somit nur schwerlich zu bekommen. Welche Kunden sollen befragt werden? Die eigenen Kunden von heute? Sind das die Kunden für die morgige Geschäftseinheit? Eigentlich müssen gerade die Nicht-Kunden befragt werden, denn die hat man nicht und möchte sie gewinnen.

Der Kunde kann und wird nicht überall als Experte, der die Marktforschung weiterbringt, auftreten können. Zum Beginn des Zeitalters der drahtlosen Telefonie hätte bestimmt kein Kunde beschreiben können, wie eine SIM-Karte aussehen soll, die aber für das Handy eine große Bedeutung hat. Wie sollte er eine UMTS-Card für den Laptop definieren können oder seine Erwartungen an ein solches Produkt?

Stellen Sie sich eine Marktforschung mit Kunden vor, die noch vor der Einführung des Internets stattgefunden hätte: Die Teilnehmer der Marktforschung wären nach ihren Bedürfnissen und Erwartungen an ein World-Wide-Web gefragt worden. Sie hätten sagen sollen, wie und für welche Zwecke sie das Internet nutzen wollen. Hätte man sich nur auf diese Ergebnisse verlassen können, als man das Internet ins Leben gerufen hat? Hätte irgendjemand gesagt, dass es außer der Information, die man suchen und finden kann, man im Internet Produkte kaufen sollte, Freunde finden, Daten, Videos oder Musik runterladen sollte? Niemals wären mit dieser Vorgehensweise diese Produkte und diese neuen Märkte entwickelt bzw. erschlossen worden. Der Kunde wird nicht aus eigenem Antrieb der Visionär oder Vordenker sein, daher bringt die Marktforschung für neue Produkte, die es noch gar nicht gibt, nicht die richtigen Ergebnisse, mit denen man arbeiten kann. Henry Ford hat einmal gesagt: „Wenn ich die Leute gefragt hätte, was sie wollen, hätten sie sich schnellere Pferde gewünscht". Wer hätte wohl Apple gebeten, den iPod zu erfinden? Oder hätte jemand Ikea gebeten, die Möbel selbst transportieren und aufbauen zu dürfen?

Für den Querdenker-Prozess ist es sinnvoller, den „normalen" Kunden selbst zu „beobachten" – im Gegensatz zu einer Befragung – direkt und live. Dann erhält man die besten Ansätze für das weitere Vorgehen. Focus Groups sind hierbei eine echte Hilfe und Unterstützung. Die Volkswagen AG hat dafür eine sogenannte „Produktklinik" ins Leben gerufen. In einer großen Messehalle werden 100 PKW-Modelle aufgestellt, die ausgewählte Verbraucher begutachten können. Die Marketingverantwortlichen können den Verbraucher bei seiner Entscheidungsfindung live beobachten und erhalten so wertvolle Erkenntnisse, die dann in die Modellpolitik einfließen. Die „Produktklinik" wird auch zusammen mit einer „Preisklinik" durchgeführt. Damit ergeben sich sehr schnell Hinweise über die Preiselastizität der eigenen Modelle im Vergleich zum Wettbewerb. Ein Kundenbeirat mit großen Kunden ist ebenfalls eine wirksame Konzeption, die gerade von den großen Kunden im B2B-Bereich auch gerne unterstützt wird, da sie auch eigene Interessen an der Zukunft und an sicheren Lieferanten haben. Die Marktforschung muss sein – keine Frage –, aber der Spielmacher tastet sich weiter voran und nimmt weder die Ergebnisse noch die im Markt geltenden Regeln als unumstößlich hin. Er fängt sein Spiel dort an, wo andere aufhören zu denken und die Regeln im Markt als fest verankert ansehen. Das ist im Unternehmen die Aufgabe des Managements. Hier müssen solche Denkprozesse in Gang gesetzt werden. Querdenken ist nicht nur die Aufgabe von Marketingleuten im Unternehmen oder von externen Beratern. Das gesamte Unternehmen muss beteiligt sein, in allen Bereichen sind kreative und aufgeschlossene Menschen zu finden. Es kommt in diesem Prozess nicht darauf an, wer die zündende Idee hatte, sondern dass man sie überhaupt haben darf. Querdenken ist keine Machtfrage, jeder kann eine Idee haben. Es ist auch keine Frage der Spontanität nach dem Motto „O.K., wir denken jetzt quer. Wer fängt an und hat eine Idee? Auf die Plätze, fertig, los!" So wird es nicht funktionieren, Querdenken ist ein kontinuierlich laufender Prozess, der ein anderes Denken und eine andere Einstellung erfordert.

 Jetzt sind Sie gefragt:

- ▶ Ist Ihr Ansatz wirklich einzigartig im Markt und unterscheidet sich so deutlich von den anderen Marktteilnehmern? Stellen Sie doch einmal das Konzept Ihres Unternehmens, Ihre Regeln der Kundenorientierung, Ihre Strategie im Markt Ihrem eigenen Führungsteam vor, ohne allerdings zu sagen, wessen Dinge Sie gerade präsentieren.

- ▶ Lassen Sie Ihr Team raten, welches Unternehmen Sie gerade vorstellen. Was glauben Sie, wird dabei herauskommen?

- ▶ Erkennen alle ihr Unternehmen oder folgen gerade Ihre Mitarbeiter den Ansätzen des Wettbewerbs? Sehr wahrscheinlich sind genau die Ansätze im Markt, die einen Unterschied beim Kunden ausmachen sollen, absolut vergleichbar, wenn nicht sogar identisch und austauschbar.

Der Kunde muss von Ihrem Unternehmen und Ihren Produkten begeistert sein, er muss das Gefühl haben, etwas Einmaliges, ganz Besonderes bei Ihnen zu finden. Ansonsten gehen Sie im Meer der Masse unter und schwimmen bestenfalls mit. Kopieren oder Imitieren wird nichts Einmaliges hervorbringen. Wer im Mittelfeld der Liga spielt, läuft Gefahr abzusteigen. Wer permanent oben in der Liga spielt, wird mit dem Abstieg nichts zu tun haben und hat die Chance, in der Champions League zu spielen. Dort wird das große Geld verdient und man wird auch nicht durch den stetigen Wettbewerb mit Mitläufern lahm und genügsam.

Das Unmögliche reizt

Versuchen Sie nicht mit Ihrer gesamten Energie das Teilstück des Marktes größer werden zu lassen, setzen Sie Ihre gesamte Energie ein, um einen neuen Markt zu finden oder zu schaffen. Das Unmögliche hat doch sowieso den größten Reiz. Der Ansatz, „Immer alles schön geregelt, nach der Reihe und bloß kein Risiko eingehen", ist keine Entwicklung in Richtung Zukunft. Oft werden in Meetings die tollsten Ideen kaputt geredet und immer wieder vertagt, anstatt einfach anzufangen und im kleineren Umfeld zu testen. Das Vertagen auf ein späteres Leben ist keine kreative Einstellung, eher eine für Angsthasen. Ein Projekt, eine Idee auch mit nicht hundertprozentiger Sicherheit aufzunehmen, damit geht es voran. Was sollte schon Dramatisches passieren, wenn eine Idee nicht auf hundertprozentiger Sicherheit beruht? In der Regel kommen die kreativen Ideen auch nicht von Dummköpfen in einem Unternehmen, denn die werden gar nicht beschäftigt. Den Gedanken von Mitarbeitern, die eingestellt wurden, weil viel von ihnen erwartet wurde, sollte auch vertraut werden. Sicherheit bedeutet Stillstand, nicht vorwärts gehen. Stillstand entspricht in einem schnellen Markt einem Rückwärtsgang: Man wird von anderen überholt. Und welcher Markt ist heute nicht schnellen Veränderungen unterworfen?

Die Vorgehensweise und die Denkweise sind zu ändern, um sich zu differenzieren. Das „anders sein" hat zwei Komponenten:

▶ sich von den Wettbewerbern unterscheiden und anders sein als sie, sich anders im Markt bewegen, sich anders gegenüber den Kunden verhalten, ihnen andere Leistungen anbieten. Einzigartig im Empfinden des Kunden sein. Wenn Sie sind wie alle anderen, gelingt das nicht, denn „andere" gibt es doch schon viel zu viele.

▶ sich in der Vorgehensweise und der Denkweise selbst gegenüber dem bisherigen eigenen Ansatz verändern, damit endlich mal etwas anderes passiert.

Es soll ja gerade anders werden, anders als die anderen und vor allem anders als bisher.

Wir müssen raus aus der Vergleichbarkeit und raus aus den alten Denkmodellen, -prozessen und -routinen. Wie soll man den Wettbewerb sonst hinter sich lassen? Alles trifft sich wieder beim Preis, wie langweilig und gefährlich. Warum sollte sich plötzlich der Erfolg einstellen, wenn alles – auch das Denkmodell – so bleibt wie immer?

 Jetzt sind Sie gefragt:

- ▶ Müssen wir unsere Probleme anders lösen? Müssen wir andere Probleme lösen?
- ▶ Müssen wir unsere Kunden anders bedienen? Müssen wir andere Kunden bedienen?
- ▶ Müssen wir Gespräche anders führen? Müssen wir andere Gespräche führen?
- ▶ Müssen wir anders mit Menschen sprechen? Müssen wir mit anderen Menschen sprechen?

Es sind der Blickwinkel und die Einstellung, die sich ändern sollten. Frei nach Goethe sollten wir nicht fragen, was wir schon erreicht haben, sondern nach dem fragen, was uns noch fehlt. Damit stellt Goethe das Ist, das Bestehende, in Frage und sucht nach dem Neuen und bisher Unbekannten. Die Logik von gestern bringt keine Produkte von morgen.

> **Wer deutlich wachsen will, muss irgendetwas anders machen**
>
> **Er muss anders denken,**
>
> **und zwar nicht nur als die anderen,**
>
> **sondern auch anders als bisher.**
>
> Warum sollte sich etwas ändern, wenn wir immer auf dieselbe Art denken?
>
> Wenn wir die dieselben strategischen Denkprozesse, -routinen und -schleifen immer wieder durchlaufen, ändert sich nichts.
>
> Also Stillstand statt Veränderung.

Abbildung 3: Anders denken

„Billig" ist kein Marketing

Wenn alle im Markt mit den gleichen Mitteln arbeiten, wird sich schwerlich ein Unterschied oder eine Präferenz der Kunden ergeben. Präferenzen schafft man nicht, indem alle das Gleiche tun und mit gleichen und uniformen Produkten und Dienstleistungen auf Kundenjagd gehen. Im Markt trifft dann ein Klon auf den anderen. Es reicht heute nicht mehr nur alle operativen Prozesse im Griff zu haben, das schafft der Wettbewerb auch.

Das parallele Rennen mit den Wettbewerbern reduziert die Vergleichbarkeit auf den Preis des Produktes oder der Dienstleistung, keiner hat die Nase vorn, keiner den entscheidenden USP (Unique Selling Proposition). Der Kunde wird im konformen Markt mit konformen Produkten seine Wahl schnell treffen, über den Preis. Denn der macht dann den einzigen Unterschied aus. Sie laufen nur noch bei den Kosten und der Qualität mit den anderen Marktteilnehmern um die Wette. Sich darauf einzulassen, dass der Preis das Allheilmittel im hart umkämpften Markt ist, bedeutet nicht nur ein Armutszeugnis für die Marketingleute, sondern ist zudem hochgradig gefährlich. Meinen Teams habe ich in der Diskussion dieses Themas gesagt: „Preis kann jeder Depp". „Billig" ist kein Marketing, sondern nur einfallslos und zerstörerisch. Es wird immer jemanden im Markt geben, der es noch billiger versucht.

Den Preis als entscheidendes Mittel gegen seine Wettbewerber einzusetzen, setzt ein äußerst effizientes und vor allem permanentes Kostenmanagement voraus und trotzdem läuft man Gefahr, sich die eigene Zukunft abzuschneiden. Schon so mancher hat beim Kostenschneiden zu tief angesetzt und dabei das überflüssige Fett mit den Muskeln verwechselt. Schon war die Zukunft weg. Man merkt das zu tiefe Schneiden bzw. das Verletzen der Muskeln meist erst später, fast immer aber zu spät.

Ich nenne das „Cost Cutting bis zum Muskel" oder einfach die „Optimierungsfalle".

Es ist wichtig, die operativen Prozesse im Griff zu haben und die klassischen Methoden zur Optimierung anzuwenden. Nur müssen wir uns fragen, ob uns diese Methode wirklich entscheidend nach vorne bringt. Die permanente Optimierung von Prozessen oder Produkten wird uns drei Prozent Verbesserung bringen, bestimmt auch einmal fünf Prozent, aber wenn bisher nicht der ganz entscheidende und gravierende Schritt nach vorne passiert ist, warum denn dann gerade jetzt?

Wer permanent optimiert, behindert sich erfolgreich zu sein. Optimierung behindert die Zukunftsplanung, da Zeit und Kapazitäten in Form von Personal und Geld gebunden werden und nicht mehr für die Gestaltung der Zukunft zur Verfügung stehen.

Optimieren ist keine Lösung

Ein ständiges Optimieren von Prozessen und Produkten führt nicht zum Ausbruch aus der Vergleichbarkeit. Es täuscht dies zwar kurzfristig vor und mag auch einige Leute befriedigen, aber wirklich nach vorne bringt es einen nicht. Auch Unternehmen wie Quelle, Telefunken oder Grundig haben im Tagesgeschäft permanent optimiert und Verbesserungsprogramme laufen lassen. Jedes Jahr wieder und aufs Neue. Was hat es gebracht? Komplette Unternehmen mit Milliarden Umsätzen und mehreren Zehntausend Mitarbeitern sind vom Markt verschwunden. Da hat das Optimieren wahrscheinlich die Blicke vernebelt und die richtigen und wichtigen Fragen kamen nie auf den Tisch. Viel Geld, das für Restrukturierung ausgegeben wurde, hätte man in die Zukunft stecken können.

Optimieren in dieser Form ist nichts anderes als das Bewahren und das Schützen des Erreichten, ist allerdings nicht relevant für die Zukunft. Man kann auch von einer kurzfristig profitorientierten Abgabe von Marktanteil sprechen, denn darauf läuft es hinaus, wenn durch permanentes Optimieren und Gleichmachen im Markt letztendlich nur noch der Preis das ausschlaggebende Kriterium ist. Kosten runter, um sich für die Zukunft zu lähmen und dem Spielmacher im Markt den eigenen Marktanteil überlassen. Der wird ihn sich schon schnappen. Kurzfristig ist sicherlich Erfolg zu verspüren, doch langfristig wird die Amputation nicht zum Sieg im Wettkampf führen. Wenn Sie sich im Autorennen die Räder weggespart haben, werden Sie kaum noch ein Rennen gewinnen. Heute glücklich, weil Kosten gespart, morgen kaputt, weil handlungsunfähig. Der letzte Kunde mit dem letzten Mitarbeiter wird es schon richten, eine tolle Zukunft. Die „Optimierungsfalle" hat zugeschnappt.

Auch die Moral der Mitarbeiter wird kaum steigen, wenn so vorgegangen wird. So die Zukunft zu gestalten, sollte man getrost vergessen. Schlank zu sein, ist nicht gleichzusetzen mit Gesundheit, auch ein Kranker ist oft schlank.

Das aktuelle Geschäft wird versinken, wenn man schneller kleiner als besser wird.

Das zukünftige Geschäft wird gar nicht erst kommen, wenn man nicht anders wird. Eine interessante Frage in diesem Zusammenhang ist: Wo wären die Bewahrer der Vergangenheit heute, wenn niemand die Scheinwerfer angemacht hätte, um im Tunnel Licht zu machen und das Ende des Tunnels zu sehen? Dann würden wir heute noch zum Telefonieren die Wählscheibe drehen oder mit dem Rechenschieber rechnen. Allerdings würde sich die Wählscheibe durch permanentes Optimieren und Verbessern wahrscheinlich schneller und viel leichter drehen lassen, vielleicht hätten wir auch schon ein Tastentelefon, aber mit Sicherheit kein Handy.

Es ist natürlich wichtig, das aktuelle Geschäft im Griff zu haben und es optimal aufzustellen, aber das ist reines Tagesgeschäft. Stärken-Schwächen-Analysen, Struktur und Kapazitäten anpassen, das ist wichtig für heute. Es ersetzt aber nicht die Beschäftigung mit der Zukunft, ersetzt nicht den Blick nach ganz vorne.

Es ist nicht gemeint, das aktuelle Geschäft zu vernachlässigen, natürlich nicht, aber ergreifen Sie die Chance der Zukunft. Was passieren kann, wenn man die Chance verpasst oder sich zu spät mit der Zukunft beschäftigt und sich nur auf das Optimieren im aktuellen Geschäft konzentriert, zeigen die Beispiele weiter hinten im Buch.

Bedürfnisse wecken

Ein Manager sollte sich fragen, was er an Neuem in den letzten Monaten geschaffen hat. Welchen einzigartigen Wert er für sein Unternehmen geschaffen hat. Was hat er seinen Kunden gegeben, was sie bisher nicht einmal geträumt haben, zu brauchen?

Schaffen Sie lieber Bedürfnisse, von denen der Kunde heute noch gar nicht weiß, dass er sie haben wird. Der Game Boy von Nintendo ist so ein Beispiel. Es hat mir viel Spaß gemacht, dieses Produkt zu verkaufen von dem die Kunden ein paar Jahre vorher nicht einmal wussten, dass sie es einmal lieben werden. Einige Jahre konnte man auf den Game Boy gar nicht mehr verzichten, wenn man dazu gehören wollte.

Oder schaffen Sie Ihr eigenes Preismodell, das der Wettbewerb nicht so leicht kopieren kann. Stellen Sie das Pricing der Branche in Frage und schauen Sie nach etwas Besserem. Preis gekoppelt mit Kundenbindung wäre ein möglicher Ansatz.

Später im Buch wird das Beispiel eines Mineralölhändlers, der aws Wärme Service, beschrieben. Hier wurde eine Art Prepaid-Card für Heizöl im Markt installiert, die dem Kunden einen guten Vorteil bietet. Die Kundenbindung ist gleich eingebaut.

Selbstverständlich ist es eine Pflicht, den Markt und den Wettbewerb zu kennen und diesen nicht zu unterschätzen, wozu Marktführer manchmal neigen. Kennen alle Ihre Mitarbeiter den Markt und Ihre Wettbewerber, die Ziele Ihres Unternehmens, die der Wettbewerber?

Aus der eigenen Vergangenheit kenne ich dieses Phänomen gut. In einer meiner früheren Stationen, einem Marktführer in seinem Segment, zu dem ich als Branchenfremder gewechselt bin, wurde von einem der Wettbewerber als der „Hinterhof-Werkstatt" gesprochen. Mich hat gewundert, dass wir so oft im Markt auf diesen „Hinterhof" getroffen sind. An einem Wochenende bin ich zu diesem „Hinterhof" gefahren und habe Fotos vom Unternehmen gemacht, einem modernen und großen Unternehmen. Die Fotos habe ich am nächsten Tag – ohne Nennung des Namens – meinem Team gezeigt und bat um Einschätzung dieses Unternehmens. Alle waren tief beeindruckt und sahen hier einen echten und eindrucksvollen Wettbewerber. Nach der Auflösung gab es keinen unterschätzten „Hinterhof"-Wettbewerber mehr und alle im Unternehmen kannten später jeden Wettbewerber bis ins Detail.

Denken Sie bei Ihren Überlegungen immer daran, dass der Kunde es gerne einfach und transparent hat. Keep it simple. Schwierig zu durchschauende und komplexe Angebote erwecken Misstrauen. Außerdem möchte der Kunde in der Regel nicht viel nachdenken und abwägen. Machen Sie es ihm mit Ihrem Angebot leichter. Dieser Trend zur Einfachheit verstärkt sich in Krisenzeiten noch. Ohne das Thema hier vertiefen zu wollen, gibt es einen sehr interessanten Artikel von Paul Flatters und Michael Willmot in der Ausgabe 09/2009 der Zeitschrift Harvard Business Manager. Der Trend zur Einfachheit trifft das Produkt selbst sowie auch seine Preisstellung und Verpackung, also das komplette Angebot. Ein Supermarkt muss nicht die zehnte Erdbeermarmelade im Angebot haben, dies kann den Kunden verwirren. Ein breites Sortiment ist gut, ein zu tiefes Sortiment kann sogar negativ auf den Kunden wirken. Vertrauen spielt hierbei eine riesige Rolle, Vertrauen in das Angebot, das Unternehmen und das Management.

Die entscheidenden Schritte werden gemacht, wenn neue Wettbewerbsvorteile im Markt aufgebaut werden und der Preis nicht die einzige Rolle spielt. Heute an einem Markt arbeiten, der erst morgen entstehen wird, das ist Querdenken, so denkt der Spielmacher. Aufbauen statt gesund schrumpfen, das ist die eigentliche Aufgabe im Management. Keiner sollte Angst haben, so zu denken, es gibt nichts zu verlieren.

Jede Strategie, die nur in den Grenzen des Marktes arbeitet, ist operative Taktik und hat mit aktiver Zukunftsgestaltung wenig zu tun. Der Anspruch der Erste in der Zukunft zu sein ist sinnvoller, als das Messer immer wieder zu wetzen und an den Kosten zu tief zu schneiden. Der Wettbewerbsvorteil von heute ist morgen aufgebraucht und Standard für alle anderen Marktteilnehmer, die aufgeholt haben.

Man sollte nicht zum Mitschwimmer im Markt werden, selbst, wenn man öfter mal vorne liegt. Raus aus dem Wasser, auch wenn es so schön warm und gemütlich ist.

Im Wasser kann man keine Fußspuren hinterlassen. Nicht die Wartung oder die Reparatur ist gefragt, sondern die Architektur.

Die „Optimierungsfalle"

Wie soll man den Wettbewerb hinter sich lassen, der mit den gleichen Methoden und Technologien arbeitet?

Wenn alles gleich ist, entscheidet der niedrigste Preis.

→ Cost Cutting bis zum Muskel

Unser Denken muss aus den bestehenden Korridoren ausbrechen und Innovationen und Prozesse in einer völlig neuen Richtung suchen.

Es gilt, exakt das in Frage zu stellen, was die Wettbewerber unreflektiert als Selbstverständlichkeiten oder fixe Rahmenbedingungen wahrnehmen und als unveränderliche „Marktgesetze" akzeptieren.

Abbildung 4: Die Optimierungsfalle

So kann man sich täuschen!

Folgende Zitate bekannter Personen – mit einem Augenzwinkern zusammengestellt – zeigen, dass man bei der Einschätzung der Zukunft nur aus der aktuellen
Sicht häufig danebenliegen kann.

*„Es ist dem Menschen unmöglich, die hohen Geschwindigkeiten der
Eisenbahn zu ertragen. Sein Atmungssystem wird zusammenbrechen;
Tod durch Lungenbluten wird die Regel sein."*

(Prof. Dr. Dionysys Lardner, 1793-1859, britischer Arzt)

*„Die Amerikaner brauchen vielleicht das Telefon, wir aber nicht.
Wir haben sehr viele Eilboten."*

(Sir William Preece, Chefingenieur der britischen Post, 1878)

*„Die weltweite Nachfrage nach Kraftfahrzeugen wird eine Million
nicht überschreiten. Alleine schon aus Mangel an Chauffeuren."*

(Gottlieb Daimler, 1901)

„Wer zur Hölle will Schauspieler reden hören?"

(Warner Brothers über Tonfilme, 1927)

„Ich denke, es gibt weltweit einen Markt für vielleicht fünf Computer."

(Thomas Watson, Vorsitzender von IBM, 1943)

„Computer der Zukunft werden nicht mehr als 1,5 Tonnen wiegen."

(Die Zeitschrift „Populäre Mechanik", 1949)

*„Ich kann Ihnen versichern, dass Datenverarbeitung ein Tick ist,
welcher dieses Jahr nicht überleben wird."*

(Der Herausgeber einer Geschäftsbuch-Reihe, 1957)

„Es wird Jahre dauern, bis eine Frau Parteichefin der Konservativen oder Premierministerin wird. Ich denke nicht, dass ich es miterleben werde."

(Margaret Thatcher Ende der Sechzigerjahre.)

„Es gibt keinen Grund, warum irgendjemand in der Zukunft einen Computer bei sich zu Hause haben sollte."

(Ken Olsen, Gründer von Digital Equipment, 1977)

„640 Kilobyte sind genug für jeden."

(Bill Gates, 1981)

3. Querdenken, wie geht das?

Dieses Kapitel zeigt, wie Querdenken funktioniert und was es heißt, im Markt die eigenen Spielregeln zu implementieren, anstatt den Regeln der Wettbewerber nur hinterherzulaufen. Der Fokus und die Marketingansatzpunkte im Querdenken sind an dieser Stelle zusammengefasst. Die Unterschiede zwischen Spielmacher und Mitspieler im Markt werden aufgezeigt und die Spielweise des Spielmachers betrachtet. Ein Exkurs verdeutlicht, wie irrational der Verbraucher manchmal entscheidet.

Spielregeln im Markt ändern

Wir kennen alle die Geschichte, in der ein Mann in seinem Auto im dichten Nebel nur den Rücklichtern des Vordermannes gefolgt ist. Er folgte den Regeln des Vordermannes und landete in dessen Garage. Eigene Regeln zu haben ist – wie das Beispiel zeigt – ein großer Vorteil und dringend notwendig.

Auch im Sport werden Regeln geändert, denken wir an die Formel 1 und die Diskussion um die Begrenzung der Motorleistung oder der Budgets für die einzelnen Teams. Im Fußball ändert sich schon einmal die Abseitsregel, die Spielzeit oder die Entscheidung eines Spiels in der Verlängerung durch ein Golden Goal.

Welcher Marktteilnehmer glaubt aber, dass man Regeln im Markt ändern kann? Die meisten Marktteilnehmer nicht, sie folgen einfach den anderen Marktteilnehmern bzw. dem vermeintlichen Marktführer. Wer im Markt aber einen entscheidenden Schritt schaffen will, der muss bereit sein, die Spielregeln:

▶ zu brechen,

▶ zu ändern,

▶ zu revolutionieren oder

▶ neu zu erfinden.

Querdenken beginnt beim Kunden, denn der Kunde bestimmt den Markterfolg eines Unternehmens. Sonst niemand. Bei jeder Tätigkeit sollte man sich fragen: Was bringt dies meinem Kunden? Wenn man darauf eine gute Antwort findet, ist auch die Tätigkeit sinnvoll. Ansonsten ist sie das nicht. Es geht um eine konsequente Ausrichtung auf den Kunden, seine Bedürfnisse und seinen Nutzen. Der Kunde möchte nicht als Masse, sondern als Individuum – mit unterschiedlichen Bedürfnissen und Erwartungen – behandelt werden. Der Kunde ist sich in den meisten Fällen gar nicht sicher, wie er sich entscheiden soll, wie er Qualität und Leistung beurteilen soll. Seine Entscheidungskriterien sind nicht immer sinnvoll, nachvollziehbar oder auch logisch. Manchmal entscheidet er sich auch nicht rational. Wie sonst könnte heute ein Telefon Fotos machen, Musik spielen und vieles mehr? Kulturelle und religiöse Einflüsse sind zu respektieren. Auch der Geschmack, der sich wandelt, spielt eine große Rolle. Schöne Beispiele dafür sind Armbanduhren und Plattenspieler. Je komplizierter die Technik, desto begehrter und teurer die Produkte. Eigentlich will der Verbraucher sonst immer unkomplizierte Produkte. Dann müsste er aber anstatt der komplizierten Luxusuhr mit Mondphase, zweiter Zeitzone und mechanischem Aufzug eine günstigere Quarzuhr vorziehen. Zudem ist die Uhr mit manuellem Werk wartungsintensiver, ungenauer und anfälliger für Störungen. Der wieder in Mode kommende technisch aufwändige Plattenspieler, der schon vom Markt verschwunden war, dürfte sonst keine Chance gegen den CD-Player haben, der viel einfacher in der Anwendung und günstiger in der Anschaffung ist. Wer würde auch nach rationalen Maßstäben eine stone washed Jeans kaufen, bei der es darauf ankommt, alt und getragen auszusehen. Es bleibt dabei: Maßstäbe, nach denen der Kunde entscheidet, sind nicht immer rational, fair oder richtig. Lesen Sie dazu auch den Exkurs am Ende des Kapitels: Sie werden auch über sich selbst erstaunt sein. Nur wissen muss man, dass der Verbraucher sich so verhalten kann. Das ist die Gelegenheit für den Spielmacher.

Damit ist es möglich, im Markt neue Kriterien, die der Kunde glauben kann, zu installieren. Diese Kriterien geben dem eigenen Unternehmen bessere Voraussetzungen im Markt im Vergleich zu seinen Wettbewerbern. So lässt sich ein Vorteil erzielen. Während der Wettbewerb die Rahmenbedingungen vorbehaltlos annimmt und sich nach ihnen richtet, nimmt der Spielmacher die Chance wahr, die Regeln und Bedingungen zu seinen Gunsten zu ändern. Außerordentliches Wachstum und Erfolge im Markt, vielleicht auch in einem neuen Markt, sind die Folge. Ein wichtiger Faktor hierbei ist das Vergessen oder „Ablernen" der bisherigen Regeln im Markt, bevor man mit dem Aufbruch, dem Durchbruch starten will. Sie werden nicht die richtigen Fragen stellen, wenn Sie an der Vergangenheit kleben.

Wenn Sie der Spielmacher sind, der Querdenker, dann brechen Sie aus den alten Rahmenbedingungen aus, dann ändern Sie Strukturen im Markt bzw. im Unternehmen. Querdenken versetzt Sie in die Lage, die Führungsrolle zu übernehmen, wenn es darum geht:

▶ neue Marktsegmente oder Märkte zu gründen,

▶ neue Nachfrage für bestehende Produkte zu generieren,

▶ eine neue Wettbewerbssituation zu schaffen,

▶ Hindernisse im Markt zu eliminieren,

▶ existierende Märkte neu zu beleben.

❓ *Jetzt sind Sie gefragt:*

▶ Hinterfragen Sie die vermeintlichen Grenzen und Rahmen.

▶ Welche sind die Gesetze des Marktes, die Branchengesetze?

▶ Wer hat diese Regeln aufgestellt?

▶ Sind diese Regeln noch aktuell oder stammen sie aus grauer Vorzeit?

▶ Wurden sie jemals aktualisiert?

▶ Und vor allem: Welche Chancen lassen diese Regeln und Gesetze im Markt Ihnen und Ihrem Unternehmen? Würde eine kleine Regeländerung Ihnen einen großen Vorteil verschaffen, Sie vielleicht sogar uneinholbar nach vorne marschieren lassen? Oder noch weiter gedacht: Können Sie in einem neuen Markt Ihre eigenen Regeln und Branchengesetze aufstellen und alle anderen Marktteilnehmer müssen sich dann nach Ihren Regeln richten und Ihr Spiel spielen? Ein Spiel, das Sie natürlich bestens verstehen und in dem Sie der Leader sind.

Das sind verlockende Aussichten.

Es ist wichtig, bei den ersten gedanklichen Schritten auch die unrealistischen Dinge zu diskutieren. Ansonsten wären wohl der Videorekorder oder das Handy nicht erfunden worden und der Mensch wäre nicht auf dem Mond gelandet. Vielmehr ist es die Aufgabe der Firmenlenker, das Unmögliche möglich und denkbar zu machen.

Mit dem Querdenker-Prozess lassen sich zum Beispiel neue Vertriebskanäle finden. Auch hier sind wieder der Kunde und sein Verhalten die Ausgangslage. Welche Maßstäbe hat der Kunde und was erwartet er? Vielleicht können die aktuellen Erwartungen des Kunden in eine andere Richtung gelenkt werden, die für das eigene Unternehmen günstiger sind. Die meisten Vertriebskanäle für ein Produkt stammen aus der Vergangenheit, haben sich im Laufe der Zeit so gebildet und sind stabil. Die Rollen im Feld der Wettbewerber sind klar verteilt. Der Spielmacher will das ändern. Es gibt viele Beispiele dafür, dass sich völlig neue Vertriebskanäle finden lassen und erfolgreiche Geschäfte gemacht werden können. Tchibo hat uns gezeigt, dass Haushaltsartikel und Textilien in einem Kaffeegeschäft vertrieben werden können. Die Metro hat Autos im Lebensmittelmarkt angeboten. Kaffee im Media Markt, früher undenkbar. Kaffee und Musik eine neue Verbindung, die Starbucks vormacht. Computer im Discounter, Aldi zeigt, wie es geht.

 Wie ist beispielsweise Dell im Markt der Computer vorgegangen?

Technisch waren die Produkte absolut konkurrenzfähig, aber doch waren die Karten verteilt. Compaq hatte ein starkes Händlernetz und IBM eine starke Direktvertriebsorganisation. Dell hat nicht versucht, die Stärken der beiden anderen nachzuahmen, sondern hat sich für einen völlig neuen Ansatz im Vertrieb entschieden. Dell setzte auf den Postversand seiner Produkte und hat damit seine Vertriebskosten äußerst variabel gestaltet. Die Stärken der anderen wurden plötzlich zu deren Schwächen, denn sowohl Compaq als auch IBM konnten den Weg des kostengünstigeren Postversandes nicht mitgehen. Dies hätte ihre eigene Organisation geschwächt und für viel Aufruhr im eigenen Hause gesorgt.

Aus diesem Grund war auch der Postversand als Vertriebsmöglichkeit nicht im Fokus von Compaq und IBM, diese Möglichkeit wurde nicht bemerkt. Quergedacht hat Dell, die beiden anderen haben nur den bestehenden und bis dahin guten Vertriebskanal verwaltet.

An diesem Beispiel zeigt sich, dass man die Stärken des Wettbewerbers zu seinen Schwächen umfunktionieren kann. Hätte Dell nur imitiert, wäre das nicht geglückt.

Den großen Schritt nach vorne oder den großen Lösungsansatz bei einem Problem finden Sie nur, wenn es gelingt, die Rahmenbedingungen nicht länger zu akzeptieren, sich von ihnen zu lösen. Hilti zeigt dies bei der Preispolitik und dem Vertriebskanal seiner Produkte. Hilti produziert und vertreibt technisch aufwändige Produkte für die Bauindustrie, bekannt sind die Bohrhämmer von Hilti. Anbieter solcher Produkte gibt es zahlreiche: Bosch, Metabo, Black & Decker und viele mehr. Alle konkurrieren mit dem Wettbewerb um die Gunst des Anwenders, alle wollen ihre Produkte für die gleichen Anwendungsgebiete verkaufen. Das endet irgendwann natürlich beim Preis, temporäre Vorsprünge im Markt durch Innovationen einmal ausgenommen. Denken Sie nur an die Platzierungen von Bohrmaschinen in einem großen Baumarkt oder im Fachhandel. Hier entscheiden nicht nur die technisch gute Ausstattung der Geräte, sondern auch der Einkaufspreis und die Listungsrabatte bei den einzelnen Handelsketten, die in diesem Bereich sehr kreativ sind. Hilti entzieht sich diesem Verkaufs-Wettlauf und bietet seine Produkte in einem Leasingmodell und mit speziellen Garantien an. Inspiriert wurde Hilti von den Autovermietern, somit läuft das Hilti-System ähnlich. Die Baufirmen suchen sich mit Unterstützung der Berater den passenden Maschinenpark bei Hilti aus und bestellen ihn. Hilti liefert die Maschinen und rechnet monatliche Leasinggebühren ab. Die Firmen brauchen sich um Abnutzung und Reparatur der Geräte keine Gedanken machen, alles wird von Hilti geregelt. Für Hilti ist dieses System eine gute Möglichkeit, Neuheiten im Markt einzuführen und zwar ohne den Umweg über teure Listungsgespräche. Auch dies ein Weg, sich durch neue Regeln dem Wettbewerb zu entziehen.

Wer hat in der Vergangenheit am erfolgreichsten im Markt agiert? Ein etabliertes Unternehmen oder ein Neueinsteiger in der Branche, der nicht nach den alten Regeln gespielt hat, sondern neue Regeln aufgestellt hat? Markt-Außenseiter haben nicht das Problem, die vermeintlichen Rahmengesetze zu ignorieren, sie kennen sie erst gar nicht. Ein großer Vorteil, wenn es um das Neue geht, wenn man Spielregeln zu seinen Gunsten ändern will. Apple, ein Computerhersteller, hat den iPod erfunden, nicht ein Unternehmen aus der Unterhaltungselektronik oder der Musikbranche. Eigentlich wäre der iPod die konsequente Weiterentwicklung des Walkman von Sony gewesen. Der Walkman war von Sony für den mobilen Einsatz gedacht, Musik hören an jedem Ort und bei jeder Beschäftigung, sogar beim Sport. Ein riesiger Erfolg für Sony, Hunderttausende der Player wurden verkauft. Sony trotzte auch den vielen Nachahmern und blieb unangefochten der Marktführer für den portablen Musikgenuss. Walkman wurde gar zum Gattungsbegriff für diese Art von Produkten. Mit der Zeit änderte sich das Speichermedium vom analogen zum digitalen, aber Sony blieb dran. Sony spielte das gewohnte Spiel weiter, war doch der Walkman auch eine damals quergedachte Idee eines Spielmachers. Die Zeiten änderten sich jedoch gewaltig, das Internet boomte und Apple hatte im Gegensatz zu Sony eine Vorstellung, wie ein zukünftiges Produkt aussehen könnte. Apple brachte viele neue Features in sein Produkt, die komfortabler waren und es dem Nutzer ermöglichten, sein eigener Discjockey zu sein. Der zur Verfügung stehende Speicher wuchs gewaltig. Apple ging sogar so weit, nicht nur die Hardware, sondern auch gleich die Software in Form von Musikstücken anzubieten. itunes und iPod gehörten ab sofort zusammen und veränderten die Spielregeln im Markt deutlich und zwar zu Gunsten von Apple. Ein Closed Shop entstand und sichert Apple bis heute das Geschäft. Apple hat es geschafft, dass der Verbraucher seine Gewohnheiten und sein Verhalten änderte. Ein Spielmacher hatte das Geschäft geändert, sogar mit Auswirkungen auf die komplette CD-Industrie, die jetzt feststellt, dass sie geschlafen hat. Sony hat die Jahre damit verbracht, weitere Evolutionsstufen des Walkman herauszubringen, Apple startete eine Revolution des portablen Musikgeschäftes. Der letzte Walkman von Sony wurde 2010 produziert.

Mobiltelefonie in Deutschland hat uns eine Stahlfirma, Mannesmann, gebracht. Nicht ein Unternehmen aus der Branche der Telekommunikation. Nicht IBM, Wang oder Bull haben den PC erfunden, sondern Apple war es. Das hätte man eigentlich von den großen Firmen in der Branche erwartet, nicht von einem damals noch kleinen Außenseiter. Nicht Microsoft hat uns die Internet-Anwendungen wie Bücher bestellen, Navigieren oder Nachschlagen gebracht, sondern Firmen wie Amazon und Google.

Vom Alten lösen

Alle Beispiele zeigen, dass es notwendig ist, sich vom Alten zu lösen, wenn man einen wirklichen Aufbruch nach vorne schaffen will. Die Etablierten im Markt erkennen meistens die Signale aus dem Markt nicht als solche oder interpretieren sie falsch. Der Unvoreingenommene hat diese Probleme nicht. Er geht völlig ohne „Alterswissen" an die Dinge. Bei den „Alten" dreht sich alles um das aktuelle Geschäft und den nächsten Auftrag. Wer aber beschäftigt sich mit den Menschen, die noch gar keine Kunden sind, weil das Produkt für diese Zielgruppe noch nicht angeboten wird? Wer nimmt sich die potenziellen Kunden als Zielgruppe vor und zwar aus einer völlig neutralen Sicht ohne die aus der Vergangenheit eingefärbten Brillengläser? Will der Kunde wirklich nur das, was wir ihm gerade anbieten? Hier liegt ein riesiges Wachstumsfeld.

In ihrem Buch „Der Blaue Ozean als Strategie" beschreiben W. Chan Kim und Renée Mauborgne (2005), dass man neue Märkte oder Marktsegmente findet, wenn man das Bestehende in Frage stellt. Sie bezeichnen den existenten Markt für ein Unternehmen als den roten Ozean und den bisher unentdeckten als den blauen Ozean. Durch neue Technologien und den Wegfall von Handelsschranken übersteigt das Angebot an Produkten die Nachfrage, was zu einem schon beschriebenen Preiswettbewerb führt. Diese Situation macht es erforderlich, einen blauen Ozean zu erobern. Sie stellen vier Änderungsbereiche für ein Unternehmen im bestehenden Markt vor:

▶ *Reduzierung:*
Gibt es Bestandteile im Angebot, die unter den Branchenstandard verringert werden können, um Kosten zu verringern?
▶ *Steigerung:*
Gibt es Bestandteile, die über den Durchschnitt gesteigert werden sollten, um neue Kunden anzusprechen?
▶ *Eliminierung:*
Gibt es Bestandteile, die völlig eliminiert werden können?
▶ *Kreierung:*
Gibt es Bestandteile, die völlig neu geschaffen werden können?

Alle Fragestellungen gehen von einem Nicht-Akzeptieren der bestehenden Regeln aus und helfen, die blauen Ozeane zu identifizieren. Warum sollte man nach den Regeln anderer spielen? Steve Jobs, der Gründer von Apple hat einmal gesagt: „Vergeuden Sie nicht Ihre Zeit damit, das Leben eines anderen zu leben." Nie würde sich Apple dem Markt anpassen bzw. den Marktveränderungen hinterherlaufen wollen. Dort wird man immer versuchen, eigene Märkte zu schaffen und die alten Märkte völlig zu verändern, indem neue Apple-Regeln aufgestellt werden. Mobiltelefone gab es schon bevor das iPhone auf den Markt kam. Apple war ein wirklicher Spätstarter in die Mobiltelefonie. Während andere schon wieder vom Markt verschwunden waren und sich keiner vorstellen konnte, wie man diesen Markt revolutionieren könnte, startete der Newcomer. Und heute kommen neue Handys auf den Markt und werden als Erstes mit dem iPhone verglichen. Der Newcomer im Markt hat neue Standards gesetzt und die etablierten Hersteller hecheln hinterher. Wahrscheinlich ist Apple in Gedanken schon bei den nächsten Regeländerungen in einem anderen Markt. Mittlerweile zittern ganze Branchen vor den alljährlichen Showevents zur Produktvorstellung in Las Vegas durch Apple und Steve Jobs. Dabei gab es einmal Zeiten, in denen es für Apple nicht rosig aussah.

Die richtigen Fragen stellen

Ein gutes Hilfsmittel, um neue Spielregeln zu entdecken, ist zu fragen, „Was müsste jetzt passieren, um nicht mehr erfolgreich zu sein?" Gemeint sind Veränderungen im Markt durch den Wettbewerb, durch neue Gesetze, sich verändernde Bedürfnisse der Verbraucher. Veränderungen bei den Kunden in Bezug auf Alter, Bildung und zum Beispiel Einkommen. Veränderungen im Bereich der Wirtschaft durch eine Finanzkrise und deren Folgen. Wie wahrscheinlich sind diese möglichen Einflussfaktoren auf das heutige Geschäft?

Deutlich wird mit dieser Übung, dass es höchste Zeit wird, die Blickrichtung nach vorne einzuschlagen und den Blick nicht nach hinten zu richten. Wenn man beim Autofahren nur in den Rückspiegel schaut, fährt man irgendwann gegen einen Baum, den man vorn nicht gesehen hat. Wer beim Wettlauf nur zurückschaut, wird irgendwann stolpern und wird überholt. Trauen Sie sich mit aller Kraft, nach vorne zu schauen. Ein Rollenspiel mit Mitarbeitern mit dem Motto „Wie sieht unsere Zukunft aus, wenn diese oder jene Hindernisse auftreten?", motiviert und überzeugt, sich mit der Zukunft aktiv zu beschäftigen. Ein bisschen Unruhe ist sicher notwendig und schadet nicht, um den Blick zu schärfen.

Der richtige Zeitpunkt die richtigen Fragen zu stellen, ist nicht dann gekommen, wenn es dem Unternehmen schlecht geht, es also in einer Krise steckt. Dann hat man weder die Zeit noch die Ruhe unaufgeregt an solche Themen zu gehen, dann stehen ganz andere Dinge im Vordergrund. Beschäftigen Sie sich mit dem Querdenken, wenn das operative Geschäft läuft. In solchen Zeiten müssen allerdings solche Themen dann auch im Vordergrund stehen. Wer die Krise aber als Hinweisgeber für die Zukunft und nicht als absolute Katastrophe begreift, wird für die Zukunft seines Unternehmens die richtigen Schritte einleiten. Wenn einem das Wasser bis zum Hals steht, sollte man den Kopf nicht hängen lassen. Erst dann gelingt die notwendige Neuorientierung. Zu versuchen, sich im Chaos einer Krise zu orientieren, wird nicht gelingen. Bei Tempo 200 auf der Autobahn die Karte zu lesen ist erstens kaum möglich, zweitens zu gefährlich und drittens nicht sehr souverän. Anhalten und den Weg checken ist die beste und die erfolgversprechendste Möglichkeit, den richtigen Weg zu finden. Der erste Schritt in einer Krise muss also sein, sich aus ihr zu befreien, um wieder einen klaren Kopf zu bekommen und die nächsten Schritte wohlüberlegt angehen zu können. Schaffen Sie wieder eine souveräne Situation, in der Sie bestimmen, was zu tun ist und in der Sie nicht mehr von der Krise getrieben werden. Als Getriebener eine Strategie entwickeln zu wollen, wird nicht funktionieren. Sie sind dann nicht Herr der Lage und handeln nicht souverän. Das merken dann auch Ihre Mitarbeiterinnen und Mitarbeiter. Sie werden als Getriebener die wichtigen Optionen des Handelns gar nicht sehen, weil Sie operativ gebunden sind. Sie sind nicht frei, nicht mutig genug, sondern abhängig und ohne Spielraum. Ohne diesen Spielraum haben Sie wiederum keine Möglichkeit zur Reaktion. Die Folge ist dann ein blinder Aktionismus und ein Hinterherlaufen der anderen Marktteilnehmer. Sie müssen raus aus dieser Situation und die Opferrolle verlassen. Krisenzeiten sind Zeiten der Chancen. Wenn es schlecht läuft, machen wir es eben besser. Aus schlechten Zeiten machen wir gute Zeiten. Läuft das Geschäft gut, scheinen alle Regeln etabliert und alles unter Kontrolle. Aber genau das ist der Zeitpunkt, die richtigen Fragen zu stellen und vor allem Einiges in Frage zu stellen. Die richtigen Fragen früher zu stellen als die anderen, das soll dieses Buch vermitteln. Stellen Sie neue Fragen, bisher ungewohnte Fragen. Erfolgreiche Unternehmen gehen permanent so vor.

Ich verstehe Querdenken im Sinne von Feed-Forward-Gesprächen, in dem andere Sichtweisen und Fragen aufgeworfen werden, im Gegensatz zu den Feed-Back-Gesprächen. Sie bekommen viele Anregungen, wenn Sie paradoxe Interviews führen und zum Beispiel fragen „Wie können wir unser Problem vergrößern?" Ganz ungewöhnlich und doch überaus hilfreich, weil man so auf bisher völlig isolierte Aspekte und Beziehungen kommt. Oder überlegen Sie: „Was müsste passieren, damit unser Problem über Nacht gelöst wird?"

Lernen Sie aus dem taktischen Vorgehen anderer Unternehmen, auch außerhalb Ihrer Branche. Seien Sie neugierig, warum andere etwas anders machen. Warum plant Aston Martin ein kleines Auto zu produzieren und dieses primär Käufern eines großen Aston Martin zu verkaufen? Warum kommen sie auf solche Ideen? Weil sie Kleinwagen verkaufen wollen, mit denen man normalerweise nicht viel Geld verdient? Oder weil sich damit ein Kleinwagenfahrer als Besserverdiener outet und auch ruhig mit dem Kleinwagen zum Shoppen fahren kann? Jeder wird erkennen, dass es wahrscheinlich noch einen großen Aston Martin in der Garage geben muss. Das wird der erste Kleinwagen sein, der nicht von oben herab angeschaut wird und dafür zahlt der Käufer gerne mehr. Viele Extras aus dem Hause Aston Martin wird es auch für den kleinen Wagen geben. Der Besitzer eines großen Luxuswagens fährt noch einen Kleinwagen, der in Lackierung und Lederausstattung dem Großen völlig gleicht. Damit stimmt natürlich auch die Marge an einem Kleinwagen für Aston Martin wieder. Ulrich Bez, der Chef von Aston Martin, verspricht sich jedenfalls viel von dem Projekt namens Cygnet. Der „Kleine Schwan" soll für rund 38.000 Euro angeboten werden.

Die Größe macht einen Marktteilnehmer nicht zum Leader, der die Regeln ändert, oder ist Garant für Innovationsvermögen, denn gerade der Große hängt zu oft an Konventionen. Der Kleine und Flexible im Markt denkt oft ganz anders und sehr oft konsequent quer, wie die vielen Beispiele im Buch zeigen. Der Neue in einem Markt hat mit den Konventionen sogar überhaupt kein Problem. Hier kommen Querdenken und das Verhalten eines Spielmachers zusammen, mit dem wir uns später noch genauer beschäftigen.

Sicher ist Abwarten und auf Fehler des Marktführers zu hoffen, auch eine Möglichkeit. Aber damit hat man nur dann Erfolg, wenn der Marktführer Fehler macht oder sich finanziell übernimmt. Aber in diesem Fall würden Sie auf Fehler des anderen warten, ohne die Gestaltung selbst in die Hand zu nehmen. Nicht gerade eine aktive Strategie und nicht gerade erfolgversprechend. Frei nach dem Motto „Was ist Ihre Strategie für die Zukunft?" – „Wir warten auf einen Fehler unseres Wettbewerbers und schlagen dann gnadenlos zu". Die sich daraus ergebende Frage lautet dann: „Was machen Sie, wenn er keinen Fehler macht?" Die Antwort wird nur ein peinliches Achselzucken sein. Gleichzeitig wird wahrscheinlich die Zukunft des Unternehmens verspielt.

▶ Wie wollen wir unser Unternehmen in der Zukunft sehen?
▶ Was wollen wir in Zukunft darstellen?
▶ Wie wird sich unser Markt entwickeln?
▶ Was macht unser Wettbewerber?
▶ Wird es neue Marktteilnehmer geben?

Wenn wir uns immer in den gleichen Grenzen bewegen, hält sich auch die Kreativität in Grenzen und spielt nicht das mögliche Potenzial aus. Die uns bekannten Branchengesetze und Rahmenbedingungen, die wir alle im Detail kennen, halten uns von den wirklich innovativen Lösungsansätzen unserer Probleme ab. Wir schaffen es nicht, diese Grenzen zu überspringen und uns frei mit einem Problem zu beschäftigen. Wir orientieren uns immer wieder an diesen Grenzen und erkennen nicht, welche Lösungsansätze sich hinter dem Zaun ergeben können.

Der normale Mitspieler positioniert und optimiert, aber befolgt blind die Regeln des Marktes. Alle Tools im Marketing-Mix und im Strategie-Mix gehen von bestehenden Regeln aus. Der Querdenker aber fühlt sich durch die Regeln und Rahmenbedingungen in seinen Zielen und in seinem Vorgehen begrenzt. Also bezieht er sie in seine Strategie als Handlungsoption mit ein. Er will die Regeln in seinem Sinne ändern und beeinflussen. Der Markt soll seinen Regeln folgen. Für ihn gibt es keine Denkverbote, alles ist beim Querdenken erlaubt, ja Pflicht für ihn. Damit kann er Märkte revolutionieren und nachhaltig beeinflussen.

Reine Produktveränderungen oder -verbesserungen interessieren ihn an dieser Stelle nicht, er denkt und fühlt erheblich revolutionärer. Er fühlt sich stark genug, den Wettbewerber durch seine Regeländerung in für ihn ungewohnte Grenzen zu zwingen. Die Rollenverteilung im Markt wird geändert. Das Spiel wird neu erfunden.

Das heißt nicht, dass sich ohne Weiteres alle Regeln im Markt ändern lassen, es gibt Bedingungen, die nahezu unveränderbar sind; aber die meisten bestehen aus informellen Rahmen, die keinen wirklichen Grund haben, weiter zu bestehen. Genau diese muss der Spielmacher finden und für sein Spiel anpassen. So kann man Märkte umwälzen, neu definieren und den etablierten Spielern im Markt die Kunden wegnehmen und für sich sichern. Man ist dem Markt voraus und alle anderen Marktteilnehmer müssen sich nach den neuen Maßstäben richten, die der Spielmacher selbst gesetzt hat. Der kennt sich natürlich bestens mit den eigenen Maßstäben und Regeln aus. Welch´ ein Traum. Sie ändern die Kriterien bei ihren Kunden, nach denen etwas gut oder schlecht beurteilt wird. Das hätte früher in der Schule bei den Aufsätzen beste Ergebnisse gebracht, hätte man selbst die Kriterien für eine gute Note setzen können. So manches „leider am Thema vorbei" wäre wohl erspart geblieben.

Auch ein temporärer Umweg kann ein Weg sein, sich den Regeln der Großen im Markt zu entziehen. Wenn ein Unternehmen seinen deutlich größeren Wettbewerber angreifen möchte, kann es sinnvoll sein, dies nicht auf dem Heimatmarkt des Wettbewerbers zu tun. Denn dort ist er wohl vorerst unschlagbar und die notwendigen Mittel für einen erfolgreichen Angriff dürften aufgrund der Größenverhältnisse beider Unternehmen fehlen. Ein Angriff kann auch in sogenannten Nebenmärkten erfolgen, in denen der Wettbewerber nicht die Nummer Eins ist und seine Marktstärke nicht so ausgeprägt ist. Dies hat den Vorteil, dass die Gegenreaktionen nicht so schmerzhaft sein dürften und der Angreifer selbst Fleisch und Muskeln ansetzen kann, um dann gestärkt die direkte Konfrontation zu suchen.

Es ist zu prüfen, ob die eigenen Produktmerkmale und eventuellen Vorteile gegenüber Wettbewerberprodukten vom Markt und von den Kunden überhaupt gewollt und akzeptiert sind. Wenn nicht, so ist der vermeintliche Technologieführer seine Rolle als Marktführer schnell wieder los. Vielleicht lässt sich im Markt ein Kriterium platzieren, das den Marktführer oder Hauptwettbewerber in den Augen der Kunden herunterstuft. Dies kann natürlich mit voller Absicht geschehen. Die neu gesetzten Regeln müssen zwar nicht rational, wohl aber in den Augen der Konsumenten sinnvoll und nachvollziehbar sein.

Vor einigen Jahren kamen die SUVs (Sports Utility Vehicles) auf den Automarkt und starteten eine rasante Karriere. Eine Art Geländewagen, höher, unförmig und mit Allradantrieb ausgestattet. Es war schick, wie der Förster oder Großgrundbesitzer in der Stadt zum Einkaufen zu fahren. Den Allradantrieb brauchte man nicht, allenfalls half er manchmal im Winter. Der Trend kam aus Amerika zu uns und löste einen regelrechten Boom nach diesen Autos aus. Viele Automobilhersteller entwickelten ein solches Auto und verkauften ihr Modell gut. Ein neuer Markt für eine Art von Auto, das keiner wirklich braucht, wurde geschaffen. Es gab die SUVs in allen Kategorien, vom einfachen Modell bis hin zur absoluten Luxusversion. Sogar Porsche als Sportwagenhersteller sah für sich die Chance mehr Autos abzusetzen, indem man ein Modell für diesen Markt entwickelte. Alle Leistungsklassen wurden besetzt. Eines hatten diese Autos gemeinsam: Sie verbrauchten sehr viel Treibstoff. Sie waren damit keine umweltfreundlichen Autos, aber darüber sah man meist hinweg. Als allerdings der Benzin- und Dieselpreis kräftig anzog, waren diese Autos schnell verpönt. Was sollte man als Hersteller tun, der erst jetzt in diesen Markt einsteigen wollte? Eigentlich hatte man keine Chance mehr, die Fahrzeuge waren einfach nicht mehr zeitgemäß. Aber wieder gelang es, die Maßstäbe in der Kundenwahrnehmung zu verändern. Toyota setzte sich in die Spielmacherrolle, obwohl man den Zug der SUVs fast verpasst hatte. Einfach ein entwickeltes Modell auf einen mit negativem Image besetzten Markt zu bringen, wäre eine undankbare und nicht sehr clevere Mitspielerrolle gewesen. Der Spielmacher denkt und handelt entsprechend anders. Das Toyota-Modell verbrauchte durch Verzicht auf die aufwändige Allradtechnik weniger Sprit, war damit also umweltfreundlicher, es war bedeutend einfacher zu fahren und bot eine Menge Komfort. Toyota brachte keinen neuen SUV, sondern einen Crossover auf den Markt. Den Markt der Crossover, Optik eines SUVs und Technik eines Pkws, gab es bis dahin noch nicht, also konnte Toyota die Kriterien für diese Klasse definieren und umging so die negativ besetzte Klasse der SUVs. Der Spielmacher verändert den Markt, einmal in Richtung SUV und einmal daraus in Richtung Crossover. Und wahrscheinlich haben wir bald einen neuen Spielmacher im Markt, wenn es dem indischen Konzern Tata wirklich gelingt, ein Auto für 2.000 Euro auch in Europa auf den Markt zu bringen. Ein solches Konzept ist nicht durch bloße Kostenreduktion im Personalbereich möglich, sondern hier ist eine Revolution in allen Bereiche notwendig, vom Marketing über die Fertigung bis zum Einkauf.

Die Beispiele zeigen, dass die Marktstrukturen und Rahmenbedingungen oft nur historisch begründet sind, aber heute keinen Bestand mehr haben. Hier liegt der Ansatz, über das Querdenken zum Spielmacher zu werden und neue eigene Kriterien und Maßstäbe im Markt zu platzieren.

Ryanair ist ebenfalls ein Beispiel für ein Unternehmen, das eine neue Kategorie im Markt installiert hat. Die Kategorie der Billigflieger. Ähnlich hat es Red Bull mit seinem Energy Drink gemacht. Ikea verlagert Prozesse wie das Suchen der Artikel im Lager, den Transport und den Aufbau der Möbel auf seine Kunden. Die Beispiele werden später im Buch ausführlich beschrieben.

Querdenken: Wie geht das?

Wer im Markt einen wirklichen Durchbruch schaffen will, der muss bereit sein, die Spielregeln	**Spielregeln ändern heißt**
• zu brechen, • zu verändern, • zu revolutionieren oder • neu zu erfinden	• neue Kategorien und Segmente gründen • neue Fronten eröffnen • neue Weichen im Wettbewerb stellen • Marktbarrieren aus dem Weg räumen • neue Dynamik im Markt erzeugen

Abbildung 5: Querdenken: Wie geht das?

Man muss es wagen, auch „Heilige Kühe" zu schlachten und diesen Weg konsequent zu gehen. Die Zeiten und das Verhalten der Verbraucher ändern sich und damit auch immer die Werte, die ein Konsument hat und zu verwirklichen sucht. Diesen Veränderungsprozess nutzt der Spielmacher, er sieht die Veränderungen und passt sich ihnen an, spinnt sie sogar in die Zukunft weiter. Er gelangt damit zu völlig neuen Geschäftsmodellen, in denen er der Regelgeber ist.

Der Fokus des Marketings

Wie notwendig es ist, im Marketing andere Wege des Denkens einzuschlagen, wird sehr deutlich, wenn man sich einige Zahlen vergegenwärtigt.

Innerhalb einer Minute werden beispielsweise:

▶ mehr als 500.000 Kommentare bei Facebook eingetragen,

▶ fast 1,4 Millionen Videos bei YouTube angeschaut,

▶ fast 12.000 Apps für das iPhone heruntergeladen,

▶ fast 600 neue Mitglieder bei Facebook verzeichnet.

Diese Zahlen sind beeindruckend und in der Größenordnung nicht jedem gegenwärtig. An ihnen wird deutlich, dass sich die Welt im Marketing längst geändert hat. Wer diese Entwicklung ignoriert, lebt nicht mehr im Gestern, sondern schon im Vorgestern. Verfolgen kann man diese Zahlen im Internet bei den „Social Media Counts" von Gary Hayes. Was passieren kann, wenn man diese Entwicklung nicht berücksichtigt und sich zum Beispiel bei Kundenreklamationen immer noch nach dem Motto „Duck And Cover" verhält, hat die Fluggesellschaft United schmerzlich zu spüren bekommen. Dave Caroll, einem amerikanischen Country Musiker, wurde auf einem Flug mit United seine wertvolle Gitarre zerstört. Seine zahlreichen Reklamationen hatten keinen Erfolg, Niemand bei United kümmerte sich um die Beschwerde. Dave Caroll hat kurzerhand einen Song darüber geschrieben und auf YouToube veröffentlicht. Das Lied „United Breaks Guitars" wurde mittlerweile über zehn Millionen Mal angehört. Dave Caroll hat seine Unzufriedenheit so mit zehn Millionen Menschen geteilt. Wer sich in dieser Zeit noch nach den Regeln von Gestern verhält, bekommt schonungslos die Quittung.

Querdenken: Ansatzpunkte des Marketings

Produkt	People	Kunde	Markt

• Zielgruppe
• Eigenschaften
  • bisher
  • zukünftig
• Neues Markt-
  Segment
• N e w
	• Coaching
	• Club der
	  Besten
	• Arbeitsplatz
	• Arbeits-
	  bedingungen
	• Vergütung
	• Motivation
	• Neue
	  Mitarbeiter
	• Job-Rotation
	• Know-how
	• N e w
	• Führung
		• Social Media
		• Werbung
		• Verhaltens-
		  änderung
		• N e w
		• Promotion
		• Event
		• Neue Kunden
		• Kunden-
		  bindung
		• Club
		• Kunden-
		  barometer
			• Marktanteil
			• Produkt
			• Kaufprozess
			• Vertriebs-
			  system
			• N e w
			• Marke
			• Vertriebskanal
			• Spielregeln
			• Wettbewerb
			• Neue Spieler
			• Neuer Markt
			• Preismodell
			• Zielgruppe

Abbildung 6: Ansatzpunkte des Marketings

Marketing sollte sich in vier Bereichen mit Querdenken beschäftigen (siehe Abbildung 6):

Auch wenn der Bereich „People", die Mitarbeiter des Unternehmens, bisher nicht als typisches Betätigungsfeld für das Marketing gesehen wurde, bin ich überzeugt, dass auch hier Ansatzpunkte notwendig sind. Die Punkte „Coaching" und „Club der Besten" sind einfacher als Marketingfelder zu verstehen, als der „Arbeitsplatz" oder „Job Rotation". Wenn Sie an ein neues Marktsegment denken, welches Ihr Unternehmen betreten will, ergeben sich allerdings in den genannten Bereichen eine Reihe von Ansatzpunkten für unterstützende Maßnahmen.

Querdenken im Marketing gibt Ihnen die Möglichkeit, das ruinierende Preisthema hinter sich zu lassen und Ihr Produkt mit anderen Argumenten zu verkaufen. Die Notwendigkeit dafür ist im Kapitel „Billig ist kein Marketing" dargestellt. Ein Unternehmen benötigt Verkaufsargumente und Wettbewerbsvorteile für seine Produkte, die jenseits des Preises liegen. Eine langfristige Existenz wird es beim Thema „Billig" nicht geben. „Billig" wird vom Kunden mit schlechter

Qualität assoziiert. Querdenken macht es möglich, an der Preis-Wert -Relation in den Augen der Kunden zu arbeiten und so zumindest „preiswert" zu argumentieren. Querdenker finden Argumente für den „gefühlten Preis" beim Kunden, der natürlich passen, aber nicht „billig" sein muss. Darauf wird beim Beispiel der aws Wärme Service noch einmal eingegangen. Geben Sie Ihren Kunden das Gefühl, dass der Preis genau der richtige für Ihr Angebot ist.

Wie Querdenken im Marketing funktioniert, wurde im Abschnitt „Spielregeln im Markt ändern" behandelt und an vielen Beispielen aus der Praxis dargestellt und wird in den Querdenker-Beispielen noch intensiv behandelt. Wie konkret der Prozess des Querdenkens abläuft, was zu tun ist und welche Hilfsmittel es gibt, wird im 4. Kapitel thematisiert.

Was Sie selbst als Querdenker im Marketing mitbringen sollten, wird im Folgenden beschrieben. Sie werden erfahren, dass ein Spielmacher und Querdenker bestimmte Eigenschaften hat, die jedoch für eine Mitarbeiterin oder einen Mitarbeiter im Marketing nicht außergewöhnlich sind.

Spielmacher und Mitspieler

Der Prozess des Querdenkens und der Änderung der Spielregeln ist nicht abhängig von Positionen im Unternehmen.

Zwar stehen einem Unternehmer das Querdenken und das Verhalten als Spielmacher viel näher als angestellten Managern. Ein Unternehmer ist eher bereit, Risiken einzugehen und neue Dinge zu probieren, es liegt in seiner Natur. Aber gerade als Manager muss man sich wie ein Unternehmer verhalten und ebenso denken und fühlen, nur dann arbeitet man mit Herzblut. Der Manager wird allerdings mehr gedankliche Vorarbeit leisten müssen als der Unternehmer, weil er in seiner Organisation mehr argumentieren und überzeugen muss.

Der Spielmacher läuft voraus, der Mitspieler hinterher. Regeln bestimmen ein Spiel und wollen ihm Ordnung geben, es vergleichbar und messbar machen. Mitspieler haben Respekt vor den Regeln. Aber genau das ist es, was der Spielmacher nicht akzeptieren will, denn wenn alles geordnet ist und alles gleich ist, gibt es nichts zu gewinnen. Dann entscheidet wieder nur der Preis, nicht der Spielmacher. Im Markt können Spielmacher im Unterschied zum Sport auch

Regelmacher sein. Der Spielmacher ist derjenige im Markt, der nicht bereit ist, nach den Regeln anderer zu spielen und sich im Markt zu bewegen. Er will dem Markt eigene Regeln geben; er will, dass der Markt nach seinen Regeln spielt. Er will ausbrechen und zwar entscheidend und nach vorne. Spielregeln werden nicht von den Mitspielern in einem Spiel geändert, sondern vom Chef im Ring, vom Spielmacher.

Was unterscheidet den Spielmacher vom normalen Mitspieler? Am besten kann man den Spielmacher beschreiben, indem er direkt mit einem Mitspieler verglichen wird.

Der Spielmacher tickt anders als der Mitspieler. Er will ein Spiel lenken, anstatt nur dabei zu sein. Er setzt die Mitspieler vorteilhaft ein, er beschleunigt oder verlangsamt ein Spiel. Er passt sich den Situationen schnell an. Der Spielmacher hat den unbändigen Willen, das Spiel zu gewinnen und zu gestalten. Er ist permanent präsent und spürt Entwicklungen, Möglichkeiten und Risiken des Handelns im Voraus. Er hat immer wieder neue Ideen und kann das Spiel in andere Richtungen verlagern. Er arbeitet mit dem Ziel, sein Spiel zu gewinnen. Er ist neugierig. Er denkt aus dem „Heute" nach vorne in die Zukunft und leitet dann die notwendigen Schritte in der Gegenwart ein. Er denkt und spielt mit Zukunftsoptionen in seinem oder einem neuen Geschäftsfeld. Der Spielmacher muss die Regeln der Vergangenheit vergessen, sich innerlich entrümpeln und den Ballast der Vergangenheit abwerfen. Mit zu viel Gepäck kommt man zu schnell ins Schwitzen und gerät aus der Puste. Er geht befreit in seinen Denkprozess. Für den Querdenker-Prozess muss der Spielmacher offen, immer wach und aufmerksam den Markt und die Kunden beobachten. Spielmacher kann man nicht nebenbei sein, Mitspieler sehr wohl.

Der Spielmacher geht unvoreingenommen in ein Spiel und erfasst schnell die Zusammenhänge im Markt, die Lage und Situation der Wettbewerber. Er setzt auf Team-Spirit seiner ausgewählten Mannschaft. Mit dieser Einstellung und diesem Vorgehen spürt er Chancen und Risiken im Markt schneller als andere. Er sieht und spielt mit Gefahren und Potenzialen. Er hat keine Angst, sich zu blamieren, denn das geht in einem Querdenker-Prozess nicht. Jegliche Veränderung des Status quo sieht er als Chance. Der Spielmacher ist offen für Neues und hat Spaß an der Veränderung.

Der Mitspieler verzettelt sich häufig im Detail, er optimiert nur in kleinen Einheiten. Der Spielmacher geht in die Adlerperspektive und verschafft sich so einen kompletten Überblick der Marktlandschaft. Er sieht die Wettbewerber und

Mitspieler, deren Produkte und Angebot, die Zusammenhänge und Abhängigkeiten im Markt aus dieser unabhängigen Perspektive. Er hat und wahrt die Distanz in seinem Prozess und spielt schon früh mit möglichen Optionen. Die Problemanalyse des Tagesgeschäftes, die Soll-Ist-Abweichungen betreffen eher das operative Geschäft, in der Regel nicht die weitere strategische Zukunft. Dies ist wichtig für das aktuelle Geschäft, aber der Zeitanteil dafür darf nicht überwiegen.

Der Mitspieler setzt die Kernkompetenzen im Markt ein, der Spielmacher entwickelt sie weiter und findet neue Einsatzmöglichkeiten für die eigenen Kernkompetenzen. Er beobachtet die anderen Märkte, auch wenn sie das eigene Unternehmen aktuell nicht tangieren. Er adaptiert Ideen und Entwicklungen anderer Märkte auf das eigene Geschäft. Der Spielmacher hat Spaß am Probieren und ist bereit, Risiken einzugehen. Anders als die Mitspieler im Markt denkt er in Szenarien der Zukunft, er denkt in verschiedenen Optionen, sieht Verbindungen und spürt neue Dinge auf. Er versucht immer positive und vorteilhafte Positionen im Markt für sich zu schaffen. Ihm obliegt es, an die Spitze zu gehen und das Spiel anzuführen und zu lenken. Der Spielmacher kennt den Wettbewerber und weiß, warum ein Wettbewerber etwas macht oder eben nicht macht. Unter dem Begriff Markt versteht er das komplexe System aus Kunden, Wettbewerbern, Mitarbeitern, Lieferanten und allen anderen Beteiligten. Durch diese genauen Kenntnisse erkennt er Veränderungen und Bewegungen im Markt und deren Auswirkungen frühzeitig. Damit wiederum erhält er wichtige Ansatzpunkte für sein eigenes Spiel.

Das „OMA"-Prinzip

Er arbeitet nach dem „OMA"-Prinzip: Offenheit, Mut, Adaptieren von Ideen. Adaptieren ist kein Stehlen von Ideen. Adaptieren ist, mit offenen Augen nach Best-Practice-Lösungen und Best-Practice-Ansätzen in allen Branchen zu suchen. Adaptieren ist ein wichtiger Schritt. Schauen, was andere Branchen machen. Wie branchenfremde Unternehmen mit ihren Kunden umgehen, kann viele neue Ansätze für das eigene Geschäft liefern. Die Frage „Wie kann ich das für mein Unternehmen umsetzen oder anpassen" ist erlaubt und sinnvoll.

▶ Der Spielmacher fragt sich, was die aktuellen Spielregeln verhindern und was neue Regeln bewirken könnten, welche Auswirkungen sie auf die Wettbewerber und den Markt haben könnten.

▶ Er checkt die Kernkompetenzen der Wettbewerber und prüft was der Kunde wirklich will und braucht.

▸ Er überlegt, wie man in einem Kunden einen Bedarf wecken kann. Der Spielemacher versucht somit, das Verbraucherverhalten zu beeinflussen.

Selbstbewusstsein ist unablässig notwendig, oder haben sie schon einmal einen Spielmacher ohne Selbstbewusstsein gesehen, der ständig an sich und seinen Entscheidungen zweifelt? Ein positiv gestimmter, selbstbewusster Spielmacher treibt die gesamte Mannschaft an und führt sie zum Erfolg.

Der Spielmacher weiß, dass die Zukunft wichtig ist und er weiß:

▸ Die Zukunft ist anders als die Vergangenheit.
▸ Die Zukunft ist nicht einfach eine Fortschreibung von Trends.
▸ Die Zukunft kündigt sich durch schwache Signale an.

Der Spielemacher weiß, dass man die Zukunft früh erkennen muss, um mehr Zeit für notwendige Reaktionen zu haben.

Der Spielmacher berücksichtigt wirtschaftliche, gesellschaftliche, politische und technische Faktoren bei seinen Szenarien. Er wird die Kernkompetenzen seines Unternehmens in die Szenarien integrieren und erkennt so die Stellschrauben für sich selbst.

Ein Spielmacher hat Visionen, also konkrete Vorstellungen von der Zukunft. Steve Jobs hatte eine Vision „Personal Computer für alle", John F. Kennedy wollte „Erster auf dem Mond" sein und Henry Ford wollte „Ein Auto für alle" bauen. Eine Vision ist etwas Neues, abgeleitet aus der erwarteten Entwicklung. Ein konkretes Ziel, an dem man arbeiten kann. Der Spielmacher kann inspirieren und in seinem Team Feuer entfachen. Der Mitspieler denkt, dass die Regeln nicht verändert werden dürfen und wartet auf die Aktionen der anderen, er reagiert nur. Sein Spielmacher agiert. Frei nach Friedrich Nietzsche „bleiben die Mitspieler bei der Herde".

Die verschiedenen Spielertypen sind sehr schön bei Klaus M. Kohlöffel und Jan-Dirk Rosche (2009) beschrieben. „Macht hat, wer etwas macht", eine treffende Formulierung. Nur der Aktive gewinnt das Spiel. Der Spielmacher sucht nach seinem USP im Handeln und setzt kompetente Ressourcen und Know-how in unterschiedlicher Zusammensetzung ein, um seine Ziele zu realisieren. Er ist permanent auf sein Ziel fokussiert.

Offensive Spielweise

Die Literatur unterscheidet zwischen verschiedenen Spielweisen im Management. Unser Spielmacher bevorzugt eindeutig die offensive Spielweise und fühlt sich als First Mover.

Man kann mit Veränderungen im Markt offensiv, defensiv oder neutral umgehen.

▶ In der *offensiven Spielweise* finden wir den First Mover, der vorne weg marschieren und die Veränderung aktiv beeinflussen will. Er wird versuchen, die eigenen Stärken zu nutzen und gleichzeitig die Schwächen des Wettbewerbs einzukalkulieren. Der First Mover wählt in manchen Situationen eine Kooperation mit anderen Unternehmen oder er agiert wettbewerbsorientiert. Er setzt eher auf Angriff als auf Rückzug oder Ausweichen. Er versucht im Markt Barrieren für den Wettbewerb zu schaffen, indem er seine Kostenvorteile nutzt oder sich mit Patenten vor den Nachahmern schützt.

▶ Bei der *defensiven Spielweise* verhält sich der Spieler eher abwartend. Er wartet ab, wie der Wettbewerber reagiert und ahmt dann nach. Er reagiert. Er neigt zu Kooperationen, aber eher um Fehler zu vermeiden. Ein Spieler mit dieser Einstellung geht Kooperationen ein, wenn sie ihm weiterhelfen.

▶ In einer *neutralen Spielweise* ist man nicht Fisch und nicht Fleisch. Man wählt die Mitte und bewegt eigentlich überhaupt nichts. In dieser Spielweise liegt keine Eigenmotivation, etwas zu bewegen. Unschlüssigkeit und Angst bestimmen die Vorgehensweise im Markt. Ein gefundenes Fressen für den Wettbewerb mit einer offensiven Spielweise.

Das Risiko der jeweiligen Vorgehensweise muss abgeschätzt werden. Aber generell ist es nicht schlimm, Risiken einzugehen und Fehler zu machen. Oder anders ausgedrückt „Wenn Sie erfolgreich sein wollen, verdoppeln Sie Ihre Misserfolgsrate", wie es der Gründer von IBM, Thomas Watson, einmal gesagt hat.

Anja Förster und Peter Kreuz (2008) haben es treffend beschrieben: Erfolgreich ist nur der, der Dinge anpackt, die der Wettbewerber für zu riskant hält. Das größere Risiko ist es aber, kein Risiko einzugehen.

Ein Spielmacher ist eine Führungskraft, die eine Krise nicht leugnen wird und sie nicht gesund reden will. Damit würde er notwendige Zeit verlieren. Oft erlebt man, dass schlechte Zahlen eines Unternehmens oder eines Bereiches nicht als das, was sie sind, wahrgenommen werden. Es wird auf den nächsten Monat, das nächste Quartal vertröstet und gehofft, dass es doch wieder besser wird. Hoffnung als Managementmethode. Wie lange muss man einen sinkenden Marktanteil ansehen, bis man glaubt, dass es keine Eintagsfliege ist? „Die Zahlen können nicht stimmen, wir warten noch mal ab", das kennen wir leider. Es ist besser, unverzüglich und ohne Panik geeignete Schritte einzuleiten und die Situation als solche zu erkennen und zu akzeptieren. Die Führungskraft wird sich der Krise stellen und sie mit den geeigneten Mitteln, auch wenn diese noch nicht gefunden sind, bewältigen. Er wird aus der Krise lernen.

Der Spielmacher kennt sich in strategischen Planspielen aus und weiß um die Chancen und Risiken. Er liebt die offensive Spielweise. Der Spielmacher möchte etwas hinterlassen und nicht nur sein Geschäft und seinen Aufgabenbereich gemanagt haben. Das kann jeder, auch ohne Spuren zu hinterlassen.

Ist das heutige Geschäftsmodell noch tragfähig für die Zukunft? Gibt es schon Zweifler daran im Unternehmen? Das sind erste Anzeichen, dass man mit einer anderen Strategie, mit anderen Überlegungen anfangen sollte. Wächst meine bisherige Zielgruppe aus meinen Produkten heraus und haben die Nachkommen andere Erwartungen an meine Produkte oder an meine Kommunikation?

Taucht in der Organisation eine Kundenreklamation auf, ist das eine große Chance, sich zu verbessern und sich für die Zukunft besser aufzustellen. Es ist eine Frage der Grundeinstellung, ob ich diese Situation als Chance oder als Bedrohung sehe, die am besten unter den Tisch gekehrt wird. Will ich helfen oder abwehren?

Fußspuren im Schnee sieht man nur von demjenigen, der voraus gegangen ist. Alle dahinter verschwinden im Matsch. Der Spielmacher und sein Team sind Menschen, die nach Veränderungen verlangen, die keine Angst davor haben, sondern die Chancen sehen und umsetzen wollen. Sie sind Stehaufmännchen, die sich nicht durch Misserfolge irritieren lassen. Sie trauen sich mutige Entscheidungen zu und wollen immer etwas Neues probieren.

Man erkennt sie.

Beurteilen Sie selbst, ob Ihr Unternehmen oder Sie selbst ein Spielmacher oder ein Mitspieler im Markt sind (siehe Abbildung 7).

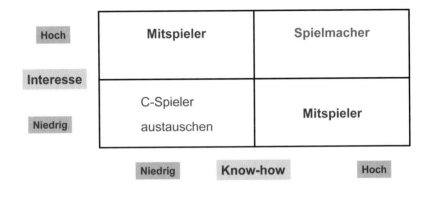

Abbildung 7: Spielmacher und Mitspieler

Fünf Schritte des Spielmachers

Der Prozess „Spielregeln ändern" wird in Anlehnung an Klaus M. Kohlöffel und Jan-Dirk Rosche (2009) in fünf Phasen bzw. Schritte eingeteilt:

1. Spielidee entwickeln,

2. Spielfeld verändern,

3. Spielregeln ändern,

4. Spieler entwickeln,

5. Beziehungen ändern.

1. *Spielidee entwickeln:*

Voraussetzung ist es, die Ist-Situation genau zu kennen. Dann werden die Visionen und Ziele definiert. Dazu muss man selbst und das Team offen und bereit sein, neue Wege zu gehen und die alten „Denk"-Pfade zu verlassen. Was kann sich ändern und was sollte sich ändern? Welche Trends gibt es im Markt oder bei den Kunden und wie werden sie von einem selbst bewertet? Im Vorfeld werden die Talente und Kompetenzen des Unternehmens und der Mitarbeiter genau analysiert; das ist für den Prozess und die nachfolgende Teambildung sehr wichtig. Es hilft, wenn ebenfalls vor dem Start des Prozesses die Niederlagen und Siege des Unternehmens genau analysiert werden. Und danach gilt einfach:

Machen statt zweifeln.

Was will ich im Querdenker-Prozess erreichen, was sind meine Träume?

Wir kommen später noch auf die Zusammensetzung des Teams zu sprechen, hier nur so viel: Frei nach Jack Welch ist das Know-how im Unternehmen sicher groß, sonst wären die Leute nicht an ihrem Platz. Daher kann man auch kaum völlig falsche Entscheidungen treffen, zu 90 Prozent werden Sie richtig liegen.

2. *Spielfeld verändern:*

Auf welches Spielfeld möchte ich? In welchen Markt möchte ich eintreten?

Hat das Unternehmen dazu die notwendige Kraft, die notwendigen Kompetenzen? Ist es flexibel und schnell genug, um in das gewählte Spielfeld einzutreten? Wenn nicht müssen die benötigten Fähigkeiten „besorgt" werden. Hierbei ist es wie bei der Akquisition eines Unternehmens, welches eingegliedert werden und das Unternehmensportfolio erweitern soll. Man kann vorher entscheiden, ob die notwendigen Fertigkeiten eingekauft werden sollen oder ob man es selbst machen will. Wenn die Fertigkeiten im Unternehmen vorhanden sind, können Mitarbeiter speziell für diesen Prozess umgesetzt und ausgebildet werden.

3. *Spielregeln ändern:*

Dieser Punkt wurde schon ausführlich beschrieben.

Zuerst werden die Regeln im Markt analysiert und danach werden Regeln entwickelt, die besser für das eigene Unternehmen sind und zugleich eine Schwächung für den Wettbewerber bedeuten. Als Ansatz hilft es, das Geschäftsfeld auf der „grünen Wiese" neu aufzubauen. Nutzen Sie das Wissen und die Vorstellungskraft des Teams bei dieser Frage. Ohne Grenzen und Regeln sollte hier das neue Geschäftsfeld beschrieben werden. Wie sollen einzelne Funktionen und Prozesse ablaufen, um erfolgreich zu sein?

4. *Spieler entwickeln:*

Die einzelnen Teammitglieder sollten für ihre neue Rolle trainiert und gecoacht werden. Im Vordergrund steht das Coaching des Vorgesetzten und Querdenkers, der dem Team den Mut weitergeben soll, den Prozess zu beginnen und durchzuführen. Geht es darum, spezielles Know-how zu vermitteln, kann dies auch durch externe Spieler ermöglicht werden. Bei einzelnen Schritten, man erkennt sehr schnell welche das sein werden, ist es eine gute Methode, Gäste aus anderen Unternehmen zu einem Meeting einzuladen. Natürlich wird man wohl kaum den Wettbewerb bitten, wohl aber Unternehmen aus anderen Branchen, die ähnliche Probleme eventuell schon lange gelöst haben. Es ist hilfreich, sich gerade am Anfang des Prozesses diese Gedanken zu machen: Welche andere Branche kämpft auch mit den eigenen Problemen oder Themen? Welche Unternehmen oder Mitarbeiter dieser Unternehmen kennen wir und können wir ansprechen?

Arbeiten Sie zum Beispiel in einem stark saisonalen Geschäft, bietet es sich an, mit Unternehmen zu sprechen, die auch in einem volatilen Markt arbeiten:

Mineralölfirmen, Autoreifenhersteller, Autospediteure und so weiter. Ihnen fällt ganz bestimmt eine riesige Liste mit Namen ein, wenn Sie sich dafür ein wenig Zeit nehmen.

5. *Beziehungen ändern:*

Es kann sich aus dem Prozess heraus ergeben, die Beziehungen zwischen Partnerunternehmen oder Wettbewerbern zu ändern. Aus Wettbewerbern können nach der Änderung der Spielregeln durchaus Partner werden und aus Unternehmen, die man bisher nicht im Fokus hatte, können nun wirkliche Wettbewerber werden. Ein ganzes Geflecht aus Beziehungen kann sich völlig neu ergeben. Dies ist spannend zu beobachten und im Voraus damit Spielideen zu überlegen.

Schritte des Spielmachers

Spielidee entwickeln	Spielfeld verändern	Spielregeln ändern	Spieler entwickeln	Beziehung ändern
• Kennen der Ist-Situation	• Was fehlt?	• Welche Regeln gibt es?	• Coaching Querdenken	• Wettbewerber zu Partner
• Visionen, Ziele, Trends	• Herkunft	• Welche wären besser?	• Check andere Branchen	• Partner zu Wettbewerber
• Kern-kompetenzen	• Intern, extern	• „Grüne-Wiese"-Ansatz	• Externe Gäste	• Neue Rollen im Spiel

Abbildung 8: Schritte des Spielmachers

„Was würde mein Nachfolger tun?"

Querdenken fängt dort an, wo andere klassische Methoden aufhören oder gar nicht erst hinkommen. Es geht viel weiter als eine strategische Überlegung über die Positionierung im Markt, es geht weiter als eine Optimierung der Prozesse. Diese Methode stellt Bestehendes in Frage und versucht, neu zu gestalten und zwar nicht nur Prozesse im Unternehmen, sondern den gesamten Markt.

Der Querdenker versucht die Scheuklappen abzulegen und den engen Grenzen des Tunnelblicks zu entfliehen. Er sieht sich in anderen Märkten und Unternehmen um und bewertet permanent, ob bestimmte Dinge, Methoden oder Strategien adaptiert werden können. Die „offenen Augen" brauchen wir, um alles stets zu hinterfragen.

Der Querdenker spielt mit der Frage „Was würde mein Nachfolger sofort ändern?"

Eine sehr interessante Fragestellung, die hilft, sich selbst sowie die eigenen Strategien und Maßnahmen kritisch zu hinterfragen. Versuchen Sie es einmal. Sicher ist das eine ungewöhnliche Frage, wollen wir doch gerade das gar nicht wissen oder uns mit einer solchen Frage beschäftigen. Aber diese Gedanken helfen, sich von allem Bekannten und Gewohnten zu lösen und sich auf den Stuhl des anderen zu setzen. Würde mein Nachfolger auch an den Dingen festhalten, die ich für unveränderbar halte? Oder würde er sich einfach über bestimmte Dinge hinwegsetzen? Versetzen Sie sich einmal in die Situation zurück, in der Sie waren, als Sie in das heutige Unternehmen eingetreten sind oder als Sie die heutige Position im Unternehmen übernommen haben. Wie sind Sie an die Aufgabe herangegangen? Was wollten Sie alles ändern? Sie konnten sich losgelöst von dem Gewohnten über die zukünftige Strategie Gedanken machen und sich mit Ihrem Team beraten. Sie hatten einen großen Vorteil: Sie brauchten bestimmte Marktgesetze nicht zu vergessen, Sie kannten Sie gar nicht.

Seien Sie Ihr eigener Nachfolger! Denken Sie wie er.

 Jetzt sind Sie gefragt:

- ▶ Was würde er in einer bestimmten Situation tun? Wie würde er entscheiden?
- ▶ Würde er auf die gleichen Dinge Rücksicht nehmen, würde er sich an den gleichen Regeln orientieren oder würde er gerade das nicht tun?
- ▶ Warum würde er etwas anders machen?
- ▶ Wie würde er denken? Auf jeden Fall würde er nicht vorbelastet an die Themen und Entscheidungen gehen.
- ▶ Würde er die bessere Entscheidung treffen?

Das bedeutet aber nicht, die positiven Dinge in der Vergangenheit kaputt zu reden, wohl aber sich den ändernden Zeiten bewusst zu sein und nicht einfach die Vergangenheit fortzusetzen. Wichtig ist, dies früher als andere zu tun, da sonst die anderen die Regeln ändern werden. Seien Sie selbst Ihr erster und stärkster Kritiker. Wie lange wäre das heutige Konzept noch erfolgreich? Lässt sich die Vergangenheit immer wiederholen?

Fragen Sie sich, was in Zukunft sein kann und fragen Sie, was geschehen muss, damit es wirklich passiert. Schauen Sie dabei nicht durch die aktuelle Unternehmensbrille, die schränkt zu sehr ein.

- Wo liegen neue Horizonte, losgelöst von den heutigen Geschäftseinheiten?
- Was geschieht im Markt, wenn mein Produkt nur noch zehn Prozent vom heutigen Preis kostet?

Mit diesem Ansatz wurde der Weg vom Großkopierer zum Kleinkopierer für kleinere Unternehmen oder Abteilungen gefunden, die Wegwerfkamera erdacht und der Markt für Swatch-Uhren begründet.

- Wer hat Zugriff auf meine Kunden?
- Welche fremde Idee, welche Entwicklung, welches Produkt, welche Gesetze würden das Verhalten unserer Kunden in Bezug auf unser Produkt ändern?
- Welche neue Klientel für die heutigen Produkte ist zu gewinnen?
- Welche neuen Produkte werden benötigt, um angrenzende Kundengruppen zu generieren?

Viel Bewegung und Erkenntnis bekommt man, wenn neue Kennzahlen gebildet werden, die auf die Zukunft gerichtet sind und das Querdenken und nach vorne Marschieren honorieren; gleichzeitig aber auch die Overhead-Kosten einbeziehen.

Was halten Sie von folgenden Kennzahlen?

- Nicht Ergebnis pro Mitarbeiter, sondern Ergebnis pro Führungskraft oder Manager.
- Ergebnis neuer Produkte pro Euro F+E-Aufwand, oder pro Euro Overhead Kosten.

Hier ergeben sich interessante Kennzahlen, die ein völlig neues Licht auf Ihr Unternehmen werfen werden. An der Entwicklung dieser Kennzahlen sieht man sehr schnell, ob ein Unternehmen sich in die richtige Richtung entwickelt.

Gleich, ob der Markt groß oder klein ist, ob er gesättigt ist oder Wachstumspotenziale erkennen lässt; es spielt keine Rolle, ob man selbst Marktführer ist, ob man viel Geld in der Hinterhand hat oder nicht.

Nicht limitiert denken und losgelöst an die neuen Modelle gehen, macht das Querdenken erfolgreich. Es gibt die Möglichkeit, den Markt neu zu regeln, die etablierten Spieler zu entmachten und sich selbst in die Leader-Rolle zu heben. Auf diesem Weg gelangt man auch zu heute nicht existenten Märkten. Fangen Sie dort an zu denken, wo der alte Hase im Geschäft blind ist und aufhört zu denken. Optimieren Sie nicht, sondern revolutionieren Sie das Geschäft! Spielen Sie außerhalb der vermeintlichen Rahmenbedingungen und der Marktgesetze. Denken Sie radikal. Ändern Sie das Verhalten im Markt. Alles was bisher galt und für Sie richtungsweisend war, hat zu der heutigen Situation für Sie und Ihr Unternehmen geführt. Wenn Sie nichts ändern, bleibt das auch so. Werden Sie respektlos gegenüber den bestehenden Regeln des Marktes, akzeptieren Sie sie nicht. Die Ideen, die Sie haben, müssen nicht genial sein. Oft sind es auch Kleinigkeiten, die den Markt neu regeln können. Bedenken Sie das gesamte Feld der Aktivitäten des Unternehmens, überall liegt das revolutionäre Potenzial. Nutzen Sie das Querdenken nicht nur für die großen Dinge des Lebens, sondern versuchen Sie, auch die „normalen" Probleme, die Sie schon immer lösen wollten, mit diesem Ansatz zu bewältigen.

Ihr Nachfolger würde genau das tun.

Querdenken: Ein anderes Denkmodell

Interessante Fragen:

- Wie würde mein Nachfolger entscheiden?
- Sind die Rahmenbedingungen im Markt
  - Fair?   Logisch?
  - Rational?   Unveränderbar?
- Von wem stammen sie?
- Was haben uns die bisherigen Denkprozesse gebracht?
- Malen nach Zahlen oder lieber ein eigenes Bild entwerfen?

Provokation?

- Permanentes Optimieren behindert die aktive Zukunftsgestaltung
- Nicht schneller kleiner werden als der Wettbewerb, sondern besser
- Nicht auf Fehler der anderen warten

Abbildung 9: Querdenken: ein anderes Denkmodell

Es gibt keine Einwände

Wir kennen alle die Einwände, die schon ganz automatisch kommen, wenn ein außergewöhnlicher Vorschlag gemacht wird:

▶ „Hört sich ja gut an, aber …“,

▶ „Das haben wir noch nie gemacht“,

▶ „Früher haben wir in einem solchen Fall immer …“.

Klar früher war alles besser, darum haben wir ja auch heute das Problem, das wir lösen wollen. Wenn wir immer auf diese Einwände gehört hätten, wäre unser Handy heute groß, mit langer Schnur und einer Wählscheibe drauf.

Wenn Sie ungewöhnlich im Markt auftreten und Dinge veranstalten, die man bisher nicht kannte, werden Sie anderen natürlich auf die Füße treten. Allerdings kann man nur Füße treffen, die gerade unbewegt herumstehen. Füße, die in Bewegung sind, trifft man selten. Kritik vom Wettbewerb ist das beste Lob, das man bekommen kann. Auf Applaus vom Wettbewerb zu hoffen, ist vergebliche Mühe. Applaus vom Kunden ist viel wichtiger.

Welche Vorbehalte wird es geben, wenn Sie mit dem Querdenker-Ansatz in Ihr Unternehmen gehen?

▶ „Unsere Spielregeln sind schon immer da, die kann man nicht ändern.“
Genau das ist der Grund, warum es endlich Zeit wird, die Regeln zu hinterfragen und sie zu ändern. Wenn die Regeln schon immer da waren, dann sind sie alt und überholt.
Konnten Sie in der Vergangenheit erfolgreich nach den Regeln spielen? Unter erfolgreich verstehe ich erfolgreicher als der Markt und der Wettbewerb. Haben Sie sich in der Vergangenheit deutlich von ihm abgesetzt? Wenn nicht, ist das Spiel nicht gut gelungen und schon gar nicht zukunftssicher. Zeit also, etwas an den Regeln zu seinen Gunsten zu tun.

▶ „Ändern können doch nur die Großen.“
Dann schauen Sie mal in die Liste der erfolgreichen Querdenker-Beispiele. Viele von ihnen haben quergedacht und versucht, die Spielregeln zu ändern, als sie noch nicht ihre heutige Größe und Marktstellung hatten. Eben durch das Ändern der Spielregeln wurden sie zu dem, was sie heute sind. Auch kleine Unternehmen können einen Markt revolutionieren und ihn nach ihren Regeln spielen lassen.

▶ „Spielregeln ändern kostet eine Menge Geld."

Die Beispiele zeigen das Gegenteil. Nicht das Ändern der Spielregeln, nicht das Querdenken kostet Geld, die Umsetzung später vielleicht. Aber das passiert erst dann, wenn die Idee, der Ansatz erfolgversprechend genug erscheint. Vorher brauchen Sie nur den Mut etwas Außergewöhnliches tun zu wollen und den Willen etwas an Ihrer jetzigen Situation im Markt zu ändern.

▶ „Dafür muss ein großes Netzwerk im Markt bestehen, alleine geht gar nichts."

Durch die Idee des Spielmachers baut sich das Netzwerk erst auf, es muss nicht vorher bestehen. Die Idee muss die Meinungsführer, die Marktforscher und natürlich die Kunden überzeugen. Dann bildet sich das Netzwerk alleine und in der richtigen Zusammensetzung.

▶ „Unser Markt stagniert, da geht das nicht."

Warum stagnieren die Märkte denn? Weil sich die Manager nicht bewegen und aus dem Stagnieren ausbrechen. Nicht der Markt ist unbeweglich, sondern die Manager darin sind es. Schauen Sie die verschiedenen Bespiele aus den verschiedenen Märkten und Branchen an. Querdenken geht in jedem Markt und in jeder Marktphase.

Jeder kann die Spielregeln im Markt ändern und sich mit einem Querdenker-Ansatz Vorteile im Markt und für die Zukunft verschaffen. Man muss nur beginnen.

Wer agiert, hat die Macht. Sie bestimmen, wo es lang geht.

Mut gehört zweifellos dazu und es wird anfangs schwer fallen, das Querdenken wirtschaftlich zu bewerten, aber abschrecken darf das nicht.

Fehlende Zeit kann auch kein Argument sein. Checken Sie doch einmal, wie viele Daten Sie erheben oder erheben lassen, die niemand wirklich anschaut oder wenn er sie anschaut, welchen Nutzen er davon hat. In der Regel verschwendet man viel Zeit für Dinge, von denen man glaubt, sie brauchen zu müssen. War ja immer so. Wenn Sie dann noch überlegen, wer diese Daten, die keiner anschaut, erhoben hat und wie viel Zeit er dafür gebraucht hat, wird es noch schlimmer. Bedenken Sie das auch, wenn Sie Daten an Ihr Team weitergeben. Was der Chef weitergibt, wird meistens auch gelesen, auch wenn es nicht sinnvoll ist und keinen weiterbringt. Alles verlorene Zeit. Nutzen Sie die Zeit besser, um von anderen zu lernen und nach vorne zu schauen. Alles was nur „Nice to have" ist, kann auch unterbleiben.

Exkurs: Irrationales Verbraucherverhalten

Marktgesetze und -regeln sind oft nicht rational. Ebenso ist das Verhalten des Verbrauchers im Markt oft irrational. Im vorliegenden Exkurs wird das irrationale Verbraucherverhalten genauer untersucht

Dan Ariely hat das irrationale Verhalten der Verbraucher in seinem Buch „Denken hilft zwar, nützt aber nichts" (2008) bemerkenswert beschrieben. Er zeigt am Beispiel einer Abonnementswerbung für eine Zeitschrift, wie der Verbraucher sich bei unterschiedlichen Angebotsvarianten entscheidet. Im Internet werden folgende Versionen für ein Abo angeboten:

1. Onlineversion für 59 Dollar

2. Druckversion per Post für 125 Dollar

3. Druckversion plus Onlineversion für 125 Dollar

Unglaublich dieses Angebot, aber was glauben Sie wählt der Verbraucher in den meisten Fällen? Er wird die Variante der Kombination für ein wahnsinniges Schnäppchen halten und zuschlagen. Über achtzig Prozent, das hat ein Test mit Studenten ergeben, würden sich so entscheiden. Natürlich wurde der Verbraucher hier manipuliert, das funktioniert aber nur, weil er sich manipulieren lässt und nicht rational entscheidet. Er interpretiert die Kombi-Variante als unschlagbar günstig im Vergleich zur reinen Druckversion, er entscheidet nur zwischen diesen beiden Varianten, die er vergleichen kann, bei denen er eine Relation bilden kann. Es fällt ihm schwer, sich zwischen der Onlinevariante und der reinen Druckvariante mit unterschiedlichen Preisen zu entscheiden, aber zum Preis der Druckversion noch die Onlinevariante quasi kostenlos dazu zu bekommen, ist für ihn hoch interessant. Diese Relation kann er bilden und erkennen. Variante 1, die Onlineversion, die ihm vielleicht gereicht hätte, zieht er nicht mehr in Betracht. Ganz anders würde das Ergebnis aussehen, wenn im Beispiel nur Variante 1, die Onlineversion, und Variante 3, die Druck-plus Onlineversion, zur Auswahl stünden. Es fehlt hier nur die Variante, die bei den drei Möglichkeiten keiner gewählt hat. Gut zwei Drittel der Kunden würden sich bei diesem Angebot jetzt für die günstigere Variante entscheiden, da dann der Preis den Ausschlag gibt, weil kein anderer Vergleich möglich ist oder der Vergleich schwer fällt. Für den Verlag geht es hier um eine Umsatzverdoppelung. Wäre Ihnen nie passiert?

Zur Wahl stehen:				Zur Wahl stehen:		
1. Internetangebot	59.- €	**16 %**		1. Internetangebot	59.- €	**68 %**
2. Gedruckte Version	125.- €	**0 %**		2. Gedruckte und Internetversion	125.- €	**32 %**
3. Gedruckte und Internetversion	125.- €	**84 %**		**Warum? Es fehlt nur die vorher nicht gewählte Option!**		

Abbildung 10: Abo-Werbung

Ein weiteres Beispiel für irrationales Verbraucherverhalten:

 Stellen Sie sich vor, Sie wollen einen Kugelschreiber kaufen. Es ist der Kugelschreiber Ihres Herzens, genau das Produkt, das Sie schon immer haben wollten. Sie haben ihn in einem Geschäft gefunden, er kostet 25 Euro. Sie stehen an der Kasse und wollen den Kugelschreiber bezahlen. Auf einmal erhalten Sie die Information, dass exakt dieser Kugelschreiber, den Sie in Händen halten, in einem anderen Geschäft nur 18 Euro kostet. Das Geschäft liegt genau fünfzehn Minuten Fußweg entfernt, in einer Richtung, in der Sie eigentlich nichts zu erledigen haben. Was machen Sie? Überlegen Sie genau.

Die meisten Menschen verlassen das Geschäft, ohne den Kugelschreiber und nehmen den Umweg von fünfzehn Minuten auf sich, um sieben Euro zu sparen. So weit so gut. Alles logisch und rational.

Nehmen wir nun eine andere Variante, ein anderes Produkt, einen anderen Warenwert. Sie stehen in einem Geschäft und haben den Anzug oder das Kleid Ihres Lebens gefunden. Genau die Marke, die

Farbe, die Sie schon immer wollten und das Teil passt, wie nur für Sie gemacht. Kostenpunkt: 455 Euro. Sie entscheiden sich für den Kauf. Sie wissen, was jetzt kommt. Als Sie in der Schlange vor der Kasse stehen, erhalten Sie die Information, dass exakt der gleiche Anzug oder exakt das gleiche Kleid in einem anderen Geschäft, 15 Minuten die Straße entlang, nur 448 Euro kostet. Was machen Sie? Bleiben oder gehen Sie? Überlegen Sie genau.

Die meisten Menschen bleiben stehen und verlassen den Laden mit dem Anzug oder dem Kleid für 455 Euro. Den Umweg für sieben Euro. Nein, das macht man nicht.

Alles ganz rational, oder? Einmal ist uns der Umweg von 15 Minuten sieben Euro wert und einmal nicht. Bloß, weil das Produkt einmal mehr und einmal weniger kostet. Allerdings geht es jedes Mal um die gleichen 15 Minuten und um die gleichen sieben Euro.

| Rational/ Irrational? | Warum? In beiden Fällen geht es um 7 Euro für den gleichen Aufwand. Sind 15 Minuten nun 7 Euro wert oder nicht? |

Sie wollen in einem Geschäft kaufen:	Sie wollen in einem Geschäft kaufen:
Kugelschreiber 25 Euro	Anzug 455 Euro
oder ☺	oder ☹
15 Minuten weiter weg für 18 Euro	15 Minuten weiter weg für 448 Euro
Ersparnis für 15 Minuten Weg 7 Euro	Ersparnis für 15 Minuten Weg 7 Euro

Abbildung 11: Kugelschreiber und Anzug

Interessant, nicht wahr? Dann nehmen wir noch ein drittes Beispiel für die noch nicht Überzeugten. Stellen Sie sich diese Situation vor:

 Ich biete Ihnen an, Ihnen in einem Jahr zehn Euro oder alternativ in einem Jahr plus einem Tag elf Euro zu schenken. Einfach so. Wie entscheiden Sie sich, welche Variante möchten Sie haben? Die meisten Menschen entscheiden sich für Variante zwei, also lieber elf Euro in einem Jahr plus einem Tag, da kommt es auf den einen Tag auch nicht an. Eine andere Situation:

Ich biete Ihnen an Ihnen heute zehn Euro oder alternativ morgen elf Euro zu schenken. Wieder nur einfach so. Wie entscheiden Sie sich?

Nun wählen die meisten Menschen Variante 1. Sie wollen das Geld lieber heute als morgen. Wer weiß, was morgen ist.

Aber warum entscheiden wir unterschiedlich? Es geht in beiden Beispielen um einen Tag Wartezeit und um einen Euro mehr Geld. Wir bewerten aber beide Situationen völlig unterschiedlich.

Rational/ Irrational? Warum? In beiden Fällen geht es um einen Euro bei einem Tag mehr Wartezeit.

Ich schenke Ihnen in einem Jahr 10 Euro	Ich schenke Ihnen heute 10 Euro
oder	oder
Ich schenke Ihnen in einem Jahr und einem Tag 11 Euro	Ich schenke Ihnen morgen 11 Euro
Ein Euro mehr bei einem Tag mehr.	Ein Euro mehr bei einem Tag mehr.

Abbildung 12: Geld verschenken

Die meisten Menschen wissen nicht, was sie wollen, bis sie den Zusammenhang sehen. Entscheiden ist anstrengend und Anstrengungen gehen wir gerne aus dem Wege. Entscheidungen fallen uns leichter, wenn wir Dinge im Verhältnis zueinander sehen.

Die Beispiele zeigen, dass es sich nicht lohnt, blind im Markt hinter vermeintlich logischen Regeln und Verhalten her zu laufen. Alles kann hinterfragt werden und das Wenigste ist rational begründbar.

Es bietet sich also ein riesiges Feld für Querdenker.

Wir sehen Dinge um uns herum immer im Verhältnis zu anderen

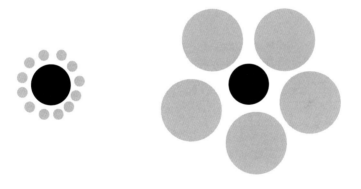

Abbildung 13: Relation

4. Der Querdenker-Prozess im Detail

In diesem Kapitel wird der Querdenker-Prozess detailliert beschrieben: Vom Start, über die Präsentation bis zur Teambildung und Arbeit im Team. Welche Themen sind zu beachten und wie sieht ein Leitfaden zur Umsetzung des gesamten Prozesses aus? Es werden Tipps zur Unterstützung des Querdenker-Prozesses und zu geeigneten Querdenker-Quellen gegeben. Die Ausführungen basieren auf den Erfahrungen, die bei der Umsetzung des Prozesses im Unternehmen gemacht wurden.

Der Anfang

Wir alle kennen diese Situation: Seit längerer Zeit wird sich immer wieder mit einem bestimmten Themenkomplex beschäftigt. In jedem Meeting dazu werden Lösungen und Ansatzpunkte gefunden und doch spürt man, dass die Lösung nur ein kurzes Haltbarkeitsdatum haben wird. Der Ablauf solcher Meetings zu einem speziellen Thema ist schon im Voraus abzusehen. Alle haben das Thema und das Problem erkannt und die Teilnehmer sind kompetente Fachleute und in der jeweiligen Branche. Aus jedem Meeting kommt man mit annähernd den gleichen Ergebnissen und Maßnahmen heraus, obwohl sich jeder sehr engagiert hat. Das Ergebnis der Gruppe wird auch jedes Mal ein wenig besser und das definierte Maßnahmenpaket wird immer ein wenig differenzierter als das vorherige. Aber die alles entscheidende Lösung, der Durchbruch, ist nicht dabei. Die Meetings laufen immer ähnlich ab. Die Beiträge sind zu achtzig Prozent identisch und Treiber in den Meetings sind in der Regel immer dieselben Personen.

Vor einigen Monaten hatte ich mich, angeregt durch ein Buch von Jack Welch (2005) und Büchern von Anja Förster und Peter Kreuz (2008) mit dem Thema „Anders denken" beschäftigt. Es war nicht einfach, vertiefende Literatur zu finden. Über die verschiedenen Literaturhinweise in den Büchern, die sich zumindest ansatzweise mit dem Thema beschäftigen, wurde mein Umgang mit dem Thema Querdenken immer intensiver und ich bekam viele Denkanstöße. In einigen Büchern gab es einzelne Kapitel, in anderen auch nur einige Sätze, die in diesem Zusammenhang hilfreich waren. Einige der Bücher haben das Thema gut behandelt, eine konkrete Handlungsanweisung zur Umsetzung habe ich allerdings in keinem Buch gefunden.

In dieser Zeit stand wieder unser „Lieblings-Problem" auf der Agenda und die Vorbereitung eines Meetings begann. Wieder stand eine Prozessanalyse am Anfang der Überlegung. Es galt den gesamten Prozess in alle Einzelteile zu zerlegen, zu analysieren und wieder neu zusammenzusetzen. Das ist eine wichtige Arbeit, die aber weder Spaß macht noch den Erfolg garantiert. In mir hat sich alles gegen diese Vorgehensweise gesträubt. Warum soll man einen Prozess immer wieder aufwändig analysieren und viel Engagement dabei investieren, wenn man schon vorher weiß, dass der Prozess nicht erfolgreich sein wird? Für mich bestand die große Gefahr, diesen Prozess damit nicht genug zu hinterfragen und viel zu schnell wieder als eine Art Guideline zu betrachten. Wieder und wieder hangelt man sich an bestimmten festen Größen entlang und sieht vielleicht die Lösungen und Chancen, die hinter den festen Größen liegen nicht. Alle im Unternehmen waren hochkarätige Fachleute auf ihrem Gebieten. Wir mussten doch in der Lage sein, einen anderen Weg zu gehen und ganz frisch und ohne Grenzen den Problembereich neu aufzubauen. Oder waren wir schon so „betriebsblind"? Verlieren wir nicht unendlich Zeit, wenn wir nicht einen anderen Weg probieren? Permanent habe ich mich gefragt, wie würde ein Seiteneinsteiger in unserer Branche, aber Spezialist in unserem „Problemthema" die Dinge regeln? Wir haben doch schon in Marketing und Vertrieb so viele neue Dinge gemacht, die Standards geändert haben.

Diesmal wollte ich dieses Thema nicht zum wiederholten Mal auf die gleiche Weise behandeln und besprechen. Ich habe mich an den Computer gesetzt und angefangen, eine Präsentation zum „Querdenken – ein neuer Ansatz" zusammenzustellen. Warum sollten wir es nicht einmal mit einem neuen Weg versuchen? Das Risiko war gering, die Chance riesig. Mich hatten die Beispiele erfolgreicher Querdenker überzeugt und ich habe die Möglichkeit gesehen, in unserem Unternehmen eine neue Denkweise zu implementieren.

Die hier geschilderte Vorgehensweise haben wir in der Praxis mit großem Erfolg durchgeführt und sie lässt sich gut übertragen. Es handelt sich um eine erprobte operative Umsetzung.

Die Präsentation

Es war schnell klar, dass ein solches Projekt nicht ohne größere Vorbereitung durchzuführen sein kann. Allein durch Reden ist es nicht zu schaffen, dafür ist der Ansatz noch zu unkonventionell. Es galt zunächst an die neue Methodik heranzuführen und zu überzeugen. Ein einfaches „Los, jetzt querdenken" geht nicht.

Der erste Teil der Präsentation war einfach. Das zu lösende Hauptthema wurde konkretisiert und dargestellt. Diese Arbeit und diese Art der Vorbereitung kennen wir alle aus unserem „Meeting-Alltag". Es ist allerdings wichtig und aus meiner Sicht zwingend, Querdenken an ein ganz konkretes und aktuelles Thema oder Problem zu koppeln. Ohne Ankerpunkt mit Querdenken oder „Spielregeln ändern" anzufangen, wird nicht gelingen. Es fehlt dann der feste Bezugspunkt für Ihre Überzeugungsarbeit und in den weiteren Schritten des Projekts werden Ihnen und dem Team die messbaren Erfolgserlebnisse fehlen. Stecken Sie viel Arbeit in diesen Teil der Präsentation, der vertrautes Terrain ist. Sie haben schon an diesem Punkt die große Chance, das Team vorzubereiten und abzuholen. Das Thema, das Sie behandeln wollen, werden die meisten aus Ihrem Team schon kennen und Ihnen zustimmen. Bei dem Wunsch nach einer Lösung sind sich bestimmt alle einig. An diesem Punkt sind Basisarbeit und Schaffen eines konkreten Bezugspunktes notwendig.

Bevor man mit dem Querdenken beginnt, ist es hilfreich, noch einmal kurz den klassischen Weg der Problembehandlung als theoretischen Hintergrund aufzuzeigen, ohne ihn aber jetzt praktisch umzusetzen. Prozessanalyse, Beschreiben der einzelnen tangierten Prozessteile, Suchen nach den Fehlern bzw. der Optimierung und späteres neues Zusammensetzen der verbesserten Prozessteile. An diesem Punkt werden Sie schon das innerliche Stöhnen im Team wahrnehmen. Schon wieder dieser Weg, den wir zum wiederholten Mal gehen. Das kennen doch alle und jetzt soll es plötzlich die Lösung bringen. Es handelt sich um einen wichtigen Punkt, den Sie hier erreichen, denn die innere Stimme der Teammitglieder schreibt Ihnen schon fast die nächsten Charts.

Der zweite Teil ist da schon etwas anders gelagert. Anhand der Literatur, die im Literaturverzeichnis aufgeführt ist, habe ich Material für die Präsentation zusammengestellt. Mit den ersten Charts zum Querdenken schaffen Sie die Grundlage des Verständnisses für eine neue Vorgehensweise. Ein die Gedanken öffnendes Zitat erleichtert diesen Weg.

Veränderung

„Wo kämen wir hin, wenn alle sagten,

wo kämen wir hin und niemand ginge,

um zu sehen, wohin man käme,

wenn man ginge."

(Kurt Marti, *Schweizer Pfarrer und Schriftsteller***)**

Abbildung 14: „Wo kämen wir hin?" – Gedanken von Kurt Marti

Dieses Zitat stammt von Kurt Marti, einem Schweizer Pfarrer und Schriftsteller.

Sie zeigen Ihrem Team mit diesem Satz, dass man bereit sein muss, einen Weg zu gehen, bevor man ihn überhaupt beurteilen kann.

In den weiteren Charts der Präsentation wird gezeigt, dass die immer gleiche Denkweise immer die gleichen Ergebnisse liefern wird. Wenn alle Marktpartner den erprobten Weg gehen, unterscheidet sich keiner mehr vom anderen. Der Preis wird das Differenzierungsmerkmal im Markt, mit allen negativen Auswirkungen auf das Unternehmen, wenn sich alle Marktteilnehmer einer Branche an die vermeintlichen Marktgesetze und Rahmenbedingungen halten. Sie müssen selbst von dieser neuen Vorgehensweise überzeugt sein, um Ihr Team mitzureißen. Sagen Sie deutlich, dass eine radikale Veränderung der Bedingungen eine radikale Denk- und Handlungsweise erfordert.

Beispiele für erfolgreiche „Ignoranten" von Marktgesetzen sind:

▶ der PC von Apple, nicht von IBM

- ▶ Amazon, eBay, Google, alle nicht von Microsoft
- ▶ Mobiltelefonie in Deutschland von Mannesmann, einer Stahlfirma

Die Beispiele zeigen, dass der Außenseiter im Markt und nicht der Marktführer Innovationen gebracht hat, die den jeweiligen Markt revolutioniert haben. Denn alle Außenseiter haben sich nicht um diese Rahmenbedingungen eines Marktes und die Branchengesetze gekümmert. Bauen Sie an dieser Stelle auch ein Beispiel aus dem Kapitel „Irrationales Verbraucherverhalten" ein. Manchmal ist es nicht klug, einen vermeintlichen Rahmen im Markt nicht zu überspringen. Hier fühlt sich fast jeder „ertappt" und versteht den Ansatz.

Damit haben wir die Überleitung zum „Spielregeln im Markt ändern" geschaffen. Zeigen Sie, welche Möglichkeiten der Spielregeländerung es gibt. Anhand folgender Unternehmen lassen sich diese Spielregeländerungen verdeutlichen:

- ▶ Red Bull für „Neue Marktsegmente oder Märkte gründen"
- ▶ Recaro für „Neue Nachfrage für bestehende Produkte generieren"
- ▶ Starbucks für „Neue Wettbewerbssituation schaffen"
- ▶ RTL für „Hindernisse im Markt eliminieren"
- ▶ Nespresso für „Existente Märkte neu beleben"

Jeder kennt diese Unternehmen und verbindet mit Ihnen bestimmte Vorstellungen. Jeder weiß auch, wie sich die Unternehmen im Markt bewegen und wo die Besonderheiten sind. Das Neue ist zu verstehen: Was steckt hinter den jeweiligen Strategien und wo leitet sich die Vorgehensweise her? Bei diesen Beispielen fängt das Verständnis für „Querdenken und Spielregeln ändern" an, jetzt erkennt man Zusammenhänge und sieht, dass Vorgehensweisen nicht aus dem Nichts entstanden sind, sondern man erkennt die zielgerichteten Regeländerungen und die Auswirkungen auf komplette Branchen. Das sehr abstrakte Thema wird langsam greifbar.

Nach den Beispielen wird verdeutlicht, dass auch das eigene Unternehmen schon quergedacht hat und im Markt Dinge revolutioniert hat. Ich habe diesen Punkt aufgenommen, um der Mannschaft zu zeigen, dass dies das Unternehmen als Team schon bewiesen hat und die Vorgehensweise nicht nur auf dem Papier Gültigkeit hat. Dieser Punkt ist wichtig, oft heißt es: „Das können nur die ganz, ganz Großen" oder „Das geht bei uns nie". Sie werden in Ihrem Unternehmen sicher ähnliche Beispiele finden, die Sie an diesem Punkt herausstellen können. Es spielt dabei keine Rolle, aus welchem Unternehmensbereich die eigenen Beispiele kommen und wie gewichtig sie sind.

In der Präsentation folgt nun die Aufgabenstellung „Was machen wir heute?". Hier geht es um die Aufstellung der vermeintlichen Regeln und Usancen der Branche, nach denen wir uns als Unternehmen zu richten haben. Spielregeln des Marktes werden gesammelt und aufgeschrieben. Diesen Punkt kann man auch vorbereiten und dann diskutieren und ergänzen.

Zum Abschluss folgen noch einige selbst aufgestellte Thesen, um zu zeigen, dass es beim Querdenken keine Grenzen gibt. Aus der Branchenbrille relativ abstruse Theorien, die aber dem Team auch die Angst nehmen, sich bei der eigenen Neukonstruktion zurückzunehmen oder zu blamieren.

Querdenken: Der Unterschied

Der klassische Ansatz	**Der „Querdenker"-Ansatz**
• Prozessanalyse	• Als Spielmacher agieren
• Hausaufgaben machen	• Marktregeln ignorieren
• Flexibel, preisgünstig und besser sein als die anderen	• Eigene Regeln aufstellen
• Prozesse verbinden und vernetzen	• Radikal sein
• Optimieren	• Revolutionieren statt optimieren

Abbildung 15: Der Unterschied

Querdenken kommt von oben

Entscheidend ist, das Thema Querdenken und „Spielregeln ändern" als Vorgesetzter vorzuleben und für das gesamte Unternehmen zu öffnen. Es werden in diesem Zusammenhang dann auch völlig unsinnige und nicht umsetzbare Ideen vorgeschlagen, aber das ist keine Schwäche, sondern zeigt, wie offen und wie frei damit umgegangen wird. Sie werden aber auch sehen, wie viele absolut neue Vorschläge kreiert werden, die dem Unternehmen wichtige Impulse für die Zukunft geben werden.

Sie haben nichts zu verlieren, außer vielleicht ein wenig Zeit. Aber Zeit haben Sie, denn in der Vergangenheit sind die Probleme mit der klassischen Methode nicht gelöst worden. Freude werden Sie und Ihr Team auf jeden Fall haben. Querdenken ist für alle Beteiligten motivierend, ist es doch jetzt erlaubt und sogar ausdrücklich gewünscht, das Quergedachte endlich einmal auszusprechen und zu diskutieren.

Der Blickwinkel sollte stark kundenorientiert sein. Es ist hilfreich, sich folgende Fragen zu stellen:

▶ „Würde ich, wenn ich jetzt gerade neu ins Unternehmen kommen würde, die Themen genauso bearbeiten und die Prozesse genauso gestalten wie sie heute sind?"

▶ „Wenn heute mein Nachfolger im Unternehmen beginnen würde, würde er die Prozesse so lassen, wie sie heute sind, oder was würde er ändern?"

Sie benötigen Verbündete im Unternehmen, um einen solchen Prozess starten zu können. Überzeugen Sie anhand Ihrer Präsentation Ihre Vorgesetzten und Kollegen, diesen Weg zu gehen. Es liegt nahe, auch die Marketingverantwortlichen einzubeziehen und die Vorgehensweise vorzustellen. Da viele der Beispiele für erfolgreiches Querdenken und Spielregeln ändern aus dem Marketingbereich kommen, findet man hier schnell Mitarbeiter, die aufgeschlossen für einen neuen Weg sind.

In der Praxis hat sich gezeigt, dass es ebenso wichtig ist, an entscheidenden Punkten des Prozesses auch die Shareholder zu informieren und einzubeziehen. Hängen Sie das Projekt hoch auf. Es ist ein wichtiger Schritt im Vergleich zu den anderen Unternehmen im Markt. Besser können Sie als Management Ihre Zukunftsorientierung, Ihre Identifikation mit dem Unternehmen und den sorgfältigen Umgang mit dem Geld der Shareholder nicht zeigen. Machen Sie Lärm um dieses Projekt.

Ein Unternehmen, das für die Zukunft lebt, verhält sich auch entsprechend gegenüber seinen Mitarbeiterinnen und Mitarbeitern. Eine zu enge Führung des Vorgesetzten in allen Detailfragen und operativen Prozessen verleiht sicher keine Flügel, um sich nach vorne und an der Zukunft zu orientieren. Hier fängt die Kultur an. Der Mitarbeiter muss nicht nur das Gefühl haben, Fehler machen zu können, sondern er muss es auch wirklich tun dürfen. Bei jedem Fehler auf die Palme zu gehen und Köpfe zu fordern, passt in ein streng geführtes Königreich, aber nicht in ein nach vorne orientiertes Unternehmen. Der Chef muss auch loslassen können und nicht nur Aufgaben, sondern Verantwortung delegieren. Gegenseitiges Vertrauen ist ein wichtiger Faktor dabei. Wenn schon der Chef lieber alles beim Alten lässt, wird auch das Unternehmen schnell altern. Wenn der Chef nicht radikal denken will, wird es das Team auch nicht tun. Muss ein Chef wirklich alle Handgriffe im Unternehmen selbst können und das auch jeden Tag betonen und die Mitarbeiter spüren lassen, oder sollte er sich lieber mit dem Morgen seines Unternehmens beschäftigen und dafür auch im Team die gedanklichen Freiräume schaffen? Leidenschaft bei der Arbeit ist die beste Voraussetzung, um sich mit einer Aufgabe zu identifizieren. Das schließt ein, dass es auch mal wehtun kann, man sich mit seinen Ideen vergaloppiert. Wer identifiziert sich mit seinem Job und entwickelt Leidenschaft für ihn, wenn er sich jeden Morgen erst die Marschparolen abholen muss? Radikales und Ungewöhnliches wird nur erreicht, wenn das Umfeld diesen Freiraum bietet.

Der Chef ist nicht dazu da, alle Fragen zu beantworten. Er sollte eher neue Fragen stellen, die nach vorne weisen. Frei nach einem Kapitel in Jack Welchs Buch „Winning" (2005) formuliert: „Jeder Tag braucht eine neue Frage". Der Chef ist da, um die Scheuklappen aus dem Unternehmen zu verbannen. Macht er das nicht, dann wird sich das Unternehmen immer hinter dem Wettbewerb einreihen und maximal zweiter Sieger sein. Ist der Vorgesetzte eine wirkliche Führungskraft, so stärkt die Mitglieder seines Teams und gibt ihnen Selbstvertrauen. Er setzt positive Energie im Team frei. Er schafft Vertrauen durch Offenheit. Er hat gleichzeitig den Mut zu unpopulären Maßnahmen und für Bauchentscheidungen. Meistens liegt der Bauch richtig. Eine Führungskraft ist penetrant und konsequent in der Umsetzung der gesetzten Ziele und macht Mut, Neues zu probieren. Der Chef muss mit hohen Zielen und Visionen ein wirkliches Leitbild abgeben. Die Mitarbeiter brauchen ein solches Ziel zur Orientierung. Reinhold Würth hat damit immer gearbeitet und visionäre und aus dem Augenblick unwahrscheinliche Umsatzziele an seine Mannschaft gegeben. Als Würth noch bei zweihundert Millionen Euro Umsatz war, wollte er einige Jahre später eine Milliarde Euro Umsatz realisieren. Das Ziel wurde früher als geplant erreicht und so ging es weiter auf fünf Milliarden Euro Umsatz. Heute liegt Würth bei fast neun Milliarden Euro Umsatz. Eine unglaublich schnelle Expansion. Immer konnten sich alle Mitarbeiter an den gesetzten Zielen „reiben" und darauf hinarbeiten.

Das Team muss Ihnen folgen wollen und können. Glaubwürdigkeit ist unerlässlich und Konsequenz beim Querdenken notwendig. Ihr Team will sich auf Sie verlassen, gerade, wenn Sie neue Wege mit ihnen gehen wollen. Zeigen Sie, dass Sie ein Querdenker sind, seien Sie auch im Alltag „quer". Machen Sie außergewöhnliche Dinge, damit Ihr Team merkt, dass Sie dieses Thema auch wirklich leben. Ich erinnere mich gerne an die Verblüffung, als ich mit einem Mitarbeiter ein Meeting geplant hatte und ihm zu verstehen gab, dass man keine Kart-Veranstaltung als Event planen kann, wenn man nicht auf der Bahn Probe gefahren ist. Da meine persönliche Einladung zu einer sofortigen Testfahrt nur zehn Minuten später erfolgte, sprechen wir noch heute über diesen Tag und die Spontanität. An einem anderen Tag bin ich mit einem Mitarbeiter auf einer gemeinsamen Reise auf der Autobahn am Hockenheimring vorbeigefahren. Ich habe ihn gefragt, ob er schon einmal an einer Formel-Eins-Strecke einen Kakao getrunken habe. Die Frage wurde mit einem netten Lächeln verneint. Das Lächeln wurde aber groß, als ich dann sofort dorthin gefahren bin und gesagt habe „Wir sollten dieses gemeinsame Erlebnis haben." Es war nebensächlich, dass der Kakao nicht besonders schmeckte, denn unser Gespräch über strategische Themen war hervorragend.

Teambuilding und Kick-off

Für den Prozess werden Sie je nach Thematik ein oder mehrere Teams benötigen. Sehr wichtig ist die Zusammensetzung der Teams. Es kommt auf die richtige Mischung zwischen Erfahrung und Unvoreingenommenheit, internen Mitarbeitern und externen Teilnehmern, Jung und Alt, Damen und Herren an. Bewährt haben sich übergreifende Teams, die nicht nur fachspezifisch zusammengesetzt sind.

Ein guter Mix ist auch hinsichtlich der Handlungsweise und der Einstellung wichtig. Sind die Teammitglieder eher offensiv oder defensiv in ihrer Handlungsweise? Sind sie eher aktiv oder passiv in ihrer Einstellung?

Unter offensiv versteht man eine agierende Handlungsweise, eine offene Einstellung, den Willen etwas Neues zu finden, den Wunsch nach Veränderung.

Defensiv geht jemand vor, wenn er eher bewahren statt verändern will. Er bevorzugt dann, das Erreichte zu schützen, und vermeidet ein Risiko einzugehen. Eine aktive Einstellung steht für eine gewisse Aggressivität, den Wunsch immer vorne zu stehen, Veränderungen bewusst zu suchen und nicht die Aktionen der anderen abzuwarten. Eine passive Einstellung sieht man bei einem Menschen, der abwartet und nie der First Mover sein möchte. Ich glaube, dass der passive Spieler der erste Verlierer sein wird. Man kann auch die Marktteilnehmer so einordnen, nicht nur die eigenen Mitarbeiter.

Die Erfahrung der Alten mit den Ideen der Neuen zu verbinden, gilt als erste Aufgabe. Die Neuen kennen noch keine Zusammenhänge, Netzwerke und Regeln und brauchen sie daher auch nicht „abtrainieren". Die Alten kennen eventuell Vernetzungen und Fallstricke und können sie zur Diskussion bringen. Interessant wird, ob diese Fallstricke auch im gesamten Team als solche gesehen werden. Eine kritische Meinung im Team ist wichtig und gut, eine destruktive Einstellung gehört nicht ins Team.

Durch die kontinuierliche Beobachtung benachbarter und weiter entfernter Märkte findet man externe Teammitglieder für den eigenen Querdenker-Prozess.

▶ Wen kennt man von Messen und Tagungen, den man gerne in sein Team holen möchte?

▶ Welche Kompetenzen und Charaktere gibt es in einer der Konzerntöchter des eigenen Unternehmens, in Beteiligungsfirmen oder bei den Lieferanten und Partnern?

Setzen Sie das Team nicht nach freien Kapazitäten zusammen, das wird dem Thema nicht gerecht und der Prozess ist zu Ende, bevor er angefangen hat. Setzen Sie es nach Fähigkeiten, Begeisterungsvermögen, individuellen Stärken und kreativen Möglichkeiten zusammen. Sie brauchen keine Leute im Team, die nur nach Regeln spielen wollen und nur auf Positionen im Unternehmen aus sind. Betrauen Sie Ihre Besten mit dem Projekt. Der leidenschaftliche Spieler ist hier gefragt und gefordert. Denn nur dieser gibt seine Einstellung und Euphorie auch an die anderen Mitglieder weiter und versucht immer, die positive Entwicklung des Prozesses im Auge zu behalten. Die Vernetzung der einzelnen Teammitglieder ist hilfreich. Die unterschiedlichen Interessen und Charaktere sind richtig zu positionieren und einzusetzen. Egoismus, Altruismus und auch eine gewisse Souveränität sind entscheidende Faktoren. Der Wohlfühlcharakter im Team dagegen ist wichtig für den Erfolg.

Wo möglich, bietet es sich an, mehrere Teams einzusetzen, um das Problemfeld zu unterteilen und so auch „gezwungenermaßen" von verschiedenen Seiten und aus unterschiedlichen Blickwinkeln an eine Lösung zu gehen. Die Unterteilung hat den großen Vorteil, dass sich die Ideen und Vorschläge multiplizieren. Wenn ein Team zehn Vorschläge entwickelt, haben Sie bei fünf Teams schon fünfzig dieser quergedachten Ideen. Außerdem können Sie das Problemfeld viel detaillierter behandeln. Denken Sie daran, dass die Vorschläge, die mit dem Querdenken entwickelt werden, auf normalem Weg nicht zu entdecken sind.

Das Team sollte nicht zu groß sein, sodass sich kein Teilnehmer verstecken kann und auch jeder Gedanke auf den Tisch kommt. Besetzen Sie die Position des Teamleaders mit einer Führungskraft, mit der Sie sich im Vorfeld ausgiebig über das Querdenken und die zu lösenden Probleme unterhalten, nehmen Sie sich hierfür ausreichend Zeit. Der Teamleader soll inspirieren und im Team das Feuer für die Aufgabe entfachen. Laden Sie zu einem Kick-off-Meeting ein.

▶ Der erste Schritt besteht darin, das Problem aufzuzeigen und zu beschrieben. Allen muss klar sein, worum es geht, was zu bearbeiten und zu lösen ist.

▶ Zeigen Sie, was in der Vergangenheit getan wurde, um das Problem zu lösen.

▶ Zeigen Sie die Erfolge, die Sie damit erreicht haben.

▶ Machen Sie aber auch klar, dass alles was bisher getan wurde zwar zum aktuellen Meeting, aber nicht zu einer Lösung geführt hat.

▶ Zeigen Sie, wie der normale Ablauf einer Problemlösungsfindung aussieht. An diesem Punkt muss klar werden, warum das alte Denkmodell heute nicht gefragt ist.

▶ Legen Sie nach der Problembeschreibung und der Darstellung der normalen Vorgehensweise eine kleine Pause ein. Allein die Diskussion der Teilnehmer in der Pause ist eine gute Erfahrung.

Sie merken, dass eine Spannung aufgebaut wird, eine Neugierde auf das, was jetzt kommen wird. Man kann Ihnen folgen, aber was kommt jetzt?

▶ Präsentieren Sie nach der Pause Beispiele für erfolgreiche Querdenker und Unternehmen, die Spielregeln zu ihren Gunsten geändert haben. Ausführlich dargestellte Beispiele finden Sie in diesem Buch. Die gezeigten und diskutierten Querdenker sind auch für den späteren Prozess noch wichtig. Ich komme auf die Reminder E-Mails und den Querdenker-Preis zur permanenten Aktivierung des Prozesses noch zu sprechen.

- ▶ Fordern Sie Ihre Mannschaft auf, ebenfalls Beispiele zu finden und davon zu erzählen. Spätestens an diesem Punkt werden die Teammitglieder im Boot sein.

Ich hatte schon erwähnt, dass nun die Regeln und Branchengesetze ermittelt werden. Lassen Sie sich und Ihrem Team Zeit dabei. Es wird nur so an Regeln und Gesetzen sprudeln. Diskutieren Sie diese Regeln und fragen Sie nach den Hintergründen.

Nun kommt ein entscheidender Punkt:

Fordern Sie Ihr Team auf, die Aufzeichnungen mit all den Regeln und Branchengesetzen zu zerreißen und wegzuwerfen und das zuvor Aufgeschriebene für die folgenden Schritte zu vergessen und auszublenden. Sie werden sehr viele fragende Blicke ernten.

Dieser Punkt ist vergleichbar mit dem Abtrainieren bei einem Schauspieler, bevor er eine neue Rolle lernt. Die Kunst des Vergessens, die einem erst die Basis gibt, unvoreingenommen an ein neues Projekt und eine neue Sichtweise zu gehen. Das Alte soll nicht mehr beim Blick nach vorne behindern und die Scheuklappen sollen abgelegt werden. Ziel ist es nicht, das bisher Gültige zu optimieren, sondern wirklich neu zu starten.

Machen Sie als oberster Querdenker dies an Beispielen aus Ihrer Branche deutlich. Stellen Sie zunächst abstruse Thesen auf, die die Branche revolutionieren würden. Dies soll verdeutlichen, dass alle Gedanken erlaubt sind. Wenn Sie ein Problem in der Logistik haben, könnte eine solche These lauten „Der Kunde holt die Ware selber ab." Damit wäre das Problem gelöst. Wenn Sie Flüssigkeiten verkaufen, die jeweils zu Tausenden Litern transportiert werden, eine gewagte Theorie. Aber dem Team macht es deutlich, worum es geht.

Im Anschluss folgt der eigentliche Querdenker-, der Spielmacher-Teil. Auf der grünen Wiese, auf einem weißen Blatt Papier wird aufgeschrieben, wie aus Sicht des Kunden der Prozess völlig neu aufgebaut werden sollte. Unterstützen Sie den freien Denkprozess, es gibt keine Regeln. Nur das Wort „Aber …" ist nicht erlaubt. Besonders am Anfang, wenn es schwerfällt ohne die gewohnten Beschränkungen der Rahmen- und Branchengesetze zu denken, fällt dieses Wort sehr oft.

Sie spüren bei Ihrem Team erst Ungläubigkeit, Verwunderung und die nicht ausgesprochenen Fragen „Was will er denn jetzt? Ist er verrückt geworden?". Sie spüren aber auch, „Mensch, er hat ja Recht. So geht es doch nicht weiter. Ich wüsste schon, was man anders machen könnte". Das Thema und die Aufgabenstellung reizen zum Mitmachen.

Ihre Mannschaft wird die Aufgabenstellung erfolgreich behandeln können, da sie Experten auf ihren jeweiligen Gebieten sind. Es ist gleichermaßen eine reizvolle und anspruchsvolle Aufgabe, einen Prozess, eine Struktur oder eine völlig neue Vorgehensweise aufzubauen. Es ist die einmalige Chance, Teile des Unternehmens neu zu strukturieren. Fachleute setzen sich zusammen und bauen mit ihrem Wissen unbeschränkt von historischen Marktgrenzen und -barrieren die zu behandelnden Themenblöcke neu auf. „Wie würden wir, wenn wir unser Unternehmen auf der grünen Wiese aufbauen müssten, bestimmte Dinge aus Kundensicht regeln und definieren?". Gestalten Sie wie ein Baumeister Ihren Markt, so wie er ohne die alten Zöpfe der Tradition aussehen müsste. Prägend sollte einzig der Blickwinkel des Kunden sein, die wirtschaftliche Prüfung kommt später. Es gibt keine Rahmenbedingungen, keine Zäune auf Ihrem Grundstück und keine Bauvorschriften.

Was machen wir heute?

1. Beschreibung der Eckpfeiler und Rahmenbedingungen unseres Geschäftes (Traditionen, Konventionen).

2. V e r g e s s e n u n d a u s b l e n d e n

3. Überlegung, wie es aussehen könnte, wenn wir heute am „Reißbrett" die Branche neu erfinden würden.

   Hier gilt die Devise, kurzfristig zu vergessen, wie die Evolution des Marktes verlaufen ist.

   Hier zählt nur die Frage, wie man den Markt heute erfinden würde, wenn es ihn in der Vergangenheit nie gegeben hätte.

Abbildung 16: „Was machen wir heute?"

Die Arbeit im Querdenker-Team

An dieser Stelle wird das Kick-off-Meeting unterbrochen und die einzelnen Teams werden in ihren eigenen Querdenker-Prozess „entlassen".

Die Arbeit wird so spannend und motivierend sein, dass alle Teams sofort anfangen werden. Die Geschäftsführung sollte in den einzelnen Gruppen nicht aktiv sein, dafür sind die Teamleader installiert. So schwer es mir gefallen ist, nicht überall dabei zu sein, so wichtig ist es, dass der Prozess ohne den Vorstand oder die Geschäftsführung in Schwung kommt. Die einzelnen Gruppen arbeiten freier und mit weniger Hemmungen, wenn sich der Chef „raus hält". Stellen Sie es den Teams frei, sich externe Hilfe von Experten, zum Beispiel aus anderen Unternehmen oder auch von Beratern zu holen. Lassen Sie sich nur vorher informieren, wenn „größeres Geld" fließen würde. Die Erfahrung hat gezeigt, dass das nicht nötig war. Die Teams suchen sich selbstständig Experten und laden sie zu einem der nächsten Meetings ein. Schon dieser Punkt wird für die Teilnehmer ein Zeichen sein, dass in diesem Prozess alle Gedanken erlaubt und sogar gefordert waren. Die Organisation liegt komplett in den Händen der jeweiligen Teams.

In unserem Prozess hatte sich eine Gruppe zum Beispiel einen Gast, Professor Dr. Jens Böcker von der Hochschule Bonn-Rhein-Sieg, eingeladen. Eine sehr gute Möglichkeit, sich Sachverstand von außen zu holen und zu verdeutlichen, dass der Prozess Querdenken wirklich ernst gemeint ist und die Führung des Unternehmens nicht nur alten Wein in neuen Schläuchen „erfinden" will. Herr Prof. Böcker war vom Querdenken nach einem ersten Gespräch und der Moderation ebenfalls begeistert und wir haben zusammen später ein Forschungsprojekt Querdenken im Schwerpunktfach Marketing für seine Studentinnen und Studenten auf die Beine gestellt. Ein Projektteam hat dazu einen Fragebogen für Interviews entworfen und eine Reihe von Unternehmen dazu befragt. Die Besprechungen mit dem Projektteam in Sankt Augustin waren erfrischend und haben sehr gute Ergebnisse gebracht, die in einem späteren Kapitel gezeigt werden.

▶ Fordern Sie Ihr Querdenker-Team oder auch die Teams, sofern ein Problem in Teilbereiche gegliedert wurde, auf, sich unregelmäßig zu treffen und am Thema zu arbeiten.

▶ Lassen Sie sich von dem oder den Teamleadern regelmäßig über den aktuellen Arbeitsstand berichten, so sind Sie stets involviert.

Die Teams arbeiten selbstorganisiert bis zu einem terminierten Treffen des „Querdenker-Kreises" und sammeln Vorschläge und Ideen. Der gesamte Kreis, also alle Teams, finden sich nach sechs bis acht Wochen außerhalb der Büros wieder zusammen. Die Arbeit in den einzelnen Teams wird unterschiedlich laufen. Es ist normal und gehört zum Prozess, dass sich manche anfangs schwer tun, alle gewohnten Regeln zu ignorieren und die „Freiheit der Ideen" voll auszuspielen. Das liegt möglicherweise sogar an Ihnen selbst, wenn es in der Vergangenheit schwer war, bei Ihnen neue Ideen zu platzieren. Andere sprudeln nur so von Vorschlägen und möchten am liebsten schon Morgen das Unternehmen neu organisieren. Geben Sie in diesem Stadium noch keine „Realitäts-Checks" vor, es besteht sonst die Gefahr, die Kreativität einzudämmen. Die Teams sollten ihre Ideen sammeln und selbst mit den eigenen Teammitgliedern diskutieren. Jede Idee, jeder Vorschlag ist willkommen und nichts wird „tot geredet". Sie werden bei Ihren Mitarbeiterinnen und Mitarbeitern eine Kreativität entdecken, die Sie nicht für möglich gehalten haben. Innerhalb der Teams werden die Gedanken Einzelner aufgenommen und von anderen Teammitgliedern weitergesponnen, weiterentwickelt und verfeinert. Die Teams regulieren ihre Gedanken ganz alleine. Die einzige Aufgabe ist es, bis zum nächsten Treffen des „Querdenker Kreises" Vorschläge zu sammeln. Die Mannschaft wird mit großem Engagement an diese Aufgabe gehen.

▶ Halten Sie engen Kontakt zu den Teamleadern, um zu sehen, ob es Verbindungen zwischen den Teams gibt, die auszubauen sind oder ob ein Team Unterstützung benötigt, um wirklich alle Barrieren zu überspringen.

Neben dem Kick-off-Meeting und den einzelnen Teammeetings ist es für den Prozess von Bedeutung, dass das oder die Teams ihre Arbeit, Ihre Gedanken und Vorschläge vermitteln können. Dazu lässt sich eine Veranstaltung mit dem „Querdenker-Kreis", wenn es mehrere Teams sind oder mit dem Führungskreis des Unternehmens, wenn es ein Team ist, nutzen. Die Querdenker sollten ihre im Team erarbeiteten Vorschläge präsentieren und einzeln im Detail beschreiben. Auch hier gilt: Lassen Sie das „Spiel" laufen.

Bei der ersten Veranstaltung des gesamten Kreises könnte jeder Teilnehmer auf seinem Tisch eine Dose Red Bull vor sich auf dem Tisch haben. Red Bull ist aus der Kick-off-Veranstaltung eines der Beispiele für erfolgreiches Querdenken und Spielregel ändern. Ich halte es für sehr wichtig, dass sich auch in der Argumentation und den Beispielen der Kreis schließt. Darum sollten Sie die Beispiele für Querdenken bei vielen Gelegenheiten einsetzen.

Die Teams fühlen sich bestätigt, wenn die einzelnen Vorschläge beschrieben werden und ein Publikum zuhört, diskutiert und Fragen stellt. Das Querdenker-Team hat sich schließlich zum Experten für die eigenen Vorschläge gemacht und ist bestimmt satisfaktionsfähig. Diese Veranstaltung ist ein Meilenstein im gesamten Prozess und wird auch so von den Teilnehmern verstanden und aufgenommen. Stellen Sie sich die Situation vor: Ihre Mitarbeiterinnen und Mitarbeiter bekommen die Gelegenheit, in einem größeren Kreis mit führenden Personen des Unternehmens eigene Ideen und Gedanken zur Verbesserung des Unternehmens vorzustellen. Allein die Tatsache, dass dafür ein Team gebildet wurde und selbstständig arbeiten durfte, ist für viele im Unternehmen eine umwerfende Erfahrung. Dazu nun auch noch eine solche Veranstaltung. Das Unternehmen meint es wirklich ernst. Diese Meetings sind Highlights und Motivation pur für die Teilnehmer und durch die anschließende Mundpropaganda für das gesamte Unternehmen. Sie werden über die Kreativität Ihrer Mannschaft staunen und Sie werden Vorschläge hören, an die Sie nie gedacht haben. Ihr Team wird Ihnen Dinge präsentieren, die Sie auf normalem Wege in den nächsten zehn Jahren nicht „erdacht" hätten.

In unserem Querdenker-Prozess waren diese Veranstaltungen grandios und erfrischend, die Stimmung auch unter den einzelnen Teams äußerst positiv und produktiv. Die Teilnehmer der unterschiedlichen Teams haben sich gegenseitig angeregt, und selbst in den Pausen gab es kein anderes Thema als die vorgestellten Punkte und das Projekt Querdenken selbst. Nach diesem Meilenstein schicken Sie die Teilnehmer wieder in ihre Teams und lassen sie an den Vorschlägen weiter arbeiten. Bis zu zum nächsten Querdenker-Meeting im großen Kreis.

Warum haben diese Veranstaltungen eine so phantastische Stimmung? Die Antwort ist schnell gefunden. Was ist geschehen? Fachleute auf ihrem Gebiet, Experten im Unternehmen, werden nach ihrer Meinung gefragt. Sie bekommen den Freiraum, das Vertrauen und das Gefühl, dass sie für wichtig und kompetent gehalten werden, einen Unternehmensbereich oder einen Prozess eigenständig aufzubauen. Die Experten werden aufgefordert, das eigene Unternehmen durch die Brille des Kunden zu sehen und verbunden mit ihrem Wissen, dies in Vorschläge umzusetzen. Ihnen wird mit dem so gestalteten Querdenker-Prozess eine hohe Wertschätzung entgegengebracht.

Nach der Präsentation der einzelnen Vorschläge können, wenn Sie mit mehreren Teams arbeiten, auch Teams zusammengeführt werden, wenn die Synergien und die Ähnlichkeiten sehr groß sind.

Zwischen den Meetings erreichen alle Teilnehmer wöchentliche Reminder E-Mails. Das Thema und die Stimmung werden damit hoch gehalten. Die Mails haben einen so genannten Querdenker-Spruch zum Inhalt und gehen kurz auf das letzte oder das nächste Meeting ein. Die E-Mails schließen mit einem Hinweis auf die Querdenker Beispiele aus dem Kick-off-Meeting. „Viel Spaß beim nächsten Besuch eines Starbucks", oder beim nächsten Flug mit Ryanair, oder einfach „hoffentlich schmeckt es" in Verbindung mit dem Logo von Red Bull. Der Wiedererkennungswert ist extrem hoch. Ziel ist es, mit den Beispielen, die im täglichen Leben ganz automatisch präsent sind, immer wieder an das gemeinsame Projekt und Querdenken als erfolgreiche Methodik, zu erinnern. Damit erzielen Sie neben den Reminder E-Mails eine Automatik der zusätzlichen Erinnerung und Motivation. Beim Einkaufen stößt man auf Red Bull, beim Stadtbummel kommt man an Starbucks vorbei und im Fernsehen sieht man die Nespresso Werbung mit George Clooney. Wer die Werbung mit den günstigen Flugtickets von Ryanair sieht oder einfach nur RTL schaut, denkt an das Projekt. So werben alle obigen Unternehmen kostenlos für Ihr Projekt Querdenken und Sie sind mit der neuen Methodik permanent präsent. Wann macht schon einmal George Clooney Werbung für ein internes Projekt?

Darum ist es wichtig, im Kick-off mehrere bekannte Beispiele zu zeigen, auf die man später immer wieder zurückgreifen kann. Im Buch finden Sie neben den Beispielen auch viele der Querdenker-Sprüche, die für solche Erinnerungen genutzt werden können.

Für den nächsten Schritt ändert sich nun die Aufgabe an das Team. Priorität hat ab jetzt, in Optionen zu denken und zu überlegen, wie der Wettbewerber reagieren würde, wenn bestimmte Ereignisse eintreten würden. Welche neuen Kunden sind mit welchen neuen Produkten zu gewinnen? Welche Produkteigenschaften müssen dafür verstärkt und welche verringert werden? Prüfen Sie im Team auch die Frage, was passieren würde, wenn sich nichts ändert. Eine Kalkulation mit Pro und Contra der einzelnen Ideen, die Prüfung der Umsetzbarkeit gehört jetzt ebenfalls dazu.

Am Ende steht die Entscheidung, welche Vorschläge umgesetzt werden sollen.

Der Querdenker-Preis

Zur Motivation der Teammitglieder kann ein Querdenker-Preis ausgelobt werden.

Jedes Querdenker-Team nominiert zwei der erarbeiteten Vorschläge für diesen Preis. Die Nominierung sollte das Team unter Berücksichtigung von Kreativität, Umsetzbarkeit im Markt, Erfolgsaussichten für das eigene Unternehmen und Kosten machen. Auf diese Weise muss sich das Team noch einmal intensiv mit den eigenen Vorschlägen befassen und diese bewerten. Damit wird der nächste Schritt, der Realitäts-Check, direkt von den Teammitgliedern vorbereitet und beurteilt. Das Team beschäftigt sich jetzt mit der Kostenseite und den wirtschaftlichen Fragen. Der Wettbewerb und seine Reaktionen im Markt kommen ins Spiel.

Umsetzung des Siegervorschlages

Wenn Sie ankündigen, dass der Siegervorschlag sofort umgesetzt wird, erhält die Mannschaft nochmals einen ordentlichen Motivationsschub. Man kann diesen Preis wie bei einer Oscar-Verleihung ausloben. Es gibt eine Bekanntmachung mit einem „offiziellen" Nominierungsblatt, es gibt einen definierten Einsendeschluss, auf den mehrmals hingewiesen wird. Die beiden Vorschläge, die zur Wahl gestellt werden, müssen sich einer kleinen Prozedur unterziehen. Auf dem Nominierungsblatt werden die zur Beurteilung notwendigen Angaben durch das Team notiert. Die Jury benötigt eine Beschreibung des Vorschlages, eine grobe Kosten- Nutzen-Kalkulation und eine Einschätzung der Marktfähigkeit des Vorschlages. Für alle Angaben reicht ein PowerPoint-Chart völlig aus, das wie in Abbildung 17 dargestellt aussehen kann:

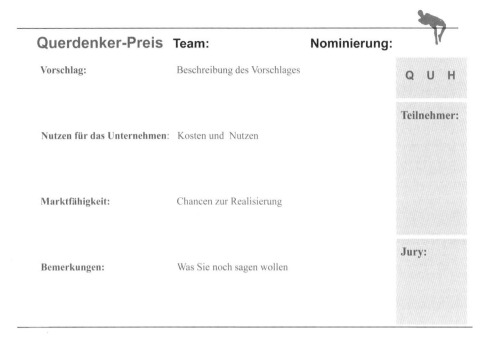

Querdenker-Preis Team: Nominierung:

		Q U H
Vorschlag:	Beschreibung des Vorschlages	
Nutzen für das Unternehmen:	Kosten und Nutzen	**Teilnehmer:**
Marktfähigkeit:	Chancen zur Realisierung	
Bemerkungen:	Was Sie noch sagen wollen	**Jury:**

Abbildung 17: Das QUH-Nominierungsblatt

Der pünktliche Eingang der Nominierungen wird den Teilnehmern per E-Mail bestätigt. Dies ist wieder eine Möglichkeit, das Thema im Blick zu behalten.

Eine Jury bewertet dann die eingegangenen Vorschläge und kürt einen davon zum Gewinner des Querdenker-Preises des Unternehmens. Mit dem Preis und der Besetzung der Jury können Sie das Thema Querdenken intern hoch aufhängen und ihm ein hohes Gewicht verleihen. Geschäftsführung, Vorstand oder Gesellschafter können beispielsweise Mitglieder der Jury sein und sehr unvoreingenommen und neutral die Vorschläge bewerten. Nehmen Sie auch einen Außenstehenden in die Jury auf. Mit Sicherheit steigt die Bedeutung des Querdenkens und der einzelnen Teammitglieder im Unternehmen. Auch innerhalb der Jury wird das Thema damit greifbar und wichtig. Zwischeninformationen zum Stand des Bewertungsprozesses erhalten die Spannung, zum Beispiel eine kurze Information, dass nun ein bestimmter Shareholder sein Votum abgegeben hat. Diese Information zeigt dem Team, dass sich der Shareholder mit seinen Ideen beschäftigt hat; dies motiviert ungemein. Auch die Jury wird Freude haben, sich mit den verschiedenen Vorschlägen zu beschäftigen.

Sinnvoll ist es, den Preis für das Team aus den aufgeführten oder vom Team selbst gemachten Beispielen für erfolgreiches Querdenken bzw. Spielregeln ändern zu wählen. Also Ryanair Flüge als Gewinn, eine Nespresso Maschine oder Starbucks Gutscheine. Hier sind dem Einfallsreichtum und dem Budget keine Grenzen gesetzt. Die Teams wollen den Preis gewinnen, unabhängig von der Wertigkeit. Eine Nespresso Maschine gibt es für 100 Euro, einen Ryanair-Flug für wenige Euro. Wollen Sie die Motivation für alle hoch halten, geben Sie jedem Teilnehmer einen Gutschein von Starbucks. Die Gutscheine kann man in leeren Starbucks-Bechern übergeben. Sie haben wieder einen Querdenker-Erinnerungseffekt bei Ihrer Mannschaft installiert. Dieser Effekt wirkt bei der Ankündigung, bei der Übergabe und beim Einlösen des Gutscheins.

Querdenken – Umdenken – Handeln

Den Querdenker-Preis könnte man „QUH" taufen:

„Querdenken – Umdenken – Handeln".

Damit schaffen Sie ein Label, das die Möglichkeit gibt, immer wieder an das Querdenken zu erinnern.

Nachdem Sie mit der Jury die Bewertung der Vorschläge vorgenommen haben und damit auch die Kreativität Ihres Teams vorgestellt haben, geht es zur Preisverleihung. Diese findet wieder im großen Kreis statt und beginnt mit der Vorstellung aller Nominierungen. Jedes Team stellt seine beiden Favoriten vor und stellt sich den Fragen des Auditoriums. Ihre Mitarbeiter haben sich wochenlang Gedanken um ihr Unternehmen gemacht und ihr Unternehmen in bestimmten Punkten neu entworfen. Es ist wunderbar, das mitzumachen und zu erleben. Die Spannung steigt. Welche Vorschläge, welche Querdenker-Idee und welche Änderung der Spielregeln hat die Jury am besten bewertet? Sie verkünden den Sieger und verleihen den QUH-Preis.

Einwände, dass man nur mit viel Geld Querdenken und die Spielregeln in einem Markt ändern kann, sind nicht richtig. Es erfordert im Prinzip erst einmal kein Geld, Ideen zu haben und zu denken, außer Zeit. Zeit ist wertvoll und nicht kostenlos zu haben, aber hier sinnvoll investiert. Sie haben die gesamte Firma infiziert und alle sind dabei, neue und erfolgreichere Wege zu finden. An Kosten schlagen, neben der Arbeitszeit, die Kosten für den Meetingraum und die Bewirtung zu Buche. Aber auch das ist ein überschaubarer Kostenblock, den Sie steuern. Es ist allerdings nicht sinnvoll, aus Kostengesichtspunkten die Meetings intern abzuhalten und auf einen Moderator zu verzichten. In den eigenen Räumen werden Sie und die Teammitglieder viel zu schnell durch das Tagesgeschäft abgelenkt und konzentrieren sich nicht auf die eigentliche Aufgabe. Auf einen Moderator sollten Sie nicht verzichten, da es ihm leichter fällt, ein solches Meeting zu steuern. Der Moderator hat zudem beim Querdenken nicht das Problem, dass er zunächst die Branchenregeln und Marktbarrieren abtrainieren muss. Er kennt sie gar nicht.

Sie haben nun neben dem Sieger-Vorschlag weitere hochkarätige Ideen und Maßnahmenvorschläge in Ihrem Fundus. Jetzt haben Sie auch die Aufgabe, sich um die nächsten Schritte im Prozess zu kümmern.

Bieten Sie dem Querdenker-Team an, Ihre Vorschläge dem Führungsteam des Unternehmens zu präsentieren und dort umgehend eine Entscheidung zu bekommen. Das Team, das seinen Vorschlag, seine Querdenker-Idee, realisiert sehen möchte, meldet das Thema als Tagesordnungspunkt an und wird auch so schnell wie möglich berücksichtigt. Die Präsentation wird ausgearbeitet und von einem oder zwei Teammitgliedern im Führungsteam vorgestellt. Hier sitzt der Kreis zusammen, der nach einer Fragerunde Bedenken anmelden oder sofort seine Zustimmung zur Umsetzung geben kann. In jedem Fall gibt es eine Entscheidung nach der Präsentation. Ihre Teams werden diese Möglichkeit nutzen, und Sie können auf diesem Weg einige Ideen aus dem Prozess umsetzen. Sie haben damit eine Querdenker-Plattform geschaffen.

Weitere Querdenker-Quellen (QQ)

Der Prozess muss weitergehen und ist nie zu Ende. Es ist Ihre Aufgabe, die Methodik als festen Bestandteil Ihrer Führungsaufgabe im Unternehmen zu implementieren und „am Kochen" zu halten. Geben Sie dem Querdenken einen festen Raum in Ihrer Struktur und leben Sie selbst auch in kleinen Dingen des Tagesgeschäftes diese Einstellung.

Im Folgenden sind einige weitere Querdenker-Quellen zusammengestellt, die als Fundus und Einrichtung sehr gut genutzt werden können. Einige dieser Querdenker-Quellen werden Sie verblüffen, aber so ist es nun einmal in diesem Prozess.

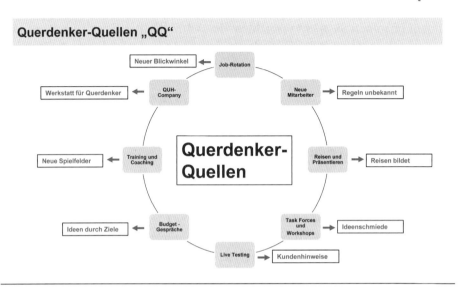

Querdenker-Quellen „QQ"

Neuer Blickwinkel ← Job-Rotation

Werkstatt für Querdenker ← QUH-Company

Neue Mitarbeiter → Regeln unbekannt

Querdenker-Quellen

Neue Spielfelder ← Training und Coaching

Reisen und Präsentieren → Reisen bildet

Ideen durch Ziele ← Budget - Gespräche

Task Forces und Workshops → Ideenschmiede

Live Testing → Kundenhinweise

Abbildung 18: Querdenker-Quellen

QQ: Die neuen Mitarbeiter

Es gibt eine weitere erfolgreich durchgeführte Methode, um an Querdenker-Ideen zu gelangen. Nutzen Sie das Potenzial der noch nicht „Betriebsblinden" in Ihrem Unternehmen. Eine Gruppe davon sind die Mitarbeiterinnen und Mitarbeiter, die noch nicht lange in Ihrem Unternehmen arbeiten. Setzen Sie sich mit diesen Kollegen zusammen und nutzen Sie das Potenzial an noch nicht gefärbtem Wissen und noch nicht eingefärbter Meinung. Meine Erfahrungen damit sind sehr positiv. Laden Sie alle Mitarbeiter, die erst seit sechs Monaten im Unternehmen sind, zu einem Meeting ein. Es ist hierbei gleichgültig, in welcher Position diese sind bzw. in welchem Bereich sie arbeiten. Stellen Sie den Mitarbeitern in der Einladung nur eine Frage „Was würden Sie anders machen?" Welch ein Effekt. Die Teilnehmer an diesem Meeting werden sich wertgeschätzt und ernst genommen fühlen. Lassen Sie das Meeting von einem externen Moderator führen und lassen Sie sich überraschen. Der Moderator wird die Ideen neutral kanalisieren und die Themenschwerpunkte herausarbeiten.

Nach der Sammlung werden die Vorschläge an kleinere Arbeitsgruppen zur Diskussion und Bearbeitung gegeben. Fragen Sie in der Runde, wer welche Vorschläge etwas genauer untersuchen möchte und bilden Sie so die kleineren Arbeitsgruppen. Auch hierbei ist es sinnvoll, nachdem alle Vorschläge und Gedanken gesammelt und diskutiert wurden, die Teilnehmer selbst bestimmen zu lassen, welche Vorschläge konkret an die Unternehmensführung herangetragen werden sollen. Die Aufgabenstellung kann lauten: „Formulieren Sie nun Ihren Vorschlag als Wunsch an die Geschäftsführung". Das Regulativ der Bewertung der Ideen durch die Teams selbst ist dabei eine große Hilfe.

Sie werden an diesem Tag in kurzer Zeit viele Anregungen bekommen und zwar von Mitarbeitern, die Sie eingestellt haben und denen Sie offensichtlich etwas zutrauen. Der Teilnehmerkreis hat die ersten Erfahrungen im Unternehmen gemacht, kennt das Unternehmen und die Kunden ein wenig, aber die internen und externen Regeln noch nicht so genau, als dass sie nicht in Frage gestellt werden würden. Diese Mitarbeiter werden in den ersten Monaten ihrer Firmenzugehörigkeit ständig Abgleiche mit früheren Erfahrungen machen. Jeden Tag und bei jeder Maßnahme wird sich dieser Mitarbeiterkreis Fragen stellen und Vergleiche ziehen. Sie sind sicher noch keine Experten oder perfekt in ihrem Aufgabengebiet, aber sie haben genug Wissen, um eine qualifizierte und ungefilterte Meinung zu haben. Dieses große interne Potenzial bleibt meistens ungenutzt. Profitieren Sie von der Unvoreingenommenheit dieser Mitarbeiter.

Ein solches Meeting hat einen weiteren wichtigen Aspekt. Sie hören in Ihr Unternehmen hinein und bekommen ungefilterte Meinungen und Ansichten zu einzelnen Themen zurück.

Dieser Prozess sollte ebenfalls mit Rückmeldung an die Teilnehmer fortgesetzt werden. Jetzt sind Sie wieder am Zug: Sie entscheiden über die Umsetzung der Vorschläge. Auch diese Methode des Querdenkens hat eine enorme Wirkung im Unternehmen, denn alleine schon die Einladung wird für Gesprächsstoff sorgen, da sie ungewöhnlich ist. Sie unterstreichen damit aber Ihren Ansatz und alle im Unternehmen wissen, dass jeder Mitarbeiter an der Entwicklung des Unternehmens aktiv teilnehmen kann.

QQ: Reisen und Präsentieren

Denken Sie aber auch an die Mitarbeiterinnen und Mitarbeiter, die schon länger im Unternehmen sind. Kitzeln Sie auch hier die Querdenker-Ideen heraus. Geben Sie ihnen die Chance, Dinge aus anderen Bereichen und Branchen kennenzulernen und dann für das eigene Unternehmen zu adaptieren.

Die kreativen Köpfe nur zum Funktionieren nach Schema F einzusetzen, wird sie nicht lange im Unternehmen halten. Mitarbeiterinnen und Mitarbeiter mit dem Potenzial zum Querdenken sollten vom Vorgesetzten gefördert werden. Hier liegt die Basis des Unternehmens für die Zukunft. Die besten Mitarbeiter des Unternehmens sollten auch ans Unternehmen gebunden werden. Gebunden werden heißt aber nicht, Gehalt erhöhen und weiter machen wie bisher. Die Besten müssen auch auf Reisen gehen und die Chance bekommen, in andere Unternehmen und Tochtergesellschaften reinzuschauen, dort eine Zeit lang zu arbeiten und Neues zu erleben und zu lernen.

Der am meisten unterschätzte Etat ist aus meiner Sicht der für Seminare. Die Mitarbeiter müssen die Chance bekommen, ein eigenes Netzwerk aufzubauen und andere Unternehmenswelten kennenzulernen, die dann wiederum für die eigene Arbeit genutzt werden können. Dieser Etat sollte fest in das Budget eingebaut werden.

Ganz speziell auch Sie als Vorgesetzter sollten raus gehen, denn Reisen bildet. Vom Schreibtisch aus kann man kein Unternehmen führen. Lernen von Anderen ist angesagt.

Besuchen Sie Fachveranstaltungen, um ein externes Netzwerk aufzubauen.

Wenn Ihnen bei einem anderen Unternehmen etwas richtig Gutes auffällt, sei es im Marketing, im Vertrieb oder in anderen Bereichen, nehmen Sie Kontakt zu dem Unternehmen auf und laden einen Verantwortlichen des Unternehmensbereiches, der Sie interessiert, zu sich als Referenten ein. Bitten Sie ihn, sein Unternehmen, sein Projekt zu präsentieren. Eine Gelegenheit bietet sich immer, ein Marketing-Workshop, ein Führungsteam-Meeting oder ein speziell dafür eingerichtetes Meeting. Seine Erfolgsgeschichte erzählt jedes Unternehmen gerne. Auch General Electric hat sich verschiedene Dinge bei anderen Unternehmen anderer Branchen abgeschaut bzw. sich dort inspirieren lassen.

Machen Sie das Gleiche, präsentieren Sie ihr Unternehmen bei anderen, suchen Sie nach solchen Gelegenheiten. Lernen Sie aus den Reaktionen der Zuhörer. Das ist Weiterbildung für kleines Geld.

Wenn sich ein Unternehmen einen neuen Dienstleister oder einen neuen Servicepartner sucht, ist es meist so, dass man diesen in die Zentrale einlädt. So wird Lernpotenzial verschenkt. Es heißt ja auch „Reisen bildet" und nicht „Kommen lassen bildet". Besuche anderer Unternehmen bieten so viel mehr für die eigenen Gedanken und Überlegungen, als im eigenen Meeting-Raum perfekt gemachte Power Point Charts anzuschauen. Sie sehen und hören mehr, wenn Sie reisen. Oft sind es auch vermeintliche Kleinigkeiten, die Ihnen auffallen und zum Gedankenaustausch anregen. Die Charts zeigen Ihnen nur, was Sie hören und sehen sollen. Der bessere Weg ist selbst zu entscheiden, was man sehen und hören möchte.

Ich habe diesen Weg immer beschritten und bin immer mit einer neuen Idee für das eigene Unternehmen nach Hause gefahren.

QQ: Task Forces und Workshops

Eine weitere Möglichkeit, Querdenker-Ideen zu entdecken, besteht darin, spezielle Task Forces für verschiedene Themenbereiche zu bilden. Eine Task Force arbeitet drei Monate an einem Thema und berichtet dann, welche Ansatzpunkte sie für die zukünftige Ausrichtung sieht.

Eine Task Force wird im Unternehmen eingerichtet und mittels Intranet den Mitarbeitern bekannt gemacht. Mitarbeiter können sich direkt in eine Task Force bewerben. Die Mitglieder werden motiviert und engagiert dort arbeiten und haben in der Regel auch das notwendige Know-how zur Mitarbeit in der Task Force. Einer erfolgreichen Arbeit steht damit nichts mehr im Wege.

Wenn Sie Mut haben, dann fragen Sie auch bei anderen Unternehmen Task Force-Mitglieder an. Es muss ja nicht gleich der Wettbewerber sein, aber ein Anfang sind zum Beispiel die Partnerfirmen aus verschiedenen Unternehmensbereichen. Bieten Sie sich im Gegenzug bei Ihren Partnern für solche Projekte an. Für die Zusammensetzung der Task Force gilt das vorher Erwähnte zur Teamzusammensetzung.

Gute Erfahrungen habe ich mit Workshops zu bestimmten Themenkomplexen gemacht. Ein solcher Workshop wird am Ende eines Jahres für das Folgejahr ins Leben gerufen. Ein guter Zeitpunkt ist das Umfeld der Budgetgespräche. Diese Workshops behandeln über einen Zeitraum von einem Jahr ein bestimmtes Thema, und der Teilnehmerkreis trifft sich in Tagesveranstaltungen einmal im Quartal. Der Themenkomplex wird durch die Struktur und die Aufgaben Ihres Unternehmens bestimmt. So kann zum Beispiel der Kunde oder eine spezielle Kundengruppe, das Internet, die Vertriebswege, die Logistik, die Buchhaltung oder die Preisstellung der Produkte ein Workshop-Thema sein. Sie schreiben die Workshop-Teilnahme im Unternehmen aus, beraten sich im Führungskreis über potenzielle Kandidaten und geben eine kurze Inhaltsbeschreibung. Auch dieser Kreis an Teilnehmern sollte nicht zu groß sein und ist mit fünf Teilnehmern ausreichend besetzt. Eine solche Organisation hat den Vorteil, aktuell aufkommende Themen auch direkt an den Workshop adressieren zu können. Allerdings sollte die Agenda für die einzelnen Meetings nicht zu voll sein und genügend Raum für das gemeinsame „Spinnen" bieten. Externe Gäste beleben diese Meetings und bringen immer wieder neue Aspekte für ein Thema. Die Erfahrungen mit dieser Art der Workshops waren positiv, sind sie doch eine nicht versiegende Quelle von Ideen und Vorschlägen. Neben dem ausgefülltem Geschäftsalltag haben Sie so Fixpunkte für wichtige Themen und Bereiche gesetzt, die Sie später nicht mehr werden missen wollen. Für die Mitarbeiter ist diese Art motivierend und wird ebenso zu einem Fixpunkt im Alltag. Damit ist die Möglichkeit gegeben, neue Mitarbeiter oder Mitarbeiter, bei denen Sie hohes Potenzial vermuten, heranzuführen und ihnen Gelegenheit zu geben sich zu beweisen. Für die anders denkenden Provokateure ist ein Workshop genau der richtige Platz, um sich auszutoben. Ich meine nicht den ewigen Nörgler und Besserwisser, sondern den Rebellen im Unternehmen, der zeigen kann, was er wirklich meint und kann. Sie legen damit den Fokus auf die Zukunft des Unternehmens und reservieren dafür Zeitblöcke.

Stellen Sie sich einen Workshop für „Produkte und Vertriebswege" vor, der sich einmal pro Quartal zusammensetzt und der die in jedem Unternehmen ganz vorne stehenden Themen Kunde, Markt und Vertrieb behandelt. Der Kreis kann hier risikolos Schritte und Gedanken besprechen und eventuell in Tests ausprobieren.

Ein aus meiner Sicht wichtiger Workshop wäre ein „CMM", ein „Creative Meeting Marketing". Leider ist es in kreativen Bereichen so, dass der Alltag kaum Zeit lässt, neue Dinge zu besprechen oder zu probieren. Eher hetzen sie von Termin zu Termin und von Aufgabe zu Aufgabe. Die Zeit zum „Denken nach vorne" bleibt oft nicht. Aus eigener Erfahrung ist ein „CMM" auch eine wichtige und notwendige Auszeit, die Sie für sich und Ihr Team reservieren sollten. Sonst schneidet Ihnen der Alltag die Kreativität systematisch ab. Ein „CMM" hat keine Agenda, die schaffen Sie sich in der ersten halben Stunde des Meetings durch eine Anfangsdiskussion von interessanten Dingen oder Bereichen, in denen Sie etwas bewegen wollen. So kann jeder seine Ideen und Gedanken einbringen und alle denken gemeinsam an diesen Punkten quer.

Gehen Sie auch unkonventionelle Wege, wenn ein Meeting zu träge läuft. Allein durch Worte hier eine Änderung zu erwirken, dürfte recht schwer fallen. Scheuen Sie sich nicht auch einmal auf den Tisch zu springen und zu jubeln, wenn Ihnen etwas richtig gut gefällt oder, wenn Sie mehr Bewegung und Leben in das Treffen bringen wollen. Vor einem Meeting hatte ich Faschingströten und Pfeifen besorgt und vor dem Beginn ausgegeben. Die Anwesenden habe ich dazu aufgefordert, ihre Zustimmung bzw. ihre Begeisterung für etwas mit der Tröte oder Pfeife kundzutun. Die Veranstaltung war genial und jeder ist mit dem Gefühl nach Hause gegangen: „Mensch, das war so laut, da waren so viele tolle Gedanken dabei." Auf diese Weise schaffen Sie Präsenz und ein Forum für Ihre Querdenker.

QQ: Live Testing

Hat Ihr Team oder haben Sie eine Idee, etwas anders zu machen als die Anderen? Dann probieren Sie es doch einfach aus. Während der normale Ablauf, den wir alle kennen, mehr aus Abstimmung, Abwägen und Verschieben besteht, um noch genauer herauszubekommen, wie denn eine bestimmte Maßnahme im Markt ankommt, hat der Querdenker es schon längst ausprobiert. Warum lange zappeln und sich vor einer Entscheidung drücken, denn nichts anderes ist es, wenn Sie permanent ein Projekt verschieben? Die besten Erkenntnisse und die genauesten Marktreaktionen bekommen Sie aus dem Markt vom Kunden selbst und nicht durch immer wiederkehrende theoretische Überlegungen im Büro. Das Spielfeld für die Ideen ist der Markt mit den Kunden, nicht das Büro oder ein Labor. Suchen Sie sich eine Mikrozelle im Markt, lokal, regional oder bei einer bestimmten Kundengruppe und versuchen Sie es, testen Sie live. Die Vorschläge und Ideen sollten nicht zu 100 Prozent ausgearbeitet werden, das kostet enorm viel Zeit, die im Markt verpufft, und dies kann ein entscheidender Nachteil sein. Für einen solchen Test ist es völlig ausreichend, mit zu 80 Prozent ausgearbeiteten Ansätzen auf das Spielfeld zu gehen. Es genügt, relativ hemdsärmelig und trotzdem kostenbewusst heranzugehen. Lernen Sie beim „Live Testing": Der beste Ratgeber ist der Markt selbst. Sie können sowieso nicht alle möglichen Reaktionen und Verhaltensweisen im Voraus prüfen. Das Leben im Markt spielt nach ganz eigenen Regeln. Es ist wichtiger, schneller zu sein, als das letzte Detail ausgefeilt zu haben. Neben der Schnelligkeit ist die Frequenz der Ideen entscheidend. Derjenige, der schneller und öfter mit Vorstellungen für die Zukunft kommt, wird den zukünftigen Markt schneller und besser besetzen. Im „Live Testing" erkennen Sie die Reaktionen der Kunden und Sie bekommen Hinweise auf mögliche Reaktionen Ihrer Wettbewerber. Im Gesamtmarkt kann nicht viel passieren, da in einer Mikrozelle getestet wird. Die Kosten halten sich für einen kleinen überschaubaren Test im Rahmen, ohne das Risiko, viel Geld für eine im Markt nicht umsetzbare Maßnahme zu versenken.

Wenn das „Live Testing" ein positives Ergebnis bietet, planen Sie den Roll-out im Gesamtmarkt. Wenn Sie am Ende die Maßnahme im „Live Testing" und die dann im kompletten Markt umgesetzte Maßnahme vergleichen, werden Sie schnell sehen, was Ihnen der Test gebracht hat. Die Maßnahmen werden sich in einigen Punkten unterscheiden. Endet der Test negativ, haben Sie viel Geld gespart und viel gelernt.

„Live Testing" ist einfacher und schneller als die bekannte Methode der regionalen Testmärkte, die wir aus der Marktforschung kennen.

QQ: Budgetgespräch

Ein Budgetgespräch als Querdenker-Quelle? Das hört sich zunächst eigenartig an, werden Sie denken. Wenn das Budgetgespräch im üblichen Rahmen abläuft, haben Sie natürlich Recht.

Wie läuft es normal? Man schätzt den Markt ein, er wird um drei Prozent steigen oder er wird um zwei Prozent sinken. Wie es wirklich läuft, weiß man dann zwölf Monate später und wundert sich mal wieder über den Verbraucher, das Wetter oder was auch immer. Dann werden noch die Kosten angepasst, je nachdem in welche Richtung der Markt laufen wird. Vertrieb und Marketing bekommen ein paar Aufgaben und das war es dann. Einige bekommen die Maurerkelle verliehen, weil sie so stark defensiv budgetiert haben und es wird gefeilt und gefeilt, bis alles einigermaßen passt. Irgendwann sind die Gesellschafter dann zufrieden und man wartet ab, was das wahre Leben im Markt wirklich bringt. Die Erklärung, warum dann später vom Budget abgewichen wurde, egal ob nach oben oder unten, hat man schon in der Tasche.

Das ist eine knappe Zusammenfassung und auch mit Augenzwinkern beschrieben. Es macht auf jeden Fall viel Arbeit, das komplette Zahlengerüst zusammenzustellen und zu bewerten.

Wenn es so läuft, ist das meiner Meinung nach eine unnütze Arbeit und nur für die Ablage, die keinerlei Erkenntnisse für die Zukunft liefert. Die wirklich interessante Aufgabe ist mit der Prämisse „Der Markt im Core Business geht um dreißig Prozent zurück" ein Budget aufzustellen. Eine Aufgabe mit viel Sprengstoff. Die Absicht ist nicht, die Kosten soweit zurückzuschrauben, dass die Welt dann wieder in Ordnung kommt. Das wird gar nicht gehen, denn sonst wären diese aktuell schon überdimensioniert. Außerdem wollen wir kein Cost Cutting bis zu unseren Muskeln und so eine gefährliche Spirale in Bewegung setzen. Nein, es geht darum, sich mit einer solchen Situation auseinanderzusetzen, um neue Wege, Maßnahmen, Produkte, Vertriebswege oder Märkte zu entdecken. Sie zwingen sich und Ihre Mannschaft mit einer solchen Fragestellung, diese Wege zu suchen. Nun führt kein Weg mehr daran vorbei, sich völlig andere Gedanken zu machen, die Feile für das 08/15-Budget kann im Koffer bleiben. Man wird nicht die Chance haben, mit den normalen Mitteln und den normalen Produkten auf den normalen Märkten mit unveränderten Kosten ein solches Budget aufzustellen. Eine Fragestellung mit Tiefgang, nachdem der erste Schrecken vorbei ist.

Bereiten Sie eine solche Fragestellung vor, die Notwendigkeit wird irgendwann ohne Ankündigung kommen. Suchen Sie sich Beispiele für Märkte oder Unternehmen, die ganz plötzlich einer gewaltigen Umwälzung unterlegen waren.

Der Inlandsabsatz für Heizöl ist im Jahr 2007 um fast fünfzig Prozent gegenüber 2006 gesunken. Gründe waren ein milder Winter, gut gefüllte Heizöltanks bei den Hausbesitzern und ein hohes Preisniveau für das Heizöl. Drei markbestimmende Faktoren, die gleichzeitig auftraten. Es gab nur sehr wenige Unternehmen, die in diesem Jahr keine roten Zahlen geschrieben haben. Querdenker können solche Jahre überstehen, weil sie vorbereitet sind.

Budgetgespräche mit diesem Ansatz sind eine große Quelle für Querdenker-Ideen, da eine so massive Aufgabenstellung nicht mit den bisherigen Tools und Gedanken zu lösen ist.

QQ: Training und Coaching

Zur Querdenker-Einstellung gehört auch ein professionelles und dauerhaftes Trainings- und Coachingkonzept für die Mitarbeiter im Unternehmen. Damit ist nicht ein lockeres Vortragsprogramm, bei dem die Teilnehmer nur Zuhörer sind und nach der Veranstaltung alles wieder im Keller verschwindet, gemeint. Kein Alibi-Training, sondern ein sich entwickelndes System an Maßnahmen für die Mitarbeiter, die nach den Kunden zu den wichtigsten Menschen für das Unternehmen zählen. Ein solches Coachingprogramm entwickelt sich über Jahre weiter und bietet die Möglichkeit zur individuellen Entwicklung der Teilnehmer. Kein Programm von der Stange, sondern ganz speziell auf Ihr Unternehmen und Ihre Mitarbeiter zugeschnitten, bietet es neben den Dingen, die Sie als Verantwortlicher transportieren wollen, den Freiraum und auch die Anleitung zum Querdenken.

Ein solches Programm ist aus Modulen aufgebaut und setzt sich jeweils im Folgejahr fort. Natürlich gehören die klassischen Themen wie Rhetorik, Einwandbehandlung und Argumentationstraining für die Verkäufer dazu, aber genau diese Themen sollten nicht nur im großen Forum, sondern auch als Einzelcoaching vor Ort stattfinden. Als Heimspiel in gewohnter Umgebung für den Mitarbeiter. Das hat den Vorteil, dass sich der Mitarbeiter voll auf das Programm konzentrieren kann und nicht durch eine neue Umgebung abgelenkt wird.

Wenn die Coachings in Modulen angeboten werden, bietet sich die Möglichkeit nach einem 360-Grad-Feedback oder einer Potenzialanalyse – ganz individuell und doch im Programm – die Mannschaft zu coachen. In jedes Modul, in jede Trainingsmaßnahme sollte das Thema Querdenken und die entsprechende Einstellung transportiert werden.

Auch hier spielen Vertrauen und Glaubwürdigkeit eine entscheidende Rolle. Es war immer klar, wenn ich mit den Trainern in regelmäßigen Abständen gesprochen habe und wenn wir im Herbst über das Programm für das Folgejahr diskutiert haben, dass nie über Einzelergebnisse der Mitarbeiter gesprochen wird. Es geht nicht darum, etwas über die Mitarbeiter zu erfahren, es geht einzig um die Entwicklung des Einzelnen. Wenn sich die Trainingsteilnehmer aufgrund der Anreise manchmal am Vorabend getroffen haben, war es selbstverständlich, dort vorbeizuschauen und zumindest eine Stunde mit den Teilnehmern zu verbringen. Dies alles sind Möglichkeiten, Ihre Gedanken zu vermitteln und in die Mannschaft reinzuhören und Themen, die auf der Seele brennen oder Ideen, die ein Einzelner hat, aufzunehmen und zu verarbeiten.

Ebenso müssen die Trainer das Vertrauen und die Akzeptanz der Mannschaft haben, sonst landet man wieder beim Training von der Stange. Die Teilnehmer sollen sich dem Trainer und Coach öffnen können. Dazu gehört es auch, dass sich die Trainer selbst ein individuelles Programm zum Einarbeiten in Ihr Unternehmen verordnen und auch einmal einige Tage im Vertriebsbüro verbringen, um den Ablauf, die Stimmung, die Kunden und das Geschäft kennenzulernen.

Solch ein Training bietet eine weitere Quelle für Querdenker-Ideen, denn auch die Frage „Was läuft aus Ihrer Sicht gerade völlig falsch?", spiegelt den Gedanken wider und bietet eine Reihe von Ansatzpunkten.

Dies ist eine große Chance, die man nicht ungenutzt verstreichen lassen sollte.

QQ: QUH Company

Hinter der „QUH Company" steckt der Gedanke, in einem größeren Unternehmen eine eigene Tochtergesellschaft oder in kleineren Unternehmen eine separate Abteilung nur für das Querdenken aufzubauen. „Querdenken – Umdenken – Handeln" ist die Aufgabenstellung für dieses Unternehmen oder diese Abteilung. Hier kommen die Spielmacher, die kreativen und mutigen Köpfe aus dem Unternehmen zusammen und bilden einen eigenständigen Bereich. Sie bekommen den nötigen Freiraum und die notwendige Unterstützung von oben und können neue Produkte oder neue Märkte identifizieren. Die Besetzung wird wie im Buch beschrieben durch die richtige Mischung aus Alter, Erfahrung, Unvoreingenommenheit, Kreativität, Offenheit, Mut und dem Wollen etwas Neues zu schaffen, bestimmt. Eine Mitarbeit in der QUH sollte zeitlich begrenzt und auf maximal sechs Monate befristet sein. Es ist wichtig, dass immer wieder neue Ideen und neue Sichtweisen in die Gruppe kommen und sich dort entfalten können. Es spricht aber nichts gegen die Möglichkeit, dass man sich alle drei Jahre wieder neu in die QUH bewerben kann. Ergänzend kann eine Zusammenarbeit mit einer Universität aufgebaut werden, um so Studenten für bestimmte Projekte zu involvieren.

Die QUH-Mitarbeiter haben Zugriff auf die gesamten Ressourcen des Unternehmens und können auch neue interne Mitarbeiter rekrutieren. Natürlich kann jeder, auch außerhalb des Unternehmens, neue Ideen an die QUH geben und dort werden sie nach einer Prüfung weiter verfolgt, geparkt oder auch verworfen. Dahinter steckt auch der Gedanke, die Spielmacher im Unternehmen nicht durch

Regeln und Richtlinien zu demotivieren und aus dem Unternehmen zu treiben. Das soll nicht heißen, dass in der QUH jeder tun und lassen kann was er will, dass er kommen und gehen kann, wann er will. Es gehört dazu, dass alles ein wenig freier als üblich ist, aber das Ziel wird nicht aus den Augen gelassen. Also keine Kuschelfirma, sondern wirklich harte Arbeit, allerdings befreit vom hektischen Alltagstrott. Keine permanenten E-Mails, Anrufe, Meetings oder Nachfragen des Chefs, die den Tag bestimmen. Wenn ein Mitarbeiter der QUH meint, er müsse einen Außendienstmitarbeiter des Unternehmens bei seiner Kundentour begleiten, um die Wünsche der Kunden besser zu verstehen oder einfach mit einem Kunden vor Ort sprechen möchte, ist das völlig in Ordnung. Auch Misserfolge führen nicht zu einem negativen Ansehen der Mitarbeiter, sondern gehören hier dazu und dienen als Lernquelle.

Die Mitarbeiter haben die Verantwortung, neue Dinge zu präsentieren und diese nach Prüfung an die entsprechenden Unternehmensbereiche zur Umsetzung weiterzugeben. Eine Begleitung während der ersten Monate der Umsetzung durch einen QUH-Mitarbeiter ist dabei selbstverständlich.

In der QUH kann man hervorragend mit Prämien oder Boni für umgesetzte Ideen arbeiten. Das monatliche Einkommen bleibt weiter im Gehaltsgefüge des Unternehmens.

QUH präsentiert einem ausgewählten „QUH-Beirat" monatlich seine Vorschläge mit Ziel und Nutzen für das Unternehmen. Der Beirat ist mit zwei Verantwortlichen aus unterschiedlichen Bereichen des Unternehmens, einem Mitarbeiter eines Nicht-Wettbewerbers und einer neutralen, externen Person besetzt. Nach welchen Kriterien dann entschieden und umgesetzt wird, wird individuell festgelegt.

QQ: Job Rotation

Job Rotation innerhalb der eigenen Firma ist eine exzellente Quelle für neue Gedanken. Es verbindet sich das vorhandene Fachwissen mit dem Nichtkennen der Verhältnisse und Regeln in der in der Rotation ausgeübten Aufgabe.

Hat ein Unternehmen zum Beispiel eine klassische Aufteilung des Vertriebs in Regionen, bietet sich eine Rotation der Regionalleiter an. Für die nächsten zwei Monate führt der Leiter Nord die Region Mitte, der Leiter Mitte die Region Süd und so weiter. Er führt die „Rotations Region" mit allen Konsequenzen und der kompletten Verantwortung für den „Rotations Zeitraum". Ich habe sehr gute Erfahrungen mit der Job Rotation gemacht. Die Beteiligten sollten die Organisation für die Rotation selbst übernehmen, also die Festlegung des Zeitraums, die Reise- und Unterkunftsplanung in Eigenregie durchführen. Dies erhöht die Akzeptanz. Anfangs werden die „Rotierer" nicht begeistert sein, aber schon nach den ersten Tagen im neuen Job steigt die Euphorie und jeder erkennt die Chance, viele Punkte aus einem anderen Blickwinkel betrachten zu können. Es ist viel mehr als nur Best Practice, es ist die Erfahrung, den eigenen Job völlig anders zu erleben. Die „neuen" Mitarbeiter reagieren anders auf einen selbst, als die „eigenen" Mitarbeiter zu Hause. Für Probleme in der „neuen" Region, die schon länger ungelöst waren, gibt es nun neue Lösungsansätze. Dinge, die sich im Laufe der Zeit unbemerkt beim Kollegen eingeschlichen hatten, werden nun nach oben gespült und auf die Agenda gebracht. Themen mit Mitarbeitern, die vorher schwierig lösbar waren, bekommen durch den Kollegen nun einen anderen Aspekt, da keine verhärteten Fronten zwischen Mitarbeiter und Vorgesetztem vorhanden sind. Auch diese „Regeln" bzw. Hintergründe einer belasteten Beziehung kennt der neue Chef ja nicht und richtet sich somit auch nicht danach.

Die „Rotierer" sollten während ihrer Zeit in der neuen Aufgabe eine Art Logbuch schreiben. In diesem Logbuch werden alle Dinge notiert, die dem „Neuen" aufgefallen sind. Alle Bereiche sind hiervon betroffen: große Themen, kleine Themen, Sachthemen und zwischenmenschliche Themen. Das Logbuch hat zwei Kategorien, einmal „Tipps für den Kollegen" und zum anderen „Tipps für mich". Es handelt sich bei den Tipps für den Kollegen nicht um Handlungsanweisungen, sondern um Empfehlungen, die rein aus dem anderen Betrachtungswinkel des Themas her rühren. Einige Dinge wird man selbst zu Hause schon gelöst haben, die im Rotations Job noch ein Problem darstellen. Andere Dinge, die bisher nicht umgesetzt werden konnten, stellen sich für den Neuen als Themen dar, die einfach und schnell angegangen und gelöst werden können. Die „Tipps für mich" sind Selbsterfahrungen, die man für sich selbst mitnimmt. Quasi das „Aha-Erlebnis". Es wird Details geben, bei denen man sich selbst ertappt fühlt, wie leicht sie doch zu lösen gewesen wären.

Während der Rotation sollte ein regelmäßiger Austausch mit dem eigentlichen Funktionsinhaber stattfinden. Regelmäßig heißt nicht, sich täglich über die kleinen Dinge des Tagesgeschäftes zu unterhalten und abzustimmen, das ist nicht notwendig und sogar hinderlich. Alle Entscheidungen können vom Neuen getroffen werden. Ein wöchentliches Telefongespräch ist ausreichend. Zum Abschluss des Projektes „Job Rotation" treffen sich alle Rotierer mit dem Vorgesetzten und ziehen ein Fazit. Sie werden erstaunt sein, wie viele Dinge jeder mit nach Hause nimmt und ab morgen anders machen wird. Bewährt hat sich auch, sich mit den eigenen Mitarbeitern nach der Rotation zusammenzusetzen und sie nach ihren Erfahrungen zu fragen. Aus solchen Gesprächen ergeben sich speziell im zwischenmenschlichen Bereich weitere Ansätze.

Eine andere Art der „Job Rotation" ist die „Praxiswoche" für die Mitarbeiter. Wenn die Diskrepanzen zwischen Zentrale und Vertriebsmannschaft spürbar werden, ist der Zeitpunkt gekommen. Dies ist ein immer wiederkehrendes Spannungsfeld, was allen Beteiligten Energie kostet und gute Ideen zerstört. Die Mitarbeiter der Zentrale planen einmal pro Jahr eine Praxiswoche an einem beliebigen Verkaufsstandort des Unternehmens. Dieser Standort wechselt jährlich. Ziel der Praxiswoche ist für die Mitarbeiter aus der Zentrale vor Ort, aktiv die Produkte des Unternehmens zu verkaufen. Ob dies per Telefon oder im Außendienstbesuch stattfindet, hängt von der Vertriebsorganisation des Unternehmens ab. Wichtig ist nur, dass aktiv mit dem Kunden gearbeitet wird. Ganz speziell für alle den Vertrieb unterstützenden Funktionen ergibt sich ein neuer Blickwinkel auf die eigene Arbeit und bringt Verständnis für die Belange der Kunden und der Vertriebsorganisation. Die Praxiswochen bringen viele neue Ansätze und Ideen in Richtung Kunde und Markt für die eigene zentrale Aufgabe. Für mich ein nicht mehr wegzudenkender fester Bestandteil, der sogar in die Zielvereinbarung mit einem Mitarbeiter einfließt.

Bei der „Job Rotation" als Querdenker-Quelle ist der andere Blickwinkel auf eine bekannte Aufgabe der Schlüssel zum Erfolg. Ein Abtrainieren der Regeln, die im Rotations Job gelten, findet automatisch statt. Das spezielle Fachwissen um die Aufgabe selbst bleibt aber unangetastet. Ein günstige und doch effektive Methode neue Ideen zu sammeln.

Querdenken ist eine Frage der Einstellung

Querdenken sollte keine Eintagsfliege sein, sondern ein dynamischer Prozess.

Durch den Erfolg der ersten Schritte haben Sie einen guten Grundstein für eine dauerhafte Änderung der Sichtweise und der Problemlösung gelegt. Wenn Sie sich als Spielmacher fühlen und bewegen, dann nicht nur dieses eine Mal, sondern für immer. Nutzen Sie die sich hieraus ergebenden Chancen für zukünftige strategische Entscheidungen und spielen Sie Ihr Spiel im Markt.

Mit einer quer gedachten Zukunftsfrage ergeben sich als Folge daraus wahrscheinlich Konsequenzen in allen Unternehmensbereichen.

Wie werden die im Unternehmen vorhandenen Kompetenzen strategisch effizienter eingesetzt? Kompetenzen können im Unternehmen in den verschiedenen Bereichen oder Einheiten verschoben werden und so das Querdenken fast automatisieren.

Die Beispiele zeigen, wie wichtig es ist, neue Leute ins Unternehmen zu holen, die nicht aus der gleichen Branche und nicht vom Wettbewerb kommen. Die Mitarbeiter der Wettbewerber denken auch wieder mit den gleichen Methoden und kommen zu den schon lange bekannten Schlüssen. Fassen Sie Mut und stellen Sie Mitarbeiter aus anderen Branchen ein, die in der Vergangenheit gezeigt haben, wie man neue Felder besetzt und Spielregeln im Markt so ändert, dass man selbst auf der Gewinnerstraße ist.

Sie brauchen das Wissen, welche Voraussetzungen für die Entfaltung neuer Möglichkeiten benötigt werden.

Eliminieren Sie das Abteilungsdenken und die Wissens-Inseln im Unternehmen. Das Wissen gehört allen und nicht nur denen, die es im Unternehmen entdeckt haben. Das Wissen allen im Unternehmen zugänglich zu machen, ist wichtig, damit auch andere Abteilungen die Chance haben, abteilungsübergreifend querzudenken und Ideen zu entwickeln. Mitarbeiter, die sich in anderen Abteilungen und bei anderen Unternehmen, egal welcher Branche, das Beste anschauen und versuchen dies zu adaptieren, sind die richtigen Teammitglieder. Es spielt dabei keine Rolle, ob man ein hoch technisches Unternehmen oder eines aus einem Massenmarkt betrachtet. Egal, ob es produzierende Unternehmen oder Service- und Dienstleistungsunternehmen sind. Die Ansicht, dass sich in Massenmärkten keine Ansätze nach vorne finden werden oder, dass man in diesen Märkten nichts revolutionieren kann, ist weit verbreitet. Die Bespiele werden zeigen: Querdenken gelingt überall und ist überall notwendig.

Wenn die Mitarbeiter nicht das Gefühl haben, dass die Unternehmensführung ihnen Offenheit entgegenbringt, wird es auch mit dem Weg nach vorne schwierig. Das Gefühl fehlender Offenheit lähmt den Geist und die kreativen Gedanken. Mangelnde Offenheit wird häufig genannt, wenn die Frage, was einem am eigenen Unternehmen nicht gefällt, gestellt wird. Und häufig sind diejenigen, die mangelnde Offenheit beklagen, zu ihren eigenen Mitarbeitern auch nicht offen.

Jack Welch sieht drei Offenheitseffekte:

▶ Erstens werden durch Offenheit mehr Menschen an Debatten beteiligt, wodurch mehr Ideen entwickelt werden.

▶ Zweitens wirkt Offenheit entscheidungsfördernd, da man schneller zum Punkt kommt und somit schneller in eine Umsetzung der relevanten Themen.

▶ Drittens senkt Offenheit Kosten, da unnötige Meetings entfallen und nur die wichtigen Fragen behandelt werden müssen.

Zur Offenheit gehört auch, negative und schlechte Dinge direkt anzusprechen und nicht damit hinter dem Berg zu halten. Es ist besser sich mehrerer Köpfe zur Problemlösung zu bedienen.

Querdenken beginnt schon bei der persönlichen Einstellung. Gehen Sie in ein Gespräch mit Kunden oder in ein Meeting mit Geschäftspartnern, um zu erzählen oder um etwas zu lernen? Sie lernen nur, wenn Sie dem anderen zuhören, anstatt zu versuchen, ihn von sich zu überzeugen. Von anderen etwas mitzunehmen gelingt nur mit Zuhören. Ein gemeinsames Brainstorming mit Geschäftspartnern ist Gold wert. Ergebnisse interner Gespräche reichen nicht an die solcher Treffen heran.

Umsetzungshilfen für den Querdenker-Prozess

Das vorliegende Kapitel gibt Ihnen spezielle Umsetzungshilfen an die Hand, um das Querdenken im Unternehmen umzusetzen

▶ Welche sind die ersten Schritte und welche folgen darauf? Sie finden an dieser Stelle die „Vorgehensweise in Kurzform", eine Art Checkliste für den gesamten Prozess.

▶ Die „Querdenker-Regeln" geben Ihnen und Ihrem Team einen Leitfaden für die Meetings und den gesamten Prozess an die Hand.

▶ Der Aufgaben- und Fragenkatalog gibt eine Hilfestellung für die Teamarbeit und deren Vorbereitung.

▶ Die „Querdenker-Sprüche" sollen Ihnen helfen, Ihrem Team die Grundidee näherzubringen. Sie können für Reminder E-Mails und den Start der Meetings genutzt werden.

Die ersten Schritte

Wenn Sie das Thema Querdenken und Spielregeln ändern überzeugt hat und Sie diese Methodik auch in Ihrem Unternehmen oder in Ihrem Bereich einsetzen wollen, stellt sich die Frage, was als Nächstes zu tun ist.

1. *„Ja" zum Querdenken*

   Zuerst sollten Sie wirklich überzeugt davon sein, denn Sie müssen später Ihre Verbündeten im Unternehmen überzeugen. Wenn Sie „Ja" zum Querdenken gesagt haben, eignen Sie sich das nötige Wissen zum Thema an. Dieses Buch ist als Hilfe gedacht und vermittelt umfangreiches Wissen.

2. *Fragestellung*

   Für eine praktische Umsetzung muss der Rahmen abgesteckt werden, und Sie benötigen eine konkrete Fragestellung. Das kann die strategische Zukunft betreffen oder ein aktuelles operatives Problem bzw. Fragestellung. Diese Fragestellung muss detailliert beschrieben und aufgezeigt werden. Sie ist die Grundlage, mit deren Unterstützung durch den Prozess geführt wird.

3. *Zieldefinition*

Was ist der Status quo? Wo will ich hin? Also gehört auch eine Zieldefinition dazu. Was soll konkret erreicht werden? Die Lösung eines Problems, die Veränderung des bestehenden Marktes, die Identifikation eines neuen Marktes, eine Veränderung der Vertriebskanäle, Produktveränderungen oder die Suche nach neuen Produkten für die vorhandene Kompetenzausstattung? Das Feld für eine Zielbestimmung ist sehr groß. Zum Abstecken des Rahmens gehört auch, sich Gedanken über den benötigten Zeitbedarf und die Kosten zu machen.

4. *Verbündete*

Wenn diese Vorbereitungen abgeschlossen sind, benötigen Sie Verbündete für die Umsetzung der Querdenker-Methodik im Unternehmen. Die Verbündeten sind auf allen Hierarchiestufen des Unternehmens zu finden. Es kann besser sein, mit einer fertigen Fragestellung und Zieldefinition, eventuell sogar mit einer Präsentation im Rohstadium einen Verbündeten zu suchen oder aber schon gleich am Anfang Ihrer Überlegung für diesen Schritt. Aus meiner Erfahrung ist das Gewinnen von Verbündeten eine mehrstufige Thematik. Die Spitze des Unternehmens würde ich erst mit fertigen Materialien hinzuziehen und dies mit einer eventuellen Jurybildung verbinden.

5. *Moderator*

An diesem Punkt sollten Sie sich für einen Moderator des Prozesses entscheiden. Ein externer Moderator kann neutraler in den Meetings wirken und kann den Prozess insgesamt neutraler lenken. Er hat den großen Vorteil, die bestehenden Branchenregeln nicht ausblenden zu müssen, da sie für ihn keine Regeln darstellen. Er braucht sie nicht abzutrainieren und zu vergessen. Eine enge Abstimmung mit dem Moderator ist selbstverständlich und wichtig. Er muss die Problem- und Zieldefinition kennen und verstehen. Er muss natürlich auch ein Querdenker sein, und den Prozess als solchen verstehen.

6. *Präsentation*

Dann geht es an die Präsentation, dieser Schritt wurde schon ausführlich beschrieben.

Die aktuell gültigen Rahmenbedingungen und „Marktgesetze" müssen erkannt und analysiert werden. Erst, wenn man die jetzt existenten Regeln und Schemata im Markt durchdrungen hat, kann man daran gehen und sie neu aufstellen und die Rollen neu zu verteilen. Man muss sich davon lösen, immer eine Logik und rationales Verhalten der Konsumenten hinter den Marktregeln sehen zu wollen. Der Konsument reagiert und handelt nicht immer rational. Marktgesetze können historisch begründet sein, sie können Präferenzen der Verbraucher als Hintergrund haben oder natürlich auch Werbeaussagen und Marketingstrategien der Wettbewerber. Die Regeln müssen auch nicht immer fair oder richtig sein, oft ist genau das Gegenteil der Fall. Wichtig ist nur, sie zu verstehen, um sie ändern zu können. Wenn man sie erkannt und verstanden hat, sollte man sie ausblenden und vergessen und dann die eigenen Kompetenzen in Marktregeln umsetzen, sodass die neuen Regeln einzig dem eigenen Unternehmen als Vorteil dienen. Wenn man die Schwächen der Wettbewerber und die eigenen Stärken kennt, lassen sich daraus für die Zukunft Ansätze finden. Es ist oft viel leichter von den Marktregeln auszugehen, die das eigene Produkt oder das eigene Unternehmen unvorteilhaft aussehen lassen, als gleich das komplette Produkt in Frage zu stellen. Fragen Sie, wie die Rahmenbedingungen aussehen müssten, um mit den eigenen Produkten im Markt erfolgreich zu sein. Daraus ergeben sich Ansätze sowohl für das Produkt als auch für alle anderen Bereiche im Unternehmen.

Im nächsten Schritt ist es wichtig, sich auch von den aktuellen Märkten und auch Produkten zu lösen, um sich die Möglichkeit für das eigene Unternehmen völlig neue Märkte zu eröffnen oder an diesen teilzunehmen, nicht zu verbauen. Beziehen Sie in Ihren Querdenker-Prozess alle Unternehmensbereiche mit ein: Produktion, Entwicklung, Marketing, Vertrieb und auch die kaufmännischen Funktionen. Sie werden in allen Bereichen Ihres Unternehmens die geeigneten kreativen Köpfe finden. Der Spielmacher lässt sich auch hier nicht beschränken.

Wenn die neuen Regeln erkannt und ausgearbeitet sind, gilt es Partner zu suchen, die helfen, die eigenen Regeln im Markt zu etablieren.

Der Prozess in Kurzform

⊘ **Person und Methodik**
  ⊘ Entscheidung für den Querdenker-Ansatz
  ⊘ Eigenen Background für das Querdenken schaffen
  ⊘ Verbündete suchen (Teil 1)

- ✅ **Fragestellung und Zielbeschreibung**
  - ✅ Problem detailliert beschreiben
  - ✅ Zielbeschreibung

- ✅ **Entscheidung für einen Moderator**
  - ✅ Neutrale Person intern oder extern suchen
  - ✅ Moderator wählen

- ✅ **Präsentation**
  - ✅ Präsentation vorbereiten
  - ✅ Einführung „Was ist Querdenken"?
  - ✅ Beispiele für erfolgreiche Querdenker zeigen
  - ✅ Problem- und Zielbeschreibung
  - ✅ Verbündete suchen (Teil 2)

- ✅ **Kick-off und Folgemeetings**
  - ✅ Team bilden
  - ✅ Präsentation
  - ✅ Beispiel aus dem Team für Querdenker aufnehmen
  - ✅ Definition des zukünftigen Marktes bzw. des Problems
  - ✅ Analyse von Markt und Marktteilnehmern
  - ✅ Aufschreiben der Rahmen und Gesetze
  - ✅ Vergessen der Regeln und Gesetze
  - ✅ Neue Verteilung der Rollen
  - ✅ Start der Problemlösung auf der „grünen Wiese"
  - ✅ Team sammelt eigene Ideen
  - ✅ Verwenden der „Querdenker-Sprüche" zur Verdeutlichung
  - ✅ In weiteren Veranstaltungen neue Beispiele für Querdenker präsentieren
  - ✅ Eventuell Teams zusammenführen
  - ✅ Vorschläge durch das Team bewerten lassen

- ✅ **Unterstützung**
  - ✅ Reminder E-Mails an das Team versenden
  - ✅ Feedback-Runden terminieren
  - ✅ Querdenker-Preis ausloben

- ✅ Jury festlegen
- ✅ Sieger küren

✅ **Umsetzung**
- ✅ Vorschlag des Siegers umsetzen
- ✅ Team auffordern, der Unternehmensleitung weiter Ideen zu präsentieren
- ✅ Entscheiden
- ✅ Umsetzen

✅ **Fortführung des Prozesses**
- ✅ Plattform schaffen
- ✅ Querdenker-Quellen nutzen

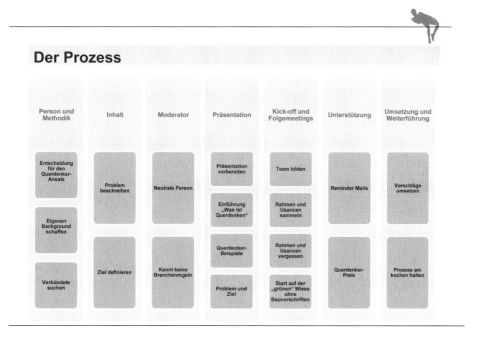

Abbildung 19: Querdenker-Prozess

Die Querdenker-Regeln

✅ **Offene Augen**
- ✅ Mit offenen Augen andere Branchen beobachten.
- ✅ Lernen und verstehen.

✅ **Inspirieren lassen**
- ✅ Übernehmen Sie Ideen aus anderen Branchen.
- ✅ Adaptieren ist nicht „klauen".

✅ **Mut zur Lücke**
- ✅ Haben Sie Mut, etwas zu ändern und zu bewegen.
- ✅ Auch wenn Sie noch nicht hundertprozentig sicher sind.
- ✅ Sie sind doch Fachmann, oder?
- ✅ Trauen Sie sich.

✅ **Bestimmen Sie die Spielregeln**
- ✅ Der Markt kann auch nach Ihren Regeln spielen.
- ✅ Lassen Sie die Beispiele auf sich wirken.

✅ **Der Preis ist heiß**
- ✅ „Billig" ist kein Marketing.
- ✅ Den Wettbewerb auf den Faktor Preis zu reduzieren, wird der Kunde mit der Auswahl des niedrigsten Preises „belohnen".
- ✅ „Preis kann jeder Depp!"

✅ **Halten Sie die Organisation am „Kochen"**
- ✅ Das Thema braucht Zeit.
- ✅ Spaß gehört dazu.
- ✅ Setzen Sie Reminder E-Mails ein.
- ✅ Loben Sie einen „Querdenker"-Preis (QUH) aus.

✅ **Querdenker-Quellen entdecken**
- ✅ Nutzen Sie externe Kontakte, um von anderen Branchen zu lernen.
- ✅ Fragen Sie Ihre neuen Mitarbeiter „Was würden Sie anders machen?"
- ✅ Nutzen Sie die Querdenker-Quellen im Unternehmen.
- ✅ Bilden Sie Mitarbeiterteams mit unterschiedlichen Charakteren.

- ✅ **Das Wort „Aber" gibt es nicht**
  - ✅ Jede Idee ist erlaubt.
  - ✅ Die Bewertung erfolgt später durch das Team selbst.

- ✅ **Moderator nutzen**
  - ✅ Ein externer Moderator ist neutraler und unvoreingenommen.
  - ✅ Er kann den Prozess lenken und bewerten.

Aufgaben- und Fragenkatalog

Einige Aufgaben und Fragen unterstützen den Prozess. Sie helfen, ihn in die richtige Richtung zu lenken. Die nachfolgenden Fragen sind in fünf Blöcke unterteilt und sollen Ihnen und den Teams zu erkennen helfen, was Querdenken bedeutet und will. Es soll aber auch zeigen, dass Querdenken nicht ohne Vorbereitung funktioniert und dass es nicht um einfach ins „Blaue" philosophieren geht, sondern um einen strukturierten Prozess.

Die fünf Blöcke lauten:

1. Vision und Strategie

2. Spielfeld und Markt

3. Marktteilnehmer

4. Marktreaktionen

5. Umsetzungsplan

Vision und Strategie:

- ▶ Was möchten Sie konkret erreichen?
- ▶ Was ist das Kernproblem?
- ▶ Wie soll es gelöst werden?
- ▶ Was ist dafür zu tun?
- ▶ Beschreiben Sie Ihre Vision.
- ▶ Woher kommt die Begeisterung für die Vision, warum haben Sie die Vision?
- ▶ Welche alternativen Spielzüge gibt es?
- ▶ Wie sind die Erfolgsaussichten der einzelnen Möglichkeiten?

- ▶ Welche Kooperationen sind notwendig?
- ▶ Passt alles in die aktuelle Unternehmensstrategie und -philosophie?
- ▶ Welche Unternehmenseinheiten sind betroffen?

Spielfeld und Markt:

Die Märkte, auf denen das Unternehmen tätig ist bzw. in die es einsteigen möchte, sollten genau ausgesucht und beschrieben werden. Um die Regeln in einem Markt zu ändern, muss man sie vorher kennen und verstehen.

- ▶ Wie sind die Regeln und Gesetze in dem ausgewählten Markt?
- ▶ Sind die Regeln historisch, logisch, rational oder wie sind sie entstanden?
- ▶ Welche gesetzlichen und kulturellen Rahmenbedingungen gibt es?
- ▶ Gibt es technische Rahmenbedingungen, die wichtig oder begrenzend sind?
- ▶ Gibt es viele Regeln im Markt, die eher hemmend wirken?
- ▶ Gibt es in Ihrem Unternehmen einen Code of Conduct, der Ihnen den Eintritt in den Markt verbietet?
- ▶ Gibt es bestimmte Voraussetzungen zum „Mitspielen"?
- ▶ Wo geht die politische Reise hin, wem gegenüber sind die Medien positiv und wem gegenüber sind sie negativ eingestellt?
- ▶ Was daraus kann man selbst nutzen?
- ▶ Wie setzt sich der Markt zusammen und welche Historie hat er?
- ▶ Welche Dynamik herrscht im Markt?
- ▶ Welche Wachstumspotenziale hat dieser Markt? Welche Potenziale bieten die Nachbarmärkte hinsichtlich Anzahl der Kunden, der Produkte und der Margen?
- ▶ In welchem Umfang sind Investitionen in den Markt notwendig?
- ▶ Wie sind die Chancen, wie die Risiken für das eingesetzte Kapital?
- ▶ Soll der gesamte Markt oder nur ein Teilmarkt bedient werden? Auch die Betrachtung des Zeitfaktors ist dabei wichtig.
- ▶ Ist der neue Markt für das Unternehmen völlig neu oder nur in einzelnen Facetten?
- ▶ Handelt es sich um einen schon existenten oder noch zu bildenden Markt?
- ▶ Handelt es sich um einen alten oder eher jungen Markt?
- ▶ In welchem Lebenszyklus befindet sich der Markt aktuell und wann ist zeitlich gesehen der richtige Starttermin? Was brauche ich dazu?

- Welchen Status haben die einzelnen Produkte im Lebenszyklus erreicht? Die eigenen und die der Anderen.
- Wie passen sich die eigenen Kernkompetenzen in den Markt ein?
- Müssen unter Umständen neue Kompetenzen erworben werden?
- Sind die eigenen Mitarbeiter in der Lage den Markt aktiv zu beeinflussen?
- Welche anderen Märkte werden tangiert?
- Welche Produkte werden dort angeboten und welche Kunden gibt es dort?
- Kann sich der Verbraucher im neuen Markt zurechtfinden oder braucht er dabei Hilfe?
- Wie verteilen sich die Marktanteile auf die einzelnen Marktteilnehmer?
- Wie sollen die Regeln des Marktes verändert werden?
- Soll das Verbraucherverhalten geändert werden?
- Müssen die Stärken der Wettbewerber in Schwächen umgewandelt werden?
- Müssen die Wertmaßstäbe der Kunden geändert werden?
- Welche Auswirkungen hat das auf den Markt und die Nebenmärkte?
- Wie werden die Marktteilnehmer reagieren?

Marktteilnehmer:

Die Marktteilnehmer der definierten Märkte müssen analysiert werden.

Für die Zukunft und die Ausrichtung ist es wichtig, zu ergründen, wer ein möglicher Verbündeter im Markt sein könnte. Dafür muss man wissen, wie stabil die Beziehungen im Markt sind.

- Welche Marktteilnehmer gibt es?
- Welche Rollenverteilung gibt es im Markt?
- Die Ziele der Marktteilnehmer müssen bekannt sein und zwar in Richtung Kunde, Unternehmen und Mitarbeiter. Gemeint sind die Förderung der Mitarbeiter, die Fluktuation und ein geplanter Abbau oder Aufbau der Belegschaft.
- Wer ist der Spielmacher im ausgewählten Markt? Wie spielt er sein Spiel?
- Ist er offensiv oder defensiv eingestellt? Ist er aktiv oder passiv?
- Spielen die Marktteilnehmer nach den gleichen Regeln?
- Ist die Fluktuation der Marktteilnehmer hoch oder eher gering?
- Wie lauten die Ziele der Wettbewerber?

- ▶ Welche Kernkompetenzen haben die Wettbewerber?
- ▶ Wie ist deren Ergebnissituation?
- ▶ Wer hat wo Unternehmen zugekauft?
- ▶ Wie sind die kulturellen Hintergründe von Spielern und Unternehmen?
- ▶ Welche Zusammenhänge gibt es bei den Wettbewerbern untereinander?
- ▶ Notwendig ist auch, sich damit auseinanderzusetzen, wer sonst noch auf diesen Markt eintreten könnte. Mit welchen Kompetenzen würden diese Teilnehmer in den Markt eintreten?
- ▶ Wer hat welche Produkte in den letzten Monaten oder Jahren auf den Markt gebracht?
- ▶ Welche gesellschaftsrechtlichen Strukturen haben sie?
- ▶ Auch das Wissen über die Shareholder der Marktteilnehmer sollte erweitert werden. Wer sind sie und welche Ziele haben sie?
- ▶ Welchen Hintergrund haben sie? Sie erfahren etwas über eine mögliche zukünftige Ausrichtung und über vorhandene Kernkompetenzen, die später einmal wichtig sein können.

Marktreaktionen:

- ▶ Was passiert in dem Markt, wenn ein Teilnehmer die Regeln bricht?
- ▶ Welches Verhalten im Markt wird belohnt? Welches wird bestraft?
- ▶ Wie werden die Mitspieler im Markt von der Kundenseite und vom Wettbewerb wahrgenommen? Versuchen Sie sich auf den Stuhl des Anderen zu setzen, um ihn zu verstehen. Das klappt erstaunlich gut. Nehmen Sie verschiedene Perspektiven ein. Sie müssen den Mitspieler verstehen lernen und die Abhängigkeiten im Markt verstehen. Es gibt viele Abhängigkeiten für ein Unternehmen in einem Markt: Kunden, Mitarbeiter, Shareholder, Wettbewerber, potenzielle Wettbewerber, Politik, Gesellschaft, Medien und Lieferanten. Alle nehmen direkt oder indirekt Einfluss auf das Spiel.
- ▶ Was müsste ein Wettbewerber tun, um Sie und Ihr Unternehmen im Kern zu treffen?
- ▶ Welche Produkte müsste er einführen, um ihr Unternehmen im Markt zu eliminieren? Wenn Wettbewerber A Wettbewerber B kauft, welche Auswirkungen hätte das bei Ihnen?
- ▶ Was müssten Sie tun, um Gleiches bei ihm zu bewirken?

Umsetzungsplan:

- ▶ Welche Alternative wurde gewählt?
- ▶ Welche Mittel müssen zur Zielerreichung eingesetzt werden?
  - ▶ Definition der Einzelschritte.
  - ▶ Auswahl und Besetzung der Teams.
  - ▶ Zeitplan erstellen.
  - ▶ Point of no Return definieren.
  - ▶ Mitspieler und Verbündete auswählen und für die Idee gewinnen.
  - ▶ Permanente Abweichungsanalyse.

Querdenker-„Sprüche"

„Wenn Sie immer das tun, was sie bisher getan haben, werden Sie auch immer das bekommen, was Sie bisher bekommen haben."

(Henry Ford, Gründer Ford Motor Company)

„Wer immer tut, was er schon kann, bleibt immer das, was er schon ist."

(Henry Ford, Gründer Ford Motor Company)

„Die Probleme, die es in der Welt gibt, sind nicht mit der gleichen Denkweise zu lösen, die sie erzeugt hat."

(Albert Einstein, Nobelpreisträger für Physik)

„Es gibt nur einen Weg, um Fehler zu vermeiden. Keine Ideen mehr zu haben."

(Albert Einstein, Nobelpreisträger für Physik)

„Sieger zweifeln nicht. Zweifler siegen nicht!"

(Unbekannt)

„Nicht der Markt soll uns lenken, sondern wir den Markt."

(Gerd-Inno Spindler, Querdenker)

„Wir schaffen uns unser eigenes Monopol."

(Gerd-Inno Spindler, Querdenker)

„Traue keinem Fachmann der sagt, das mache er seit 20 Jahren so, es könnte sein, dass er es seit 20 Jahren falsch macht."

(Kurt Tucholsky, deutscher Schriftsteller)

„Aus heiligen Kühen, die man schlachtet, kann man die leckersten Steaks machen."

(Unbekannt)

„Denken Sie Revolution, nicht Evolution."

(Richard Sullivan, Home Depot)

„Du siehst Dinge und fragst: Warum? Ich aber sehe Dinge und frage: Warum nicht?"

(Georg Bernard Shaw, irischer Schriftsteller)

„Man entdeckt keine neuen Erdteile, ohne den Mut zu haben, die alten Küsten aus den Augen zu verlieren."

(André Gide, französischer Schriftsteller)

„Wo kämen wir hin, wenn alle sagten, wo kämen wir hin und niemand ginge, um zu sehen, wohin man käme, wenn man ginge."

(Kurt Marti, Schweizer Pfarrer und Schriftsteller)

„Wer nichts wagt, der darf auch nicht hoffen."

(Friedrich Schiller, deutscher Dichter)

„Wenn ein Drache steigen will, muss er gegen den Wind fliegen."

(Chinesisches Sprichwort)

„If everything seems under control, you are just not going fast enough."

(Mario Andretti, amerikanischer Rennfahrer)

„Es ist unmöglich, Staub aufzuwirbeln, ohne dass einige Leute husten."

(Erwin Piscator, deutscher Theaterintendant)

„Es ist nicht gesagt, dass es besser wird, wenn es anders wird. Wenn es aber besser werden soll, muss es anders werden."

(Georg Christoph Lichtenberg, deutscher Schriftsteller)

„Nicht, weil es schwer ist, wagen wir es nicht. Sondern, weil wir es nicht wagen, ist es schwer."

(Seneca, römischer Philosoph)

„Hinter jedem bedeutenden Fortschritt steckt eine neue Sicht auf ein Problem."

(Unbekannt)

„Lass Deine Zukunft nicht durch Deine Vergangenheit bestimmen, aber lass Dir Deine Vergangenheit ein Ratgeber sein für die Zukunft."

(Indische Weisheit)

„Damit das Mögliche entsteht, muss das Unmögliche versucht werden."

(Hermann Hesse, deutsch-schweizerischer Dichter)

„Wer etwas haben möchte, was er noch nie hatte, der wird wohl etwas tun müssen, was er noch nie tat."

(Unbekannt)

„Die einzige Begrenzung, das Morgen zu verwirklichen, werden unsere Zweifel von heute sein."

(Franklin D. Roosevelt, amerikanischer Präsident)

„Je genauer Du planst, desto härter trifft Dich der Zufall."

(Unbekannt)

„Irrlehren der Wissenschaft brauchen fünfzig Jahre, bis sie durch neue Erkenntnisse abgelöst werden, weil nicht nur die alten Professoren, sondern auch deren Schüler aussterben müssen."

(Max Planck, deutscher Physiker)

„Alt ist man dann, wenn man an der Vergangenheit mehr Freude hat als an der Zukunft."

(John Knittel, Schweizer Schriftsteller)

„Das Merkwürdige an der Zukunft ist die Vorstellung, dass man unsere Zeit einmal „die gute alte Zeit" nennen wird."

(Ernest Hemingway, amerikanischer Schriftsteller)

„Der eine wartet, dass die Zeit sich wandelt, der andere packt sie kräftig an und handelt."

(Dante Aligheri, italienischer Dichter)

„Alles, was ein Mensch sich vorstellen kann, werden andere Menschen verwirklichen."

(Jules Verne, französischer Schriftsteller)

„Wenn es stürmt, bauen Dummköpfe Mauern, Kluge bauen Windmühlen."

(Niederländisches Sprichwort)

„In Zukunft wird sich die Utopie beeilen müssen, wenn sie die Realität einholen will."

(Wernher von Braun, deutscher Raketeningenieur)

„Vergeuden Sie nicht Ihre Zeit damit, das Leben eines Anderen zu leben."

(Steve Jobs, Mitbegründer von Apple)

„Geh nicht nur die glatten Straßen. Geh Wege, die noch niemand ging, damit Du Spuren hinterlässt und nicht nur Staub."

(Antoine de Saint-Exupéry, französischer Schriftsteller)

„Lernen ist wie rudern gegen den Strom; sobald man aufhört, treibt man zurück."

(Benjamin Britten, englischer Komponist)

„Vielleicht ist es die falsche Art zu denken –aber es ist die richtige Strategie, um zu gewinnen."

(Paul Arden, Creative Director für Saatchi und Saatchi)

„Wenn eine Idee nicht zuerst absurd erscheint, taugt sie nichts."

(Albert Einstein, Nobelpreisträger für Physik)

„Wer nur den eigenen Fußspuren folgt, läuft immer nur im Kreis herum."

(Gerd-Inno Spindler, Querdenker)

5. Forschungsprojekt Querdenken: Wie Unternehmen denken

Das Thema Querdenken ist so aktuell, spannend und interessant, dass sich Prof. Dr. Jens Böcker von der Hochschule Bonn-Rhein-Sieg nach unseren ersten Gesprächen dazu entschlossen hat, eine Projektarbeit für seine Studenten zu diesem Thema zu vergeben. Prof. Dr. Böcker ist Professor im Fachbereich Wirtschaftswissenschaften für BWL mit dem Schwerpunkt Marketing. Das „Forschungsprojekt Querdenken" wurde von einer Gruppe Studenten um Manuel Hammes als Projektleiter im Sommersemester 2010 bei Prof. Dr. Böcker durchgeführt.[3]

Die Arbeit am Projekt und die Ergebnisse sind zeitnah und zeigen einen interessanten Querschnitt der Meinungen zum Thema, auch wenn es sich nicht um eine repräsentative Studie handelt. Aus diesem Grunde werden im Folgenden die Projektarbeit und die Ergebnisse an dieser Stelle vorgestellt.

Zielsetzung und Stichprobe

Im ersten Treffen mit der Projektgruppe an der Hochschule in St. Augustin habe ich von meiner Querdenker-Erfahrung berichtet, und wir haben intensiv über das Thema diskutiert. Das junge Team hat das Thema mit Begeisterung aufgenommen und mit Engagement weiter getrieben.

Die Zielsetzung der Projektarbeit war, einen Eindruck vom Status rund um das Thema Querdenken in Unternehmen zu bekommen und Anknüpfungspunkte für die Weiterentwicklung des Themas zu finden.

---

3   Teilnehmer: Lisa Maar, Christoph Fritzen, Benjamin Meier, Peter Stefan, Jan Winterhoff, Manuel Hammes.

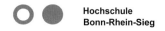
Um das Querdenken in Unternehmen fassbar zu machen, sollten folgende Themenbereiche untersucht werden.

1. **Identifikation des Bekanntheitsgrades des Querdenkens**
   - Kennen Unternehmen diesen Begriff?
   - Was verstehen sie darunter?

2. **Herausstellung des Stellenwertes von Querdenken in Unternehmen**
   - Wie wichtig ist Unternehmen Querdenken?
   - Warum ist es ihnen wichtig/unwichtig?

3. **Untersuchung des Umganges mit dem Thema Querdenken**
   - Wie kommt es zum Querdenken?

4. **Untersuchung der Art und Weise der Förderung des Querdenkens in Unternehmen**
   - Werden Mitarbeiter belohnt?
   - Wenn ja, wie?
   - Werden Trainings angeboten?

5. **Identifikation der Zukunftsaussichten im Bezug auf das Querdenken**
   - Wie kann Querdenken in der Zukunft aussehen?
   - Wird sich damit stärker beschäftigt?

Quelle: Hochschule Bonn-Rhein-Sieg

Abbildung 20: Projektteam: Zielsetzung

Zuerst hat das Projektteam die zu befragenden Unternehmen identifiziert und den Fragebogen entworfen. Der Fragebogen bestand aus 16 Fragen, die in folgende Blöcke untergliedert waren:

▶ Definition und Abgrenzung

▶ Stellenwert im Unternehmen/Grenzen des Querdenkens

▶ Umsetzung

▶ Perspektiven und Zukunftsaussichten

Dazu wurde ein Anschreiben entworfen, das einen Einstieg für die Interviews und den Hintergrund dazu wiedergibt. Am Beispiel von Red Bull wurde verdeutlicht, was mit Querdenken gemeint ist.

Insgesamt wurden 24 Unternehmen aus dem B2B- und B2C-Bereich in unterschiedlichen Umsatz- und Mitarbeitergrößenklassen interviewt. Die Interviews wurden mit dem mittleren und höheren Management durchgeführt.

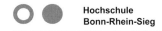
Die Fragestellung „Umgang mit dem Thema Querdenken in Unternehmen" wurde mit Hilfe eines Fragebogens beantwortet.

- Über vier Wochen wurden branchenübergreifend Interviews mit Unternehmen unterschiedlicher Größe geführt.
- Die Befragung wurde mit Managern aus dem mittleren (Abteilungs- und Bereichsleiter) und höheren (Niederlassungsleiter, Geschäftsführer) Management durchgeführt.
- Insgesamt nahmen 24 Unternehmen am Forschungsprojekt Querdenken teil:

Bereich / Umsatz (in Mio €)	B-to-B	B-to-C	B-to-B & B-to-C	Summe
0 bis 2.000	6	5	3	14
2.000 bis 20.000	3	1	3	7
20.000 bis > 50.000	0	3	0	3
Summe	9	9	6	24

Quelle: Hochschule Bonn-Rhein-Sieg

Abbildung 21: Projektteam: befragte Unternehmen

Die Ergebnisse

Rund 90 Prozent der befragten Unternehmen halten es für wichtig, Spielregeln im Markt zu brechen, um erfolgreicher zu sein. Diese Ziele und Gründe nennen die Befragten dafür:

▶ Alleinstellungsmerkmale erreichen

▶ Die Kundenzufriedenheit steigern

▶ Unberechenbarer für den Wettbewerb sein

▶ Wegen der übermächtigen Konkurrenz

▶ Die Möglichkeit zu überproportionalem Wachstum nutzen

Knapp 80 Prozent der Befragten sagen, dass sie sich schon aktiv mit dem Thema beschäftigt haben. Ein Ergebnis, das den hohen und aktuellen Stellenwert von Querdenken eindrucksvoll bestätigt. Nahezu alle Befragten sehen die Notwendigkeit anders zu sein als die Konkurrenz, um sich von ihr zu differenzieren.

Die Ergebnisse zeigen auch, dass Querdenken unabhängig von der Unternehmensgröße oder seiner Stellung im Markt ist. Allerdings wird der Begriff Querdenken sehr unterschiedlich interpretiert und das Potenzial, das Querdenken bietet, wird nur teilweise genutzt. Dies zeigen die Antworten auf die Frage, wie der Begriff Querdenken definiert wird.

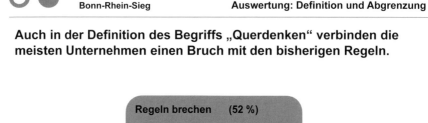

Auch in der Definition des Begriffs „Querdenken" verbinden die meisten Unternehmen einen Bruch mit den bisherigen Regeln.

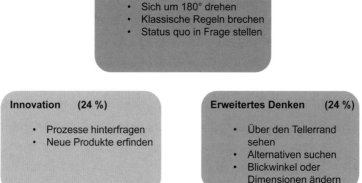

Quelle: Hochschule Bonn-Rhein-Sieg

Abbildung 22: Projektteam: inhaltliches Verständnis

Die organisatorische Einordnung erweist sich bei einigen Unternehmen als schwierig. Meistens wird Querdenken im Marketing verankert, auch die Bereiche Business Development oder ein Competence Center werden genannt. Bei fast 60 Prozent der befragten Unternehmen werden externe Berater zur Unterstützung in das Unternehmen geholt, um die Risiken zu minimieren und um den Prozess im Unternehmen zu belassen.

Rund 65 Prozent sehen auch Grenzen für das Querdenken. Die genannten Grenzen decken sich nahezu mit den Vorbehalten, die im Buch behandelt und widerlegt wurden. Hier ist noch viel Überzeugungsarbeit zu leisten. Dieses Buch soll dazu beitragen.

| Hochschule Bonn-Rhein-Sieg | Auswertung: Stellenwert und Grenzen |

Neben der Wichtigkeit des Querdenkens für die Unternehmen sehen rund 65 % der Befragten auch Grenzen.

Sehen Sie Grenzen für das Querdenken in Unternehmen?

nein 35%

ja 65%

Grenzen:
- man muss authentisch bleiben
- nicht gegen Unternehmenskultur verstoßen
- es ist nur in beweglichen Märkten möglich
- politische Faktoren/Grenzen
- zu viel Querdenken führt zu Chaos
- Regeln und Gesetze sind notwendig

Quelle: Hochschule Bonn-Rhein-Sieg

Abbildung 23: Projektteam: Grenzen

In den Unternehmen geht Querdenken fast ausschließlich von einzelnen Personen und Gruppenprozessen aus. Der Einzelne nutzt in ruhigen Momenten zu Hause oder im Auto die Gelegenheit. Oft wird Querdenken in Workshops oder in Brainstorming-Prozessen genutzt. Es zeigt sich, dass Querdenken in den Unternehmen erkannt und sehr hoch eingestuft wird, allein der bewusst aufgesetzte Prozess fehlt meistens mangels Wissen um die Umsetzung noch.

90 Prozent der Unternehmen erklären, dass bei ihnen Mitarbeiter Freiräume zur Entfaltung bekommen. Zusätzlich werden in den meisten Unternehmen erfolgreiche Ansätze der Mitarbeiter monetär honoriert. Daneben werden auch Aufstiegsmöglichkeiten im Unternehmen, Anerkennung, Sachwerte und die Umsetzung des Projektes als Belohnung eingesetzt.

Bei den Mitarbeitern ergibt sich ebenfalls ein sehr positives Bild. Mehr als die Hälfte der Mitarbeiter beurteilt Querdenken positiv.

Alle Befragten sehen große Potenziale im Querdenken für das eigene Unternehmen. Dies speziell in den Bereichen Marketing und Vertrieb. Aber auch in der strategischen Ausrichtung und im Innovationsmanagement werden weitere Potenziale gesehen.

Hochschule Bonn-Rhein-Sieg   **Auswertung: Perspektive/ Zukunftsaussichten**

Alle Befragten sehen Potenziale im Querdenken für das eigene Unternehmen. Besonders in den Bereichen Marketing und Vertrieb.

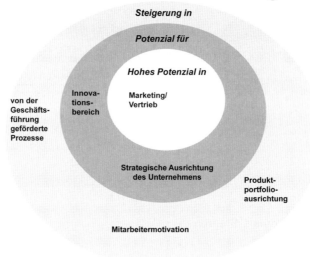

Quelle: Hochschule Bonn-Rhein-Sieg

Abbildung 24: Projektteam: Einsatzbereiche

Ein sehr positives Feedback gab es auf die Frage, ob die Unternehmen sich vorstellen können, Querdenken im Unternehmen zu institutionalisieren. 70 Prozent bejahen diese Frage und sehen die Ansatzpunkte im Bereich von Stabsstellen und der Verankerung in bestimmten Abteilungen.

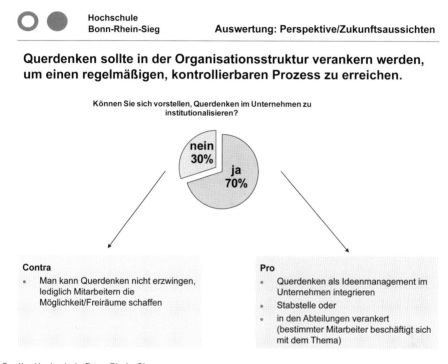

Quelle: Hochschule Bonn-Rhein-Sieg

Abbildung 25: Projektteam: Organisation

Fazit

Alle Befragte sehen Potenziale im Thema Querdenken für die Zukunft. Über die Nutzung gibt es allerdings nur vage Vorstellungen. Die Einbindung in das Unternehmen wird unterstützt, aber konkrete Pläne gibt es noch nicht. Hierbei tritt die übergreifende Gruppenbildung mit der Möglichkeit der Umsetzung in den Vordergrund. Die Alternative wäre, den Prozess parallel zum Tagesgeschäft laufen zu lassen und die entsprechenden Freiräume zu schaffen.

Zusammenfassend ist festzuhalten:

▶ Der Begriff des Querdenkens ist bekannt, korreliert aber häufig mit dem Begriff „Innovation".

▶ Gerade bei der Positionierung im Wettbewerb nimmt Querdenken eine wichtige Rolle ein.

▶ Grenzen und Gefahren müssen bedacht und Bedenken bei den Mitarbeitern ausgeräumt werden, da sie die treibende Kraft beim Querdenken sind. Sie brauchen Freiräume und Förderung, um sich kreativ zu entfalten.

▶ Der Anreiz für die Mitarbeiter muss nicht unbedingt monetär sein. Querdenken steigert die Identifikation mit dem Unternehmen und die Mitarbeiterzufriedenheit.

▶ Querdenken sollte in Form von sich regelmäßig treffenden – über die gesamte Wertschöpfungskette verteilten – Projektteams in der Organisation verankert werden. Outsourcing ist eine Möglichkeit. Hier eröffnen sich Potenziale für Beratungsunternehmen.

▶ Querdenken bietet die Möglichkeit, bestehende Ressourcen zu nutzen, um komparative Konkurrenzvorteile zu schaffen.

▶ Insgesamt sind die Potenziale, die Querdenken bietet, noch nicht annähernd genutzt und sollten abgeschöpft werden.

Die Ergebnisse der Projektarbeit sind aufgrund ihrer Aktualität und der einzelnen Details eine deutliche Bestätigung für den Einsatz von „Querdenken und Spielregeln ändern" in Unternehmen.

6. Querdenker-Beispiele: Spielregeln erfolgreich geändert

An dieser Stelle werden einige prägnante Beispiele für erfolgreiche Querdenker und geänderte Spielregeln beschrieben. Es sind Beispiele aus unterschiedlichen Branchen und aus verschiedenen Motivationen heraus. Einige der Erfolgsgeschichten werden Sie kennen, haben sie aber vielleicht noch nicht unter diesem speziellen Blickwinkel betrachtet. Für jedes Beispiel ist eine Übersicht der Regeländerungen angefügt.

Die Beispiele sind nach diesen Kategorien aufgebaut:

▶ **Neue Marktsegmente oder Märkte gründen**

  Ryanair, Red Bull, Cirque du Soleil, Darbo

▶ **Neue Nachfrage für bestehende Produkte generieren**

  Jägermeister, Spreewaldhof Gurken, Recaro

▶ **Neue Wettbewerbssituation schaffen**

  Starbucks, Vapiano, IKEA

▶ **Hindernisse im Markt eliminieren**

  Dick Fosbury, RTL, aws Wärme Service, CureWell

▶ **Existente Märkte neu beleben**

  Nespresso, FedEx, Swatch

Die Beispiele demonstrieren anschaulich, was Querdenken und Spielregeln ändern bewirken können. Es ist ein großer Unterschied zwischen der Umsetzung einer Idee und der Neuordnung eines Marktes bzw. der Schaffung eines neuen Marktes. Die dargestellten Unternehmen sind den Weg des Querdenkens konsequent gegangen und haben Regeln eindrucksvoll geändert.

Neue Marktsegmente oder Märkte gründen

Ryanair

Ryanair ist ein plakatives Beispiel für radikales Querdenken und nachhaltiges Ändern der Spielregeln in einem Markt, der als schwierig und verteilt galt. Michael O′Leary von Ryanair zeigt, wie ein Spielmacher eine neue Kategorie in einem bestehenden Markt aufbauen kann.

In der Luftfahrtbranche waren die Regeln für alle Marktteilnehmer unverrückbar gültig und keiner hat es gewagt oder daran gedacht, etwas zu verändern.

Folgendes galt in der Luftfahrtbranche:

► Eine Fluggesellschaft muss von den großen Flughäfen der Welt aus fliegen.

► Geld kann man nur mit Langstreckenflügen verdienen.

► Ein Shuttle-Service kann nicht wirtschaftlich kalkuliert werden.

► Eine Airline benötigt für ihren Betrieb verschiedene Flugzeugtypen.

► Im Flugzeug braucht man verschiedene Buchungsklassen, um Geld zu verdienen.

► Eine Lounge am Flughafen ist notwendig.

► Das Einchecken erfolgt im Flughafen am eigenen Terminal.

► An Bord wird ein Catering benötigt.

Doch dann hat es ein Außenseiter gewagt, neue Spielregeln einzuführen, die den Markt revolutioniert haben.

Am Anfang stand Ryanair vor der Frage, wie es im Konzert der großen Airlines mitspielen könnte. Gibt es überhaupt eine Chance, ein profitables Unternehmen aufzubauen oder wird Rynair von den Großen erdrückt, wenn es nach deren Regeln spielt? Hätte es für Ryanair überhaupt Sinn gemacht, wie die anderen Airlines zu agieren und immer zweiter oder sogar dritter Sieger zu sein? Es hätten alle Voraussetzungen gefehlt, um sich ordentlich im Markt zu bewegen. Tatsächlich hat Ryanair zunächst versucht, mit günstigen Preisen in einem Markt, der nach anderen Regeln spielt, teilzunehmen. Es war aber so nicht möglich, wirtschaftlich zu überleben. Ein solches Spiel war nicht zu gewinnen. Ryanair musste einen anderen Weg gehen. Sie waren überzeugt, das Verbraucherverhalten ändern zu können und sahen einen riesigen Markt für günstige Flüge. Um dies wirtschaftlich zu realisieren, mussten neue Regeln her. Mit einer völlig neuen

Kategorie der „Billigflieger" allerdings, auf das man sich in allen Strukturen einstellen konnte, war es möglich erfolgreich zu arbeiten. Die Frage sei erlaubt, ob es die beschriebenen Branchengesetze überhaupt gegeben hat, oder ob sie vielmehr von den Großen im Spiel gewünscht und gepflegt wurden?

Nun folgen die Regeln, nach denen Ryanair im Markt agierte. Vergleichen Sie selbst, was alles passiert ist und welche neuen Regeln aufgestellt wurden:

▶ Ryanair fliegt von und zu Provinzflughäfen. Der Kunde organisiert den Weitertransfer in die großen Städte auf eigene Kosten.

▶ Ryanair bietet nur Shuttle-Flüge an, oft mit einer Flugzeit von bis zu drei Stunden.

▶ Auf verschiedene Flugzeugtypen wird verzichtet, man ordert nur einen Typ; den aber in größeren Stückzahlen, mit höheren Rabatten der Hersteller. Die Wartung wird dadurch vereinfacht, man denke nur an das Personal, die Schulung und die Ersatzteile.

▶ Bei Ryanair gibt es im Flugzeug nur eine Buchungsklasse. Alles ist gleich und wer zuerst kommt, kann sich seinen Platz aussuchen. Allerdings kann man via Internet auch einen kostenpflichtigen Priority Check In buchen und darf dann etwas früher einsteigen.

▶ Auf eine Lounge im Flughafen wird verzichtet.

▶ Das Einchecken erfolgt im Internet oder per Telefon-Hotline.

▶ Wer an Bord etwas zu trinken oder zu essen wünscht, muss dies bezahlen.

Interessant fand ich die Begründung für den Verzicht auf die kostenlosen Erdnüsse, die bei den anderen Airlines Kult sind. Nicht die Kosten für die Erdnüsse werden von Ryanair vermieden, sondern die aufwändige Reinigung nach dem Verzehr der Nüsse. Wer an die vielen im Flugzeug verstreuten Erdnüsse nach der Landung denkt, versteht warum.

Ryanair hat auch in weiteren Bereichen Neues eingeführt, die das eigene Konzept stützen. So werden Werbeflächen im Flugzeug vermietet und die Passagiere hören sich während ihrer Reise in den Urlaub Hörfunk-Spots von Gewinnspielen an. In überregionalen Tageszeitungen findet man Preise für Flugtickets, die vorher unvorstellbar waren. Wir können nun für ein paar Euro nach London, Pisa oder Wien fliegen. Oft kosten die Tickets nur einen Euro, vielleicht irgendwann einmal gar nichts mehr. Temporär ist dies ja schon ab und zu der Fall. Ryanair verdient sein Geld nicht nur mit dem Fliegen, sondern mit den vielen Zusatzangeboten, die der Passagier während des Fluges „erleben" darf.

Ryanair ist als Spielmacher aufgetreten und schafft ein Segment mit eigenen Regeln indem erst einmal alle bisherigen Regeln und Branchenusancen in Frage gestellt wurden. Damit befand sich Ryanair auf der sogenannten „grünen Wiese" wieder und konnte neu und unbelastet von dem „Alten" ein neues Spiel beginnen, ein neues Marktsegment schaffen. Ryanair war bereit, einen solchen Schritt zu gehen und fand dies offensichtlich intelligenter als nach fremden Regeln zu spielen. Ryanair hat sein Spiel da begonnen, wo die Etablierten aufgehört haben zu denken oder nicht denken wollten.

Das Verbraucherverhalten hat sich mit den neuen Regeln der „Billigflieger" geändert und gibt uns neue Möglichkeiten, an die wir früher nur im Traum denken konnten. Fliegen zum Taxipreis. Damit wird ein kurzer Städtetrip oder ein Urlaub auch für Menschen möglich, denen dies vorher aufgrund der Kosten nicht möglich war. Wer hätte vor zwanzig Jahren daran gedacht, für ein Wochenende nach Pisa zu fliegen, um dort für einen oder zwei Tage die Sonne zu genießen, durch die Stadt zu bummeln oder auch nur eine Pizza zu essen. Die Folgen sind nicht nur für die Airlines und die Kunden zu spüren, sondern auch bei vielen Flughäfen, die nicht zu den Metropolen gehören. Ryanair hat die Spielregeln in der Branche geändert und neue Marktgesetze geschaffen. Das Segment der „Billigflieger" hat es vorher nicht gegeben, heute ist der Markt ohne sie nicht mehr vorstellbar. Auch die etablierten Airlines sind gezwungen, den Regeländerungen von Ryanair zu folgen und bieten günstigere Flüge an, denn das Segment wächst schnell und nimmt den anderen Airlines Geschäft weg.

Ryanair lebt dieses neue Segment nach innen und außen sehr konsequent. Wenn Ryanair nun darüber nachdenkt, sogar die Toilettenbenutzung kostenpflichtig zu machen, kann man darüber sicher trefflich diskutieren. Laut O'Leary wird mit Boeing darüber gesprochen, wie entsprechende Apparaturen an den WC-Türen angebracht werden können. Dahinter steckt die Überlegung, die Kunden dazu zu bewegen vor dem Flug im Flughafengebäude die Toiletten zu benutzen. Das Aufstehen und durch die Gänge Gehen störe die anderen Passagiere. Dahinter steht sicher auch die Berechnung, wie viele Sitzreihen man durch das Weglassen der Toiletten noch in das Flugzeug montieren kann. Ähnlich wie beim Gepäck kostet alles, was für Ryanair keinen Vorteil bringt oder sogar das Passagiervolumen im Flugzeug negativ beeinträchtigt, Geld. Passagiere nur mit Handgepäck, ohne Zeitverlust am Flughafen mit möglichst vielen Gästen fliegen, ermöglicht erst die Billigstrategie.

Ob Ryanair und die anderen Marktteilnehmer an diesem Billigsegment weiterhin erfolgreich sein werden, müssen sie beweisen und sind damit herausgefordert, schon heute die nächsten Schritte zu planen und weiter querzudenken.

Ryanair beschäftigt sich damit, von der bisherigen Strategie abzuweichen und prüft für die Zukunft abseits der Niedrigpreise, mehr auf Service und Kundenorientierung zu setzen und auch zentraler gelegene Flughäfen anzufliegen. Eine völlige Kehrtwendung wie es scheint.

Auch, wenn damit eine Orientierung an Gesellschaften wie Air Berlin oder Easyjet erfolgt, wäre ein solcher Strategiewechsel aus der heutigen Ryanair Philosophie heraus betrachtet, wieder ein Querdenken. Grund der Überlegungen ist die Annahme, dass durch gesetzliche Regelungen die Flugpreise steigen und damit die Grundlage für Tickets zum Taxipreis nicht mehr gegeben sein wird. Auch das gehört zum Querdenken und einer weitsichtigen Zukunftsplanung. Allerdings kann man davon ausgehen, dass ein Unternehmen wie Ryanair immer für eine Überraschung gut ist und auch in einem kundenorientierteren Umfeld mit anderen Ideen aufwarten wird. Es wird sich zeigen, ob Querdenken und Spielregeln ändern nur vom Chef Michael O´Leary ausgeht oder diese Philosophie auch von anderen Führungskräften weitergetragen wird.

Beispiel: Ryanair

Neue Marktsegmente oder Märkte gründen

Die Regeln der Airline-Branche:

- Flüge nur von großen und teuren Airports der großen Städte
- Komplexe Streckenkombinationen sind notwendig
- Nur Langstreckenflüge verdienen Geld
- Flotte unterschiedlicher Flugzeugtypen
- Man braucht
  - Mehrere Klassen
  - Airport-Lounge
  - Eincheck-Terminals im Flughafen
  - Bordservice

Es geht auch anders:

- Flüge von günstigen Provinzflughäfen
- Von-Punkt-zu-Punkt-Flüge haben Priorität
- „Shuttle"-Betrieb für Kurzstrecke
- Nur ein Flugzeugtyp
- Man braucht
  - Nur eine Klasse
  - Keine Lounge
  - Einchecken per Internet/Call Center
  - Bordservice gegen Bezahlung

→ Alte Spielregeln über Bord werfen.

Abbildung 26: Ryanair

Red Bull

Red Bull ist ein Beispiel dafür, wie in einem bestehenden und von großen Marktteilnehmern besetzten Markt neue Kategorien bzw. neue Teilmärkte eröffnet werden können.

Die Geschichte von Red Bull beginnt im Jahr 1984. Auf einer seiner Reisen entdeckte Dietrich Mateschitz, Marketingmanager u. a. für Jacobs und Unilever, ein Getränk in kleinen braunen Flaschen, dessen Inhalt ihm dabei half, den Jetlag zu überwinden. Das Getränk hieß Krating Daeng, auf Deutsch „Roter Wasserbüffel". Auf einer Liste der größten Steuerzahler Japans hatte er ganz vorne den für ihn unbekannten Namen des Besitzers eines Aufputschmittels gesehen. Diese Liste hatte ihn inspiriert, sich mit dem Thema zu beschäftigen und so stieß er über einen thailändischen Geschäftspartner auf das Getränk. Dietrich Mateschitz war zu dieser Zeit ein gut verdienender Marketingmanager bei Blendax. Er war begeistert von der Wirkung des Getränks und sah auch in Europa ein großes Potenzial dafür. So beschloss er sich damit selbstständig zu machen. Er besorgte sich die Rezeptur des Roten Wasserbüffels, reicherte das Getränk mit Kohlensäure an und gründete mit einem Geschäftspartner sein eigenes Unternehmen. Mateschitz steckte sein gesamtes Vermögen in das Unternehmen und entwickelte ein Konzept für sein Produkt: angefangen beim Namen, über den Endverbraucherpreis bis zur Verpackung. Er nannte es Red Bull.

Wie es ein Marketingmann gewohnt ist, geht man mit einem neuen Produkt, bevor es in größeren Stückzahlen produziert wird, in eine Marktforschung, um zu erfahren, wie der Konsument auf das neue Produkt reagiert.

Das Ergebnis der Marktforschung war allerdings sehr ernüchternd. Die Teilnehmer der Studie wollten das Produkt nicht, es schmeckte nach flüssigen Gummibärchen, manchen sogar nach Hustensaft. Das Getränk war vielen einfach zu süß und sirupartig. Ein herber Rückschlag für Mateschitz, der so überzeugt von seinem Produkt und Konzept war. Alle, die das Testprodukt probierten, sagten, dass die Brause, die Limonade nicht schmeckte. Das Produkt Red Bull war in den Tests knallhart durchgefallen.

Red Bull war bei den Marktforschungstest in den Augen der Probanden gegen andere Limonaden von Coca-Cola und Pepsi positioniert. Für sie war es ein Getränk, es war süß und es sprudelte, also eindeutig eine Limonade. Die aufputschende Wirkung des Getränks Red Bull wurde von den Probanden nicht erkannt oder gewürdigt. Aber hat eine neue Limonade gegen die riesigen Konzerne von Coca-Cola und Pepsi überhaupt eine Chance? Ist eine Positionierung neben Cola, Fanta und den anderen Limonaden überhaupt gewollt? Im Spiel der Limonaden gelten natürlich spezielle Maßstäbe, primäres Kriterium ist der Geschmack, daneben auch der Preis. Dagegen haben „zerlaufene Gummibärchen" keine reelle Chance. Red Bull schmeckte nicht im Vergleich zu Cola und Fanta, die Wirkung zählte hier nicht. Diesen Markt als Mitspieler anzugreifen, hatte keinen Sinn, das Spiel wäre von vornherein verloren. Mateschitz hat dies erkannt, war aber immer noch überzeugt von seinem Produkt. Er stellte fest, dass offensichtlich die Positionierung und nicht das Produkt selbst, der Grund für den Misserfolg in den Tests war.

Mateschitz handelte wie ein Spielmacher und verließ die Rolle des Mitspielers. Er entschied sich ein neues Spiel, einen neuen Teilmarkt, zu eröffnen. Er wollte einen Markt, in dem er die Spielregeln aufstellt und der nach seinen Regeln funktioniert. Die neuen Regeln sollten natürlich, so sein Wunsch, Red Bull viel vorteilhafter aussehen lassen und die anderen Limonaden im Vergleich deutlich schlechter. Der Markt für „Energy Drinks" wurde geboren. In diesem Markt zählt nicht der Geschmack, hier zählt die Wirkung. Im Vergleich dazu sind die Limonaden nur Brause zum schnellen Durstlöschen. Ein Energy Drink muss Wirkung zeigen, und Wirkung muss nicht unbedingt gut schmecken, nein sogar andersrum, was unvorteilhafter schmeckt unterstützt die Wirkung. Im neuen Markt für Energy Drinks war Red Bull absolute Spitze. Die große Wirkung zeigt sich auch im höheren Preis, der eine im Branchenvergleich gigantische Marge ermöglicht. Die auffallende, völlig einzigartige kleine 250 Milliliter-Dose, Wirkung gibt es natürlich nur in kleineren Dosierungen, die neuartige und freche Werbung („Red Bull verleiht Flüüügel") gehören zum Konzept und unterstützen den Siegeszug des neuen Energy Drinks Red Bull. Der Werbeetat inklusive des Sportsponsorings von Red Bull liegt bei gigantischen 500 Millionen Euro, es wird sogar von bis zu einer Milliarde Euro inklusive der Events gesprochen. Der Werbeetat zählt damit zu den größten Werbeetats der Welt.

Red Bull hat den Markt der Energy Drinks geschaffen, um sein Produkt in den Augen der Konsumenten vorteilhafter dastehen zu lassen. Das hat, wenn auch mit etwas Verzögerung, hervorragend funktioniert. Ausgelöst durch die herbe Enttäuschung bei den Produkttests wurde eine neue Kategorie geschaffen. Selbst die großen Konzerne müssen sich nun im Spiel der Energy Drinks nach den neuen Regeln von Mateschitz richten. Tatsächlich versuchen die großen Getränkehersteller nun auf dem neuen Markt, Fuß zu fassen, eine Bestätigung für Mateschitz. Das Spiel als Mitspieler zu spielen, hätte er glanzlos verloren. Als

Spielmacher hat er alles gewonnen und reizt jetzt sogar Coca-Cola und Pepsi, indem er eine Red Bull Cola auf den Markt gebracht hat. Die anderen werden sehr wachsam sein und beobachten, was da noch alles aus Österreich kommt.

Mateschitz hat auf jeden Fall eine Menge Geld mit Red Bull verdient, fährt jetzt mit einem eigenen Rennstall in der Formel Eins, besitzt mit Red Bull Salzburg einen eigenen Fußballclub in Österreich, einen in den USA und mit RB Leipzig einen in Deutschland. Red Bull ist 2010 Doppelweltmeister in der Formel Eins geworden: Das beste Team in der Saison und der beste Fahrer mit Sebastian Vettel. Red Bull hat sich erfolgreich vom Szenegetränk in die breite Masse begeben und ist wie Coke und Pepsi zu einer Weltmarke geworden. Aber auch für Red Bull werden die Zeiten schwerer und man sieht sich plötzlich auch Umsatzrückgängen und sinkenden Margen ausgesetzt. Schwierige Märkte sind die USA, China und auch Russland. Mittlerweile soll es fast 140 Wettbewerbsprodukte geben; in einem Segment, dass es vorher nicht gab.

In der letzten Zeit begibt sich Red Bull auf neue Gebiete. Mateschitz kaufte einen TV-Sender in Salzburg und legte einen Handytarif auf. Die Überlegung dahinter ist, sich mittels dieser Medien das Interesse der Jugendlichen an den Red Bull Events zu sichern, umfassend darüber zu informieren und darüber den Absatz der Getränke zu forcieren. Mit zunehmender Zeit wird sich Mateschitz auch Gedanken über seine Nachfolge und die Sicherung seines Unternehmens machen müssen. Das wird spannend bleiben. Sind neue Mitarbeiter, die etwa aus großen Konzernen kommen, in der Lage, sich mit für Red Bull typischen unkonventionellen Methoden im Markt zu bewegen? Wird die Philosophie des Querdenkens auch von anderen in der Führung des Unternehmens weiter getragen? Das Know-how dazu ist mit Sicherheit vorhanden.

Beispiel: Red Bull

Neue Marktsegmente oder Märkte gründen

Warum eine neue Limonade gegen
Coca-Cola und Pepsi positionieren?

Besser ein eigenes
Spiel „Energy Drink" eröffnen

- Schmeckt schlechter
- Ist viel teurer
- Übermächtige Gegner im Markt
- Red Bull kann dieses Spiel nur
  verlieren

- Wirkung muss man schmecken
- Wirkung kostet Geld
- Kein Spaßgetränk
- Red Bull spielt nach eigenen Regeln

→ Einen neuen Markt mit eigenen Spielregeln erfinden.

Abbildung 27: Red Bull

Cirque du Soleil

Auch in der Unterhaltungsbranche lässt sich mit Querdenken eine neue Kategorie schaffen. Cirque du Soleil bestätigt dies eindrucksvoll.

Der Zirkus wurde Anfang des 18. Jahrhunderts von Philip Astley erfunden und war anfangs eine reine Pferdeschau. In den folgenden Jahren hat sich das Zirkusprogramm mit der Integration weiterer Tiernummern, Clowns und Artisten entwickelt und hatte in Deutschland seinen Namen in den Familien Busch und Krone. Die Differenzierung unter den Zirkusbetrieben bestand in der Optimierung der existenten Nummern im Programm und führte zu einer immer teurer werdenden Verpflichtung hochkarätiger und bekannter Artisten. Die Tiernummern wurden immer aufwändiger, obwohl gerade diese hohe Kosten durch Pflege, Futter und medizinische Betreuung verursachten. Das Zirkuszelt wurde zwar immer größer, aber das Publikum musste weiter relativ unbequem sitzen. Das eigene Orchester war ebenfalls nicht wegzudenken, verursachte jedoch hohe Kosten. Der Zirkus bekam ein Problem wirtschaftlich zu arbeiten und tingelte von Stadt zu Stadt.

In dieser Situation gründete 1983 Guy Laliberté, ein kanadischer Straßenkünstler, den Cirque du Soleil. Anfangs war das Projekt nur für die 450-Jahrfeier von Quebec als Straßenveranstaltung gedacht. Durch den großen Zuspruch angespornt blieb das Projekt nach dem Jubiläum bestehen.

Guy Laliberté wollte keinen Zirkus im herkömmlichen Sinn aufbauen, er wollte etwas völlig Neues. Ihm schwebte ein ganz anderes Erlebnis in einem anderen Rahmen für die Zuschauer vor. Er wollte die Zirkus- und Theaterwelt verbinden.

Er hat sich die alten Regeln der Zirkuswelt angeschaut und sie dann bewusst gebrochen, um eine neue Welt der Unterhaltung aufzubauen.

Das Cirque du Soleil Zelt hat keine unbequemen Holzbänke, sondern komfortable Sitze wie in einem Theater. Und genau dieses Publikum wollten sie in den Zirkus ihrer Vision holen. Das Programm steht unter einem bestimmten Motto und dieses zieht sich durch die gesamte Aufführung. Es entstanden Shows wie Alegria, Saltimbanco und verschiedene feste Programme in Las Vegas. Der traditionelle Zirkus dagegen war eine Aneinanderreihung isolierter Nummern, ohne roten Faden. Im Gegensatz zum Zirkus, bei dem die Tiernummern Pflicht waren, verzichtet Cirque du Soleil auf diesen aufwändigen und teuren Teil. Dafür werden künstlerische und artistische Neuheiten in das Programm integriert, bei denen die Ästhetik im Vordergrund steht. Die Clowns im Zirkus bieten Klamauk, im Cirque du Soleil bieten sie intelligenten Witz. Auch auf einen weiteren Pflichtteil im Zirkus wird im Cirque du Soleil verzichtet. Das Orchester wird durch eine aufwändige und flexible Tontechnik ersetzt, die mit einer perfekt darauf abgestimmten Lichttechnik ergänzt wird. Während das klassische Zirkusprogramm immer nur an einem Ort aufgeführt wurde, produzieren die Regisseure, die Autoren und Choreografen des Cirque du Soleil, Mehrfachshows, die zeitgleich von unterschiedlichen Teams an verschiedenen Veranstaltungsorten aufgeführt werden. Das spart erhebliche Kosten für ein Programm.

Der Zirkus wurde neu erfunden und im Gegensatz zu den Familienbetrieben des Zirkus ist Cirque du Soleil mittlerweile ein Unternehmen mit über viertausend Mitarbeitern und über 100 Millionen Zuschauern weltweit. Durch Regeländerungen und -brüche ist eine neue Kombination von Zirkus und Theater entstanden, wofür die Zuschauer auch höhere Eintrittspreise zu zahlen bereit sind.

Beispiel: Cirque du Soleil

Neue Marktsegmente oder Märkte gründen

Das galt bisher in der Zirkuswelt:	Es geht auch anders:
• Zelt mit einfacher Ausstattung	• Komfortales, schickes Zelt
• Programm aus isolierten Nummern	• Programm mit durchgehender Thematik
• Optimieren bestehender Nummern	• Einführung künstlerischer Akrobatik
• Clowns bieten Klamauk	• Clowns bieten intelektuellen Witz
• Tiernummern sind Pflicht	• Verzicht auf Tiernummern
• Auftritt an einem Ort	• Mehrfachproduktion
• Eigenes Orchester	• Hohe Qualität in Ton- u. Lichttechnik

→ Verbindung von Zirkus und Theater.

Abbildung 28: Cirque du Soleil

Darbo

Das Beispiel Darbo zeigt, wie ein Unternehmen erfolgreich seine Kernkompetenz nutzt und einen neuen Markt bereitet.

Die Konfitüren von Darbo aus Tirol sind sicher vielen bekannt. Schon 1879 legte Rudolf Darbo den Grundstein für das Unternehmen. Anfangs wurden hochwertige Sirupe und Honig abgefüllt, später wurde die Marmelade für die Gastronomie ein sicheres Standbein. In der dritten Generation der Familie Darbo wollte man aber deutlich mehr und erkannte den expansiven Vertriebskanal über den Lebensmittelhandel. Der hohe Qualitätsanspruch für die Darbo-Produkte wurde in der Marke „Darbo Naturrein" verdeutlicht. Im Markt für Konfitüre wurde Darbo zum Marktführer in Österreich und überraschte immer wieder mit neuen Produktideen: Fruchtsirup in hoher Qualität oder auch Fruchtikus, ein Fruchtsnack zum Löffeln.

Darbo ist auch in der folgenden Unternehmergeneration permanent auf der Suche nach Diversifikationsmöglichkeiten, bei denen die eigene Kernkompetenz eingesetzt werden kann. Die besteht in den Bereichen Frucht und Natur.

Der Teemarkt schien den Verantwortlichen geeignet, um ihn sich anzuschauen und mit der eigenen Philosophie und Kompetenz anzugehen. Allerdings wollte man nicht einfach ein weiterer Anbieter in diesem Markt werden, sondern ihm den eigenen Stempel aufdrücken. Die Analyse des Verbraucherverhaltens zeigte, dass es zwei große Themenbereiche gab, mit denen der Teetrinker sehr unzufrieden war. Fast 60 Prozent der Verbraucher bemängelten beim Teetrinken die zu hohe Temperatur des Getränkes, die aufgrund der Notwendigkeit des Ziehen-Lassens des Tees nicht zu ändern war. Ist das Teewasser nicht heiß genug, kann der Tee nicht richtig ziehen und sein Aroma entfalten. Ist er aber dafür heiß genug, kann man ihn nicht sofort trinken. Fast 40 Prozent der Befragten Teetrinker waren mit der Handhabung des Teebeutels unzufrieden. Nach Gebrauch stellt sich die Frage, wohin mit dem nassen Beutel?

Darbo nutzte die eigene Erfahrungen mit dem Produkt Sirup und entwickelte einen neuartigen Teesirup. Der Teesirup wird in kleinen 220 ml Flaschen und in mehreren Geschmacksrichtungen angeboten. Der Teeliebhaber bereitet sein Teewasser nach dem eigenem Temperaturempfinden zu und gießt dann das Wasser auf den Teesirup. Egal ob tassenweise oder auch gleich für eine ganze Kanne. Der Tee ist sofort nach der Zubereitung trinkfertig und das lästige Hantieren mit den Teebeuteln entfällt. Für den intensiven Geschmack sorgt eine Kombination aus Fruchtsaftextrakten, Teeextrakt und Kräuterauszügen. Preislich ist der Teesirup leicht über den Teebeuteln positioniert. Der Markteinstieg begann 2010 und sorgt in den Teeregalen des Handels für Aufmerksamkeit.

Eine Kombination aus Querdenken und dem Willen, die eigene Kernkompetenz in einem neuen Markt einzusetzen, führte Darbo zu dem neuen Produkt Teesirup.

Darbo beschäftigt mittlerweile fast 300 Mitarbeiter und erzielt einen Umsatz von gut 100 Millionen Euro.

Neue Marktsegmente oder Märkte gründen

Das galt bisher für Teetrinker:

- Minutenlanges Ziehenlassen
- Lästiges Hantieren mit dem Teebeutel
- Schwieriges Dosieren
- Warten auf richtige Trinktemperatur

Es geht auch anders:

- Keine Wartezeit, nur Wasser auffüllen
- Kein Abfall, Teesirup aus der Flasche
- Sauberes Dosieren
- Heißes oder warmes Wasser

→ Ein neuer Markt mit neuen Methoden.

Abbildung 29: Darbo

Neue Nachfrage für bestehende Produkte generieren

Jägermeister

Jägermeister ist ein Beispiel, wie über neue Spielregeln – auch in fremden Märkten – ein bestehendes Produkt modernisiert werden kann.

Wer kannte in den Sechzigerjahren nicht den Kräuterlikör Jägermeister aus Wolfenbüttel? Der Likör kam 1935 in Deutschland auf den Markt.

Günter Mast, ein Nachfahre des Gründers, hatte sich im Markt mit starken Wettbewerbern wie Underberg auseinander zu setzen. Es waren neue Wege zu finden und zu gehen, um aus diesem Wettbewerb auszubrechen und nicht im

Preiswettbewerb Marge zu verlieren und unterzugehen. Mast wollte sich durch völlig neue Marketingaktivitäten vom Wettbewerb absetzen und sein Produkt modernisieren. Nach Sponsoring im Motorsport wollte Günter Mast als Sponsor im Fußball auftreten. Ein bis dahin nicht machbarer Weg. Trikotwerbung war vom Deutschen Fußballbund (DFB) verboten. Mast wollte aber auf das Trikot der Fußballer des benachbarten Fußballvereins Eintracht Braunschweigs. Damals ein bekannter Verein, auch schon einmal Deutscher Meister in der ersten Bundesliga. Mast wählte einen völlig quer gedachten Ansatz, um sein Ziel dennoch zu erreichen. Das Vereinsemblem von Eintracht Braunschweig wurde durch das Firmenlogo von Jägermeister, dem Hirschen, ersetzt. Die Farbe Orange, ein weiteres Erkennungszeichen von Jägermeister, wurde zur Trikotfarbe des Fußballvereins. Damit war das indirekte Sponsoring legal. Mast war der Wegbereiter für die heute im Fußball nicht mehr wegzudenkende Trikotwerbung, die zudem eine wichtige Einnahmequelle für die Vereine geworden ist. Für den Verein Eintracht Braunschweig war die Trikotwerbung eine zusätzliche Einnahmequelle, die der Verein dringend benötigte. Die Stadt Braunschweig lag nah an der damaligen innerdeutschen Grenze. Welcher internationale Fußballstar sollte sich nach Braunschweig verirren und dort Fußball spielen? Mit der Hilfe von Günter Mast gelang es der Eintracht 1977/78 Paul Breitner, Weltmeister und früherer Spieler von bekannten Vereinen wie Bayern München und Real Madrid, für den Verein zu gewinnen. Auch in der Zeitungswerbung ist Jägermeister einen neuen Weg gegangen. Ganzseitige Anzeigen mit nett aussehenden Damen oder Herren, die einen frechen Spruch von sich geben. „Ich trinke Jägermeister, weil …" Das waren für die damalige Zeit provokative Sprüche. Auch später, als Jägermeister mehr ein Altherrengetränk zu werden drohte, ist es gelungen, sich nochmals neu zu positionieren. Heute ist Jägermeister ein echtes Szenegetränk, wird gemixt und pur getrunken und ist im Ausland erfolgreich. Die freche Werbung ist geblieben, hat sich aber der sich verändernden Zielgruppe angepasst. Es gibt einen Online Shop für Jägermeister Outfit und viele kultige Gegenstände zur Marke.

Das Beispiel Jägermeister zeigt, dass Spielregeln auch über die eigene Branche hinaus, hier nämlich bis zum Trikotsponsoring im Fußball, geändert werden können. Jägermeister zeigt auch, dass Querdenken nicht eine einmalige Sache oder ein einmaliges Projekt sein darf, sondern ein dynamischer Prozess. Ansonsten wäre es Jägermeister nicht gelungen, bis heute so aktuell zu sein und neue Wege zu gehen. Das Unternehmen und die Marke haben im Marketing neue Fronten eröffnet.

Beispiel: Jägermeister

Neue Nachfrage für bestehende Produkte generieren

Das galt bisher bei Kräuterlikör:

- „Nüchterne" Werbung in TV und Print
- Geselligkeit und trautes Heim
- Neue Werbemedien nicht denkbar
- Likör trinkt man pur
- Kräuterlikör ist für Ältere

Es geht auch anders:

- Werbung mit frechen Sprüchen
- Provokation
- Erster Trikotsponsor im Fußball
- Jägermeister wird zum Mixgetränk
- Jägermeister wird zum Szenegetränk

➔ Modernisierung einer Marke und Erreichen einer neuen Zielgruppe.

Abbildung 30: Jägermeister

Spreewaldhof Gurken

Die Spreewaldhof Gurken zeigen, wie ein eher uninteressantes Produkt belebt und damit neue Käufergruppen erschlossen werden können.

Jeder kennt Gewürzgurken und fast jeder kennt wohl die Spreewald Gurken. Eingelegte Gurken hat man früher lose gekauft und später verpackt im Glas. Wenn wir auf Jahrmärkten mal Appetit auf Gurken haben, gibt es dort auch lose Gurken direkt aus einem Fass zu kaufen. Aber sonst kennen wir Gurken nur aus dem Lebensmittelladen.

Die Firma Spreewaldhof aus Golßen hat schon lange Erfahrung im Herstellen von Konserven für Gemüse und Obst. Die ersten Erfahrungen gehen bis ins Jahr 1892 zurück. 1946 wurde das Unternehmen am westlichen Rand des Spreewaldes gegründet. 1990 nach der Wende entsteht das heutige Unternehmen.

Das Unternehmen wird von den Geschwistern Karin Seidel und Konrad Linkenheil geleitet. Die beiden haben sich gefragt, warum man die leckeren Spreewaldhof Gurken nicht permanent als Snack anbieten kann. Sie haben 2002 eine kleine Weißblech-Dose, ähnlich der Red Bull Dose, kreiert, in der je eine Spreewald-Gurke eingelegt ist. Sie nennen das ganze „Get One!" und bieten diese Verpackungsvariante in Supermärkten und an Tankstellen an. Eine völlig neue Form der Verpackung für dieses Produkt, die es möglich macht, eine andere Zielgruppe anzusprechen und einen neuen Vertriebskanal, die Tankstelle und das Kiosk, zu finden. Die Gurke als Snack. Die Gurke als gesunde Alternative zu Schokoriegeln oder Gummibärchen. Damit ist die Gurke plötzlich ein Produkt, das in Fitness-Studios verkauft werden kann. Die Marge stimmt ebenfalls, das zeigt der Preis der einzelnen Verpackungseinheit, der zwischen 1,50 und 2,50 Euro liegt. Neben den innovativen Ideen hat die Qualität der einzelnen Produkte Priorität.

Spreewald Gurken haben durch den Film „Good Bye Lenin" auch in den alten Bundesländern sehr an Bekanntheit gewonnen. Spreewaldhof nennt seine Gurke „Get One!" übrigens „Die Gurke zum Film".

Dass das nicht die einzige Idee der beiden Geschwister ist, sieht man auf der Unternehmenswebsite. Dort kann man die Produkte im Online Shop und einige Fanartikel kaufen. Ferner kann man Liebesgrüße über die Website verschicken. Ein Herz aus Gurken zeigt dies an. Viele sympathische und neue Ideen, eine Gurke zu promoten.

Auch in einem Markt mit standardisierten Produkten des täglichen Bedarfs können Spielregeln geändert werden, kann man durch neue Ideen seinen eigenen Markt erweitern und sich neue Kundenpotenziale erschließen. Spreewaldhof zeigt, dass neue Wege auch mit Apfelmus und mit Obst-Püree funktionieren. Interessant ist, dass man viele Dinge wie die Verpackungsvarianten schon in anderen Branchen gesehen hat. Bei Get One kennen wir die Dose von Red Bull, bei Pfelino, dem Früchte-Püree und bei Apfelzeit, den geriebenen Äpfeln, kennen wir die Quetschtüte von Capri Sonne. Man kann sich überall inspirieren lassen. Adaptieren ist erlaubt.

„Get One" erschließt neue Kundengruppen und neue Vertriebskanäle für die Gurke und bewegt sich in einen neuen Markt, den Snack-Markt. Eine wirklich steile Karriere für eine Gurke.

Beispiel: Spreewaldhof Gurken

Neue Nachfrage für bestehende Produkte generieren

Das galt bisher bei Gurken:

• Verkauf lose oder im Glas

• Lebensmittel

• Vertrieb: Lebensmittelhandel

• Günstiger Preis

• Wettbewerber: andere Gemüse

Es geht auch anders:

• Verkauf einzeln in Blechdosen

• Snack

• Vertrieb: Tankstelle, Kiosk

• Höherer Preis pro Stück

• Wettbewerber: Schokoriegel

➔ Neue Zielgruppen und Vertriebskanäle für eine Gurke.

Abbildung 31: Spreewaldhof Gurken

Recaro

Das Beispiel Recaro zeigt, wie es gelingt, die Kernkompetenz eines Unternehmens auf neue Produkte zu übertragen.

Die Autositze von Recaro kennt fast jeder von uns. Die Marke Recaro gehört zur Keiper Recaro Group, die seit über 100 Jahren im Markt aktiv ist. Angefangen hatte Wilhelm Reuter 1906 mit einer Sattlerei und dann, beflügelt durch Aufträge von der aufstrebenden Automobilindustrie im Stuttgarter Raum, mit dem Karosseriebau. Die Kunden waren namhafte Hersteller wie Porsche, Maybach und Daimler. Die Firma Recaro AG wurde ein paar Jahre zuvor in der Schweiz gegründet. Der Name ist eine Abkürzung für „**Re**uter **Caro**sserie". Nach dem Verkauf des Karosseriewerkes konzentrierten sich die beiden Reuter Brüder auf die Sitzfertigung. 1969 entstand durch den Verkauf von Recaro an den Wettbewerber Keiper, die „Keiper Recaro Group", die seitdem die Geschäfte führt.

Die Keiper Recaro Group als Ganzes bezeichnet sich als Spezialist für mobiles Sitzen. Die Gruppe ist heute weltweit aktiv und erwirtschaftet mit ihren über 7.000 Mitarbeitern fast eine Milliarde Euro Umsatz.

Anfangs war Recaro den meisten sicher aus dem Bereich der Sportsitze im Motorsport ein Begriff. Wenn man sein Auto innen aufwerten wollte, gehörte ein Recaro Sitz dazu. Das Spielfeld für Recaro ist aber deutlich größer. Der größte Bereich ist das Segment der Sitze für Automobile. Vorder- oder Fondsitze, sogar komplette Sitzkomponenten werden in enger Abstimmung mit den Automobilherstellern entwickelt und gefertigt. In diesen Bereichen wird im Markt mit den Marken Keiper und Recaro gearbeitet. Ein zweiter Bereich in diesem Segment ist die Nachrüstung mit Sport-, Ergonomie- und Schalensitzen. Die Kompetenz aus dem Bereich Autositze wurde genutzt, um 1998 im Markt der Autokindersitze teilzunehmen und dieses Segment auf drei Säulen zu stellen. Das Sortiment für Autokindersitze ist mittlerweile komplett und deckt alle Altersstufen ab.

Sitze für Flugzeuge befinden sich im Segment Recaro Aircraft Seating. In diesem Segment werden Business-Class- und Economy-Class-Sitze für Passagierflugzeuge entwickelt und produziert. Partner und Kunden sind die namhaften Hersteller von Flugzeugen und die Airlines. In diesem Segment werden rund ein Viertel der Umsätze erzielt.

Recaro bezeichnet sich selbst als Spezialist mit „Komplettsitz-Know-how" und arbeitet eng mit Ärzten, Universitäten und Instituten für Sicherheit, Ergonomie und Orthopädie zusammen. Kunden sind die verschiedenen Hersteller und über den Nachrüstmarkt auch der Fachhandel. Recaro Sitze findet man auch in Straßenbahnen und in Fußballstadien.

Wie sollte ein Wachstum in diesem Unternehmen aussehen? Die Automobilindustrie boomt insgesamt, unterliegt aber stärkeren Schwankungen. Der Flugzeugmarkt wächst zwar in den nächsten Jahren, hat aber auch zumindest teilweise stagnative Tendenzen. Zudem ist der Wettbewerb in diesem Segment, auch für die Nummer drei der Welt, sehr hart.

Recaro wollte seine geballte Kompetenz in der Sitzherstellung, sein Know-how im Bereich Ergonomie, Funktionalität und Komfort für ein für Recaro neues Marktsegment nutzen. Welcher neue Markt würde sich dafür eignen?

Die Aufgabe des Strategieprozesses bei Recaro ist, genau diese Frage zu beantworten und das Image von Recaro in neue Geschäftsfelder zu transferieren. „Wir bewerten konsequent Marktchancen und platzieren unsere Marke dort neu, wo sie erfolgreich agieren kann", so Bernhard Strunk, Geschäftsführer der Recaro GmbH & Co. KG. Ergebnis des Strategieprozesses war es, sich den Möbelmarkt vorzunehmen. „Den Markt für Polstermöbel haben wir im Fokus, weil er am nächsten bei unseren traditionellen Geschäftsfeldern liegt". Hier können wir mit unserem Know-how punkten und Erfahrungen gezielt in einen anderen Bereich übertragen", erklärt Strunk. Ein Recaro Sitz soll immer wie eine zweite Haut sitzen, ein gutes Argument, um die Kompetenz in den Wohnbereich zu übertragen. Recaro bietet über die Tochter Recaro Home GmbH verschiedene Relax Sessel und Sofas im unverwechselbaren Recaro Look an. Selbstverständlich zeichnen sich die neuen Möbel durch einzigartiges Design und hervorragende ergonomische Eigenschaften aus. Die gesammelte Erfahrung aus der Sitzentwicklung und -herstellung wurde übertragen. Somit kommen technische Lösungen bei den stationären Sitzmöbeln aus dem automobilen Bereich und der Flugzeugindustrie zum Einsatz. So ruht zum Beispiel der Unterbau der Relax Sessel mit seinem Drehteller auf Kugellagern. Eine Innovation im Sitzmöbelbereich, die eine ganz neue Bewegungsfreiheit bietet. Damit ist Recaro schon dabei, im neuen Markt neue Spielregeln aufzustellen und Standards neu zu definieren. Natürlich haben die Sessel eine sehr stabile Seitenführung und eine feste Rückenschale. Diese Eigenschaften kennen wir aus dem Autositzbereich. Die technischen Lösungen für die Kopfstützen der Sessel stammen aus dem Airline-Geschäft. Alle Sessel verfügen über umfangreiche Verstell- und Anpassungsmöglichkeiten und werden in verschiedenen Größen angeboten. Unterschiedliche Ergonomiegrößen analog den Kleidergrößen S, M, L und XL, sind ebenfalls neu in der Möbelbranche. Einige Sesselvarianten gibt es auch als Zwei- oder Dreisitzer. Die Namen der Möbel lehnen sich an das bekannte Kerngeschäft an und so heißen die Sessel u. a. „Silverstone", „Le Mans" und „Imola". Die Preise bewegen sich im oberen Bereich und Recaro geht davon aus, das der Verbraucher die Möbel kauft, weil man die Marke Recaro kennt und ihr vertraut.

Recaro hat mit dem Eintritt in einen neuen Markt gezeigt, wie man Kompetenz aus dem bestehenden Geschäft in ein neues Spielfeld übertragen kann. Vom „mobilen Sitzen" zum „stationären Sitzen" mit Recaro.

Beispiel: Recaro

Neue Nachfrage für bestehende Produkte generieren

Das war der Markt für Recaro-Sitze:	Es geht auch anders:
• Kompetenz für mobiles Sitzen	• Transfer zum stationären Sitzen
• Erstausrüstung Auto	• Sitzmöbel für zu Hause
• Nachrüstmarkt Auto	• Ergonomie und Funktionalität
• Motorsport	• Relax-Sessel mit Seitenwangen
• Flugzeugsitze	• Relax-Sessel mit Kopfstütze

➜ Aufbruch in einen für das Unternehmen völlig neuen Markt.

Abbildung 32: Recaro

Neue Wettbewerbssituation schaffen

Starbucks

Starbucks hat im Kaffeemarkt die bestehenden Marktregeln verändert und eigene Regeln aufgestellt. Das Beispiel zeigt, dass auch in einem auf den ersten Blick gesättigten Markt für Alltagsprodukte eine erfolgreiche Revolution möglich ist.

Kaffeetrinken in der Stadt, egal ob in den USA oder in Deutschland, war für die Menschen eine Zwischenstation auf dem Weg zur Arbeit oder beim Einkaufen. Eine schnelle Tasse Kaffee im Stehen für wenig Geld. Wenn es nicht geschmeckt hat, war das nicht so wichtig, es musste schnell gehen und durfte nicht teuer sein. „Coffee To Go" wurde zum Inbegriff, sodass man auch noch auf das Stehen im Kaffeeladen verzichten und den Kaffee im Becher für unterwegs mitnehmen konnte. Das Angebot war begrenzt auf eine Sorte Kaffee, vielleicht noch mit oder ohne Sahne. Wer es anders wollte, musste in ein Café gehen.

Mehr wollten und konnten die Anbieter von Kaffee gar nicht sein. Schnell einen günstigen Kaffee, nicht mehr und nicht weniger. Spaß und Freude am Genuss haben überhaupt keine Rolle gespielt, das wäre viel zu aufwändig gewesen. So ein Kaffee kostete in den USA 50 Cent und in Deutschland 20 bis 80 Pfennige. Er wurde getrunken oder konsumiert, aber sicher nicht genossen. Die Frage war, ob dieses Verhalten und die Angebotsform überhaupt verändert werden konnten, ob sich die Marktregeln überhaupt auch nur Millimeter bewegen ließen. Würde sich der Verbraucher bei einem Commodity-Produkt andere Regeln überhaupt gefallen lassen und sie akzeptieren? War es möglich vom „Schnell, Schnell" und „Billig" zum „Genießen" zu gelangen? Dabei ging es nicht darum ein bestehendes Geschäftsmodell zu optimieren und dann 10 oder auch 20 Cent mehr für den Kaffee zu verlangen. Es ging darum, völlig neue Regeln aufzustellen und das Produkt in vielen Varianten anzubieten, die noch keiner kannte und die sich keiner vorstellen konnte. Und dies alles zu einem Preis, der um das Achtfache höher lag als der aktuelle Preis für einen Kaffee.

Howard Schulz, ein amerikanischer Kaffeehändler, hatte seinen Espresso während seines Italienurlaubs in den dort typischen Bars genossen und hatte dabei eine tolle Idee. Ihm gefiel, dass man dort verschiedene Kaffeespezialitäten trinken und dazu noch mit den anderen Gästen kommunizieren konnte. Wenn so etwas in Italien funktioniert, warum dann nicht in Amerika? Schulz adaptierte die Idee und verfeinerte sie zu einem erfolgreichen Konzept.

Er wollte keine Zwischenstation für den schnellen Kaffee sein, sondern seinen Gästen eine Oase anbieten, den dritten wichtigen Lebensraum neben dem zu Hause und am Arbeitsplatz. Die Gäste sollten sich bei Starbucks wohl fühlen und länger bleiben, sich vom Alltagsstress erholen. Das Angebot umfasste viele verschiedene Kaffeespezialitäten und verschiedene Kaffeesorten aus unterschiedlichen Ländern und Anbaugebieten. Dazu wurden kleine Kuchen und Snacks angeboten. Im Sommer gab es kühlende Kaffeevarianten, im Winter die wärmenden Versionen. Der Kaffee wird nicht für ein paar Cent angeboten, sondern ist im Vergleich zu den Coffee To Go Angeboten geradezu teuer. Aber die Kunden nahmen das Angebot an und zahlten bereitwillig mehr. Die gesamte Einrichtung passt zum Kerngedanken des Wohlfühlens und unterstreicht den Anspruch von Howard Schulz.

In einem gesättigten Markt eröffnete Starbucks Tausende Filialen und überzog das Land mit seinen Coffee Shops zum Verweilen. Auch außerhalb der USA expandierte Starbucks und machte den hiesigen Anbietern das Leben schwer.

Der Spielmacher, der nicht einmal aus der ursprünglichen Tätigkeit eines Coffee-Shop-Besitzers kam, revolutionierte einen Markt, den andere längst abgeschrieben hatten und die darin kein Wachstum mehr sahen.

Die Starbucks Mitarbeiter sind speziell geschult und die Zufriedenheit der Kunden steht ganz oben in der Prioritätenlist. Freundlichkeit und Hilfsbereitschaft sollen allen Mitarbeiter in Fleisch und Blut übergehen. Dem Kunden von Starbucks soll ein positives und im Gedächtnis bleibendes Erlebnis vermittelt werden. Dieses Erlebnis wird nicht nur durch die angebotenen Produkte, sondern auch durch die Atmosphäre in den Shops vermittelt und erlebbar.

Starbucks erreicht das nicht nur durch eine hohe Kundenorientierung, sondern ebenso durch eine außergewöhnliche Mitarbeiterorientierung. Die Belange der Mitarbeiter werden ernst genommen, erwähnt seien nur Aktienoptionen und Weiterbildung für die Mitarbeiter. Starbucks möchte durch seine Mitarbeiter eine emotionale Beziehung zu seinen Kunden aufbauen. Dazu gehört beispielsweise auch, dass der Mann oder die Frau hinter der Theke nicht Barkeeper oder Abfüller, sondern „Barista" heißt. Barista sein ist schon etwas Außergewöhnliches. Joseph A. Michelli beschreibt in seinem Buch „Das Starbucks Geheimnis" fünf Prinzipien, die für den Erfolg verantwortlich sind:

▶ *Lebe Deinen Job*
   Der Kunde soll sich aufgehoben und wertgeschätzt fühlen. Seine Wünsche sollen, wie auch immer sie sind, erfüllt werden. Er soll sich willkommen fühlen.

▶ *Auch Kleinigkeiten sind wichtig*
   Nicht nur das Produkt, der Kaffee, ist wichtig, sondern auch das Drumherum. Die Atmosphäre in einem Starbucks unterscheidet sich von einem Kaffeeladen oder Café. Die Angebotstafeln an der Wand, die gemütliche Einrichtung mit Sofas und Sesseln, die Bedienungen – Baristas, die zusätzlichen Angebote wie Speisen, CDs oder auch Anleitungen zum Zubereiten von Kaffee. Alles das soll die Marke Starbucks für die Gäste (gibt es bei Starbucks Kunden?) außergewöhnlich und unverwechselbar machen. Die Details sind wichtig und bilden den Gesamteindruck. Auch beim Einkauf der Produkte oder der Bohnen wird alles bis ins Detail geregelt.

▶ *Kunden begeistern*

Die Starbucks Mitarbeiter wollen die Gäste mit tollem Service überzeugen und greifen dafür auch manchmal zu unkonventionellen Mitteln. Das Geschäft wird für einen Kunden, der sich in der Zeit vertan hatte schon einmal früher geöffnet oder für Stammgäste, die umziehen gibt es einen Übergabeprozess an den neuen Starbucks des Gastes. Kostenlose Proben eines neuen Produktes gehören ebenso dazu wie Tipps und Tricks zu verschiedenen Themen für die Gäste.

▶ *Kritik ist willkommen*

Die Mitarbeiter sollen Kritik nicht negativ auffassen, sondern als Verbesserungsvorschlag der Gäste sehen und auch so behandeln. Dazu gehört, sich bei einem sich beschwerenden Kunden für die kritischen Äußerungen zu bedanken und nicht schroff und persönlich beleidigt zu reagieren. Die Kunden sind über ein solches Verhalten sicher überrascht und gleich wieder positiv gestimmt. „Man nimmt mich ernst" wird die innere Reaktion sein.

Dazu gehört, sich in anderen Ländern anderen Gewohnheiten anzupassen und nicht starr ein Konzept durchsetzen zu wollen. Neue Produkte oder Zusatzprodukte werden nur ins Sortiment aufgenommen, wenn sie das Gesamterlebnis Starbucks für die Gäste verbessern. Der Umgang mit Fehlern wird bei Starbucks offensiv gestaltet, nicht nach dem üblichen „Duck and Cover" anderer Unternehmen. Wie bei Michelli an einem Beispiel nachzulesen: Am 11. September 2001 nahm ein übereifriger Mitarbeiter eines New Yorker Starbucks den normalen Preis für Mineralwasser für die Opfer des Terroranschlages. Die Empörung war natürlich groß, in einer so großen Katastrophe nicht viel sensibler zu reagieren. Starbucks versuchte nicht zu vertuschen, die Schuld beim Mitarbeiter zu platzieren, sondern stand dazu, entschuldigte sich und spendete eine große Summe.

▶ *Verändere*

Starbucks Mitarbeiter wollen anders sein und leben diese Einstellung auch. Starbucks ist ein sozial engagiertes Unternehmen und sieht darin auch eine Verpflichtung für sich selbst. Dies zeigt sich ebenso bei der höheren Bezahlung des Kaffees von den Plantagen gegenüber den Wettbewerbern und im aktiven Einsatz für den Umweltschutz.

Starbucks wird allerdings darüber nachdenken müssen, ob in dem atemberaubenden Tempo der Expansion nicht die Einzigartigkeit verloren geht, wenn ein Starbucks am anderen liegt.

Aber generell gilt der Satz „Kaffee ist unsere Leidenschaft" wie er auf vielen Broschüren steht und in den Läden gelebt wird.

Starbucks revolutioniert einen gesättigten Massenmarkt.

Beispiel: Starbucks

Neue Wettbewerbssituation schaffen/Massenmarkt neu erfinden

Das galt bisher bei Coffee Shops:	Es geht auch anders:
• Kleiner, nüchterner Laden	• Große Geschäfte, gute Ausstattung
• Billiger Kaffee	• Teure Kaffeevarianten
• Durchlaufstation	• Oase zum Verweilen
• Keine weiteren Angebote	• Viele Zusatzangebote
• Emotionsloser Koffein-Kick	• Kaffeegenuss auf höchster Stufe

➔ Man kann auch den bestehenden und gesättigten Markt neu „erfinden".

Abbildung 33: Starbucks

Vapiano

Im Markt für Restaurants und speziell im Bereich der Schnellgastronomie ist vermeintlich nichts Neues mehr zu erfinden oder gar ein neues Konzept im Markt unterzubringen. Der Markt ist in allen Preisklassen belegt und es gibt für jeden das richtige Angebot. Was sollte es hier noch an kreativen Ideen geben? Von feinen Restaurants bis zum guten Italiener über Fast Food-Ketten bis zur Sushi Bar gibt es alles. Selbst die gute alte Imbissbude ist nicht unterzukriegen. Bedienung oder Self-Service sind im Angebot und italienische Restaurants gibt es eigentlich an jeder Ecke. Vapiano aber startet mit einem neuen Konzept in diesen Markt und besetzt ein neues Segment zwischen Fast-Food und Full-Service.

Was ist so neu an der Vapiano Idee: zentrale Lage, Selbstbedienung, Pizza und Pasta? Neu ist die Kombination von allem, gepaart mit neuen Ideen und ein paar unerwarteten Angeboten.

Im Vapiano, in zentraler Lage oder in Stadtteilen mit vielen Büros gelegen, werden die Speisen frisch vor den Augen der Gäste zubereitet. Der Gast erhält am Eingang eine Chip-Karte, auf der alle Speisen und Getränke an den verschiedenen Theken gebucht werden. Es gibt eine Pizza-, eine Pasta-, eine Salat- und eine Getränke-Theke. Besteck und Gläser nimmt man sich selbst. Während die Köche die gewählte Speise zubereiten, kann man beim Kochen und Würzen zuschauen und auch schon einmal um ein wenig mehr Knoblauch bitten. Es ist eine Art „Schaukochen" für die Gäste. Jede Speise wird frisch zubereitet und man wird der Reihe nach bedient. Manchmal dauert dies auch ein wenig länger, das stört aber kaum jemanden. Hat man seine Bestellung erhalten, sucht man sich einen freien Platz an einer der langen Holztheken. Am Tisch stehen Olivenöl, Essig und eine Pfeffermühle, um das Gericht noch etwas individueller zu würzen. Im Angebot gibt es verschiedene Pizzen und verschiedene Pastasorten mit verschiedenen Soßen, die kombiniert werden können. Damit ist die Karte übersichtlich und doch umfangreich. Bei der Pizzabestellung, die natürlich etwas länger dauert als ein Pastagericht, bekommt man ein Gerät, das blinkt, sobald die Pizza frisch aus dem Ofen kommt. Ein netter und nützlicher Gag. Weißwein oder Rotwein in guter Qualität im Self-Service ist da schon eher unerwartet, wird aber gerne genutzt. Der Espresso oder ein Dessert zum Abschluss ist an einer anderen Theke zu ordern. Alle Einzelteile des Franchisemodells sind nicht neu, wohl aber die Kombination der Einzelteile zu einem neuen Angebot in diesem Markt.

Die Abläufe im Restaurant sind gut organisiert und standardisiert, das spart Kosten und gibt die Möglichkeit, Personal zwischen den Lokalen auszutauschen.

Über ein Szenelokal ist das Vapiano schon längst hinaus und hat auf seine Art die Gastronomie mit neuen Regeln bestückt. Frisch, schnell und gut, das ist das Motto. Ähnlich dem IKEA Konzept sind bei Vapiano einige Funktionen auf den Gast übertragen worden. Der Gast holt sich das Essen selber ab, er besorgt sich sein Tablett und sein Besteck selbst. Das spart dem Franchisenehmer natürlich auch Kosten. Vapiano macht übrigens kaum Werbung und dennoch läuft das

Geschäft. Mit ca. 950 Gästen pro Tag erwirtschaftet ein Vapiano mit gut zwei Millionen Euro Umsatz so viel wie ein McDonald's. Die Gebühren für das Franchisesystem belaufen sich auf 30.000 Euro für ein neues Restaurant, zusätzlich sechs Prozent vom Umsatz für die Marken- und Systemnutzung sowie ein Prozent Werbekostenpauschale pro Monat.

Das erste Vapiano wurde im Oktober 2002 in Hamburg eröffnet, mittlerweile ist das Franchisemodell auch international im Einsatz.

Ein besetzter Massenmarkt, der mit neuen Regeln erfolgreich bearbeitet wurde.

Beispiel: Vapiano

Neue Wettbewerbssituation schaffen

Das galt bisher im Schnellrestaurant:

- Fast-Food-Atmosphäre
- Eingeschränktes Angebot
- Rohmaterialien werden anonym geliefert
- Zubereitung versteckt in der Küche
- Eine Bestelltheke
- Viel Werbung

Es geht auch anders:

- Restaurant-Atmosphäre
- Großes Angebot italienischer Speisen
- Pasta wird im Lokal produziert
- Zubereitung direkt vor dem Gast
- Mehrere Bestelltheken
- Kaum Werbung

→ Neue Regeln im Restaurantmarkt.

Abbildung 34: Vapiano

Ikea

IKEA zeigt, wie eine traditionelle Branche mit eigenen Regeln verändert und belebt werden kann.

Ingvar Kamprad wurde 1926 geboren und liebte das Verkaufen von klein auf. Anfangs als Kind mit Allerweltsgegenständen an seine Großmutter, später mit Samen in selbst abgefüllten Tütchen an die Nachbarschaft. In seiner Schulzeit setzte sich diese Faszination und Begeisterung für das Verkaufen fort und er lernte die notwendigen theoretischen Grundlagen für sein Hobby. Er kaufte und verkaufte Produkte, meistens Kurzwaren, Karten und Füller. Er versuchte, das Gelernte in die Praxis umzusetzen und gründete im Alter von siebzehn Jahren seine Firma und nannte sie IKEA. Die ersten beiden Buchstaben sind seine Initialen und die nächsten beiden stehen für den elterlichen Hof Elmtaryd und die Gemeinde Agunnaryd. Nach seiner Wehrzeit kehrte er auf den heimischen Hof zurück und forcierte sein Geschäft, indem er kleine Werbezettel entwarf und verteilte. Sein Versandhandel blühte auf. In der Folgezeit nahm er einen einfachen Sessel in sein Sortiment auf und verkaufte ihn unter dem Namen Rut. Er mochte keine anonymen Artikelnummern, sondern wollte das Produkt emotionaler und persönlicher wirken lassen. Rut verkaufte sich gut und das Sortiment wurde daraufhin ausgebaut und weitere Möbelartikel wurden in das Sortiment aufgenommen. Ingvar Kamprad hatte schon zu dieser Zeit begonnen, Einfluss auf die Produkte zu nehmen und mit den Herstellern über Optik und Materialien zu sprechen.

Bei ihm drehte sich alles um den Preis, er wollte seine Produkte, die er nach wie vor handelte und nicht produzierte, preiswert verkaufen. Damit gelangte er natürlich in den Kreislauf „Billiger geht immer". Damit die Marge stabil bleibt, geht die Produktqualität zurück, der Wettbewerb geht auf den niedrigeren Preis ein und so weiter und so weiter. Ingvar Kamprad musste sich etwas einfallen lassen, um sich von den anderen Versandhändlern zu differenzieren und um den Produkten, neben dem Preis auf einem anonymen Foto im Katalog, einen besonderen Wert zu geben. Das erste IKEA Möbelhaus wurde eröffnet. Die Kunden wurden über den Katalog, mittlerweile bestand das Sortiment nur noch aus Möbeln, informiert und eingeladen, sich die Möbel im IKEA Haus anzusehen, Probe zu sitzen und live zu erleben.

Diese Kombination war in der Branche einmalig. IKEA war auf dem besten Weg, die Spielregeln des Marktes zu ändern. Die ausgesuchten Möbel wurden dann direkt vom Hersteller ausgeliefert, IKEA brauchte also kein aufwändiges und teures Lager. Das Geschäft kam mit dieser Idee kräftig in Fahrt und die Auflage des Kataloges stieg stetig an.

Da es beim Transport zu vielen Schäden an den zum Teil sperrigen Möbelstücken kam, hatte Kamprad die Idee, die Möbel zu zerlegen und in kompakten Packteilen zu versenden. Schon bei der Produktion der Möbel beim Hersteller wurde dies in der Folge umgesetzt und nach immer kompakteren Einheiten gesucht. IKEA wurde zum Angriffspunkt der etablierten Möbelhändler, die ihren Produzenten untersagten, IKEA zu beliefern. Ingvar Kamprad gründete Tochtergesellschaften unter anderem Namen, die nun die Möbel einkauften. Seine Möbelhäuser wuchsen in immer neue Dimensionen. Der Möbelnachschub wurde mittlerweile aus Polen organisiert und zwar in einer hohen Produktqualität, was die Wettbewerber abermals auf den Plan rief. Aber IKEA war damit ein gigantischer Schachzug gelungen: weg vom nur „Billig-Image" hin zu „Günstig und doch hohe Qualität". 1979 ergab sich die Gelegenheit, das Konzept nochmals umzustellen. Der Verkaufsvorgang war immer noch aufwändig, die Aufnahme der bestellten Möbel durch das Personal dauerte und kostete IKEA viel Geld. Dazu kamen die immer noch vorhandenen Transportprobleme und die damit verbundenen Schäden. Ein IKEA Möbelhaus musste nach einem Brand erneuert und neu aufgebaut werden. Das war die Gelegenheit, das Selbstbedienungskonzept umzusetzen und den Kunden noch tiefer in den Verkaufsvorgang einzubinden. Der Kunde suchte sich sein Möbelstück aus, ging ins Lager und holte es sich aus dem Regal, ging damit zur Kasse, bezahlte, brachte es zum Auto und transportierte es nach Hause. Dort baute er es selbst auf. Eine Revolution im Möbelmarkt. Damit war IKEA in der Lage, die Preise weiter zu senken und beim Kunden attraktiv zu erscheinen. Restaurant und Kinderland, integriert in das Möbelhaus, waren die nächsten Schritte, die folgten, um die Kunden zu begeistern und zu binden.

Es war eine neue Erkenntnis, dass man mit seiner Zielgruppe wachsen musste bzw. erwachsen werden musste. Haben am Anfang primär junge Leute und Studenten bei IKEA eingekauft, waren Ledermöbel damals undenkbar bei IKEA. Heute ist dieses Sortiment breit vertreten. Der Student von damals hat sein Studium abgeschlossen, hat einen Job, verdient gutes Geld und hat eine Familie. Da reicht das einfache „Billy" Regal nicht mehr aus. Weg von den Kiefermöbeln hin zu weißen Möbelstücken. Das Sortiment wurde am Rand um Mitnahmeartikel erweitert, die heute maßgeblich zum Erfolg beitragen. Später stieg IKEA doch noch selbst in die Möbelproduktion ein und konnte so weitere Synergien heben und Nachschubprobleme meiden. Die eigene Produktion brachte einen weiteren Vorteil mit sich. Nun konnte schon bei der Konstruktion und Produktion der Möbel darauf geachtet werden, dass die Transportpakete möglichst klein und kompakt ausfielen. Das bringt Vorteile beim Transport in den PKWs der Kunden.

Mit dem IKEA System übernimmt der Kunde beim Möbelkauf vom Aussuchen über Transport bis zum Aufbau 80 Prozent der Arbeit. IKEA erzielt mit diesem Konzept einen weltweiten Umsatz von rund 22 Milliarden Euro im Jahr und ist weiter auf Expansionskurs. Die erwirtschaftete Rendite der Branche liegt im Durchschnitt bei drei bis fünf Prozent. IKEA erreicht mit seinem Konzept eine Rendite von fast zwölf Prozent und entwickelt sich gegen den Branchentrend positiv.

Das größte Aufgabe für IKEA ist in nächster Zeit, einen würdigen Nachfolger für Ingvar Kamprad zu finden, der mit seinen Ideen das heutige IKEA Konstrukt erst ermöglicht hat. Gesucht wird kein Verwalter, sondern ein Querdenker, der das Unternehmen auf innovativem Expansionskurs hält.

IKEA ist ein Beispiel wie in einem vermeintlich unveränderbaren Markt neue, eigene und sehr erfolgreiche Spielregeln aufgestellt wurden.

Beispiel: Ikea

Neue Wettbewerbssituation schaffen

Das galt früher im Möbelmarkt:

- Angebot im Möbelhaus oder Katalog
- Komplette Beratung
- Personal holt Möbel aus dem Lager
- Möbel werden geliefert
- Möbel werden aufgebaut
- Nur Möbel im Angebot

Es geht auch anders:

- Angebot im Möbelhaus und Katalog
- Selbstbedienung
- Kunde holt Möbel aus dem Lager
- Kunde transportiert selbst
- Kunde baut selbst auf
- Umfangreiches Zusatzsortiment

→ Neue Spielregeln: Verlagerung von Aufgaben auf den Kunden.

Abbildung 35: Ikea

Hindernisse im Markt eliminieren

Dick Fosbury

Für mich das klassische Beispiel für Querdenken in einem Bereich, in dem man es ganz bestimmt nicht erwartet hätte. Dick Fosbury räumt mit einer neuen Regel sein Hindernis aus der Welt und revolutioniert eine Sportart auf ungewöhnliche Weise.

In der Leichtathletik gibt es die Disziplin Hochsprung seit 1896 als olympischen Wettbewerb. Der Hochsprung hat sich mit der Zeit entwickelt und die Techniken haben sich geändert, wobei immer vorgeschrieben war, dass der Absprung nur mit einem Bein erfolgen darf. Begonnen hatte alles mit dem Scherensprung in aufrechter Haltung, dann variiert zum Rollsprung, der in den Bauchwälzer, dem sogenannten Straddle, mündete. Bis zu den Olympischen Spielen 1968 in Mexiko kannte die Öffentlichkeit bei den aktiven Athleten nur den Straddle-Stil. Der Hochspringer läuft an und überspringt die Hochsprunglatte mit einem Bein zuerst und windet sich dann bäuchlings mit dem ganzen Körper über die Latte.

Doch dann sprang ein gewisser Dick Fosbury im Alter von 21 Jahren in Mexiko bei den Olympischen Spielen in einem ganz eigenen Stil über die Hochsprunglatte. Noch bis zum Jahre 1967 war Dick Fosbury mit einer Hochsprungleistung von übersprungenen 2,10 Metern im traditionellen Stil ein Hochspringer unter vielen anderen. Er wollte aber mehr, er wollte Außergewöhnliches leisten. Er versuchte sich an anderen Techniken, um so mehr Erfolg zu haben. Er experimentierte.

Dann fand er einen neuen Stil, mit dem er viel besser zurecht kam und mit dem er sich zutraute, viel höher als bisher zu springen. Dick Fosbury lief quer zur Hochsprunganlage an, drehte sich kurz vor dem Absprung mit dem Rücken zur Latte, sprang mit einem Bein ab und überquerte dann mit dem Rücken zuerst die Latte, riss die Beine nach oben und überquerte so die Latte. Die Füße, sonst oft der Körperteil, der die Latte riss, zeigten gen Himmel. Fosbury rollte sich wie bei einer Rolle rückwärts über die Latte. Der Fosbury Flop war geboren. Sein Trainer Bernie Wagner wollte ihn damit allerdings lieber zum Zirkus schicken und beschied ihm mit dieser Technik keine Zukunft im Hochsprung. Dick Fosbury blieb hartnäckig und verfeinerte mit Erfolg seinen neuen Stil.

Im Winter 1968 wurde er überraschend amerikanischer Studentenmeister, gewann plötzlich mit übersprungenen 2,18 Metern die Mexiko-Ausscheidung für die Olympischen Spiele der Amerikaner.

Zu diesem Zeitpunkt wurde der unkonventionelle Stil von Dick Fosbury noch belächelt. Bei den Spielen in Mexico City schaffte er als Einziger alle Höhen bis 2,22 Meter ohne Fehlversuch und verwandelte das Gelächter über den neuen Stil damit in bewunderndes Staunen. Am 20. Oktober 1968 gewann er mit 2,24 Meter die Olympische Goldmedaille. 80.000 Zuschauer im Stadion und Millionen an den Fernsehgeräten waren begeistert von diesem jungen Mann, der damit den Hochsprung revolutioniert hatte. Dick Fosbury scheiterte nur knapp an der bestehenden Weltrekordhöhe von 2,28 Meter des russischen Hochspringers Waleri Brumel, der noch im Straddle-Stil sprang.

Doch selbst nach dem Gewinn der Goldmedaille warnte der Coach des amerikanischen Olympia Teams, Payton Jordan, weiter vor der neuen Flop-Technik: „Wenn Kinder versuchen, Fosbury zu imitieren, wird er eine ganze Generation von Hochspringern auslöschen, weil sie sich alle das Genick brechen werden." Auch Ärzte vertraten die Auffassung, dass der Flop das Leben von Kindern gefährden würde.

Der Flop allerdings änderte von nun an die Welt des Hochsprungs, und die neue Technik wurde von den meisten Athleten übernommen. Auch die bekannten deutschen Hochspringerinnen und Hochspringer Ulrike Meyfarth (gleich zweimal 1972 und 1984), Heike Henkel (1992) und Dietmar Mögenburg (1984) wurden mit dem Fosbury Flop Olympiasieger.

Dick Fosbury selbst hörte allerdings schon kurz nach seinem Olympiasieg mit dem Leistungssport auf, weil er ein geregeltes Leben vorzog und die ständigen Reisen als Spitzensportler satt hatte.

Die späteren Olympiasieger sprangen alle im von Dick Fosbury erfundenen und zu seiner Zeit völlig quergedachten Fosbury Flop.

Auch im Sport kann man Spielregeln nachhaltig ändern, sein Spiel spielen und gewinnen.

Beispiel: Dick Fosbury

Hindernisse im Markt eliminieren	Eigene Regeln erfinden
Das galt bisher im Hochsprung:	Es geht auch anders:
• Technik im Straddle-Stil	• Er probierte andere Techniken
• Dick Fosbury kam nicht über 2,10 m	• Er erfand den Fosbury Flop
	• Olympiasieg Mexico 1968 mit 2,24 m

„Wenn Kinder versuchen, Fosbury zu imitieren, wird er eine ganze Generation von Hochspringern auslöschen, weil sie sich alle das Genick brechen werden."

Payton Jordan, Coach des US Olympia-Teams, 1968

→ Querdenken funktioniert auch im Sport.

Abbildung 36: Dick Fosbury

RTL

Das Beispiel RTL zeigt, wie in einem Markt eine unvorteilhafte Regel durch eine neue ersetzt wird, die gleichzeitig zum Nachteil der etablierten Spieler und zum Vorteil des neuen Spielers wird.

1984 hatte das Privatfernsehen in Deutschland Premiere: RTL zog in den Markt ein. Besetzt war der Fernsehmarkt von den öffentlich-rechtlichen Sendern ARD und ZDF, sowie den dritten Programmen. RTL war ein kleiner Sender, der belächelt wurde, der kein Profil hatte und doch den TV-Markt verändern sollte.

Die Sachlage war eindeutig: Die öffentlich-rechtlichen Sender finanzierten sich durch die Gebühren und Werbeeinnahmen, die Privaten aber mussten sich zu 100 Prozent aus den Werbegeldern finanzieren. Sie mussten versuchen, am großen Topf der Werbegelder zu partizipieren.

Die Industrie, die für Ihre Produkte und Dienstleistungen Werbung im Fernsehen schaltet, gibt ihr Budget aber nach der Reichweite eines Senders aus und die war bei ARD und ZDF riesig, da sie bis dahin auch die einzigen Sender waren.

Die Reichweite besagt, wie viel Haushalte ein Sender mit seinem ausgestrahlten Programm erreicht. Etwas musste passieren, denn die Industrie sah keinen Grund, ihre Gelder eher bei RTL als bei den Öffentlich-Rechtlichen zu platzieren.

Helmut Thoma, der damalige Chef von RTL, wollte keine Mitspielerrolle, die bedeutet hätte, auf attraktive Werbegelder zu verzichten. RTL hat sich in der damaligen Zeit ausschließlich auf ein jüngeres Publikum konzentriert und danach seine Sendungen aufgebaut, Filme gekauft und produziert. Das war das Publikum, das bei ARD und ZDF nicht im Vordergrund stand, deren Zielgruppe und Zuschauer waren bedeutend älter. Wir kennen noch die Versuche der Privaten, mit neuen Formaten und Wiederholungen an Reichweite zu gewinnen. Das klappte auch ganz gut, aber eben nicht gut genug, um an die Reichweite der anderen heranzukommen. Die jüngere Zielgruppe konnte gewonnen werden, die ältere nicht. Langfristig wäre dies ein Teufelskreis gewesen, mit den günstigen Programmen wurde die jüngere Zielgruppe erreicht, aber nicht die Masse, um an die Werbegelder zu kommen, die wieder notwendig waren, um langfristig aus dieser Nische herauszukommen.

Helmut Thoma wollte aus diesem Zustand ausbrechen und hatte eine Idee: Wenn ich es nicht schaffe, nach den aktuell geltenden Maßstäben an die Werbegelder zu kommen, dann muss ich eben die Maßstäbe ändern. Und das tat er, er wurde zum Spielmacher und verließ die Rolle des Mitspielers. Eine quergedachte Idee half ihm dabei.

Er versuchte, die gültige Bestimmung der Reichweite zu ändern, die es schon sehr lange gab. Der RTL-Zuschauer war im Alter von 14 bis 49 Jahren, das Publikum von ARD und ZDF bestand zu 70 Prozent aus Zuschauern, die älter als 50 Jahre waren.

Helmut Thoma definierte die Reichweite einfach neu, nicht mehr die Bezugsgröße Gesamtbevölkerung sollte die Messlatte sein, sondern die Bevölkerung im Alter von 14 bis 49. Er führte den Begriff der „werberelevanten Zielgruppe" ein, eben im Alter bis 50 und nicht darüber. Er gewann die werbetreibende Industrie und die Werbeagenturen für sich und überzeugte sie. Damit gelang es ihm, die RTL-Zielgruppe als das Maß der Dinge darzustellen. In der Reichweite der werberelevanten Zielgruppe ging fast das gesamte RTL-Publikum ein, während bei

ARD und ZDF plötzlich nur noch 30 Prozent der Bewertungsgrundlage übrig blieben. Es war ein geschickter Schachzug, die eigene Stärke in den Vordergrund zu rücken und die Stärken des Wettbewerbers einfach zu eliminieren. Auf einmal war RTL der Sender, der die Zielgruppe am besten abdeckte und die anderen waren eben nur noch alt und verstaubt. Der Marktanteil von RTL wuchs damit, der von ARD und ZDF sank. Ein zusätzlicher Effekt war, dass nun RTL die höheren Werbegelder forderte und bekam, da sein Sender die Zielgruppe zu fast 100 Prozent abdeckte, also quasi keine Streuverluste für die Werbung aufwies.

Ein Ansatz, der den Markt vollständig veränderte, wurde von einem Kleinen im Markt initiiert. Das Beispiel zeigt, dass man auch ohne viel Geld einen Markt zu seinen Gunsten verändern kann und die Stärken des Wettbewerbs durch geänderte Kriterien gezielt zu deren Schwächen machen kann.

Heute ist man über die Definition der werberelevanten Zielgruppe irritiert.

Menschen ab 50 für die man keine Werbung mehr schalten sollte? Die Alterspyramide sagt etwas anderes: Die „nicht werberelevante Zielgruppe" ab 50 aufwärts wächst und wächst. Zumal die Menschen ab 50 mehr Geld zur Verfügung haben als die jüngeren und auch konsumieren wollen, denn Sparen hat hier keine Priorität. Zeit zum Fernsehen hat diese Zielgruppe auch, aber eben den Wunsch nach einem etwas anderen Programm.

Übrigens ist der 1984 in der werberelevanten Zielgruppe enthaltene 30-Jährige heute 57 Jahre alt und damit aus dieser so wichtigen Gruppe herausgewachsen. Thoma sieht die Gruppengrenzen heute sicher eher gleitend.

Beispiel: RTL

Hindernisse im Markt eliminieren

Das galt bisher im Fernsehmarkt:

- Öffentliche bekommen Gebühren
- Private benötigen Werbeeinnahmen
- Gigantische Reichweite bei ARD/ZDF
- 70 % der Zuschauer älter als 50 Jahre
- Junges Nischenpublikum bei Privaten
- Werbegelder fließen zur Reichweite

Es geht auch anders:

- Start Privatfernsehen am 01.01.1984
- Werberelevante Zielgruppe erfinden
- Alter 14 bis 49 Jahre
- 70 % der Reichweite werden unsichtbar
- Marktanteil katapultiert nach oben
- Werbezeiten werden teuer verkauft

→ Die Regeln zu seinen Gunsten und zum Nachteil der anderen ändern.

Abbildung 37: RTL

aws Wärme Service

Wie in einem Commodity-Markt neue Standards durch Querdenken gesetzt werden, zeigt das Beispiel aws Wärme Service.

aws Wärme Service ist ein Unternehmen aus dem Mineralölhandel und blickt auf eine lange Tradition zurück. Über Firmierungen wie Raab Karcher, Veba Öl Vertrieb, Veba Wärme Service und Aral Wärme Service gelangt man zur heutigen aws Wärme Service (aws), einer Beteiligung der BP Europa SE. Das Unternehmen vertreibt Heizöl an ca. 350.000 Endverbraucher und ist Marktführer in diesem Segment. Zu den Kunden zählen vor allem die Ein- und Zweifamilienhaus-Besitzer. Nicht sehr spannend werden viele sagen, aber man sollte sich nicht täuschen lassen.

Wie sieht der Heizölmarkt in Deutschland aus? Es gibt ca. 4.000 Heizölhändler, die meisten sind kleinere Betriebe, die ihr Geschäft rund 20 bis 40 Kilometer um ihren Standort herum betreiben. Es handelt sich häufig um Zwei-Personenbetriebe; Inhaber und Ehefrau machen das Geschäft schon seit Jahren und kennen die Kunden sehr genau. Bedient werden zwischen 2.000 und 3.000 Kunden pro Betrieb. Regional größere Betriebe sind die Ausnahme. Die Konzerne haben sich aus dem Direktgeschäft zurückgezogen und verlagern es auf sogenannte Vertriebspartner, die dafür die Marke des Konzerns verwenden dürfen. Insgesamt geht der Markt zurück, da nach einer Heizungsmodernisierung deutlich weniger Öl verbraucht wird, oft auf andere Energien umgestellt wird und im Neubau Heizöl so gut wie keine Rolle mehr spielt.

aws beschäftigt sich eingehend mit seinen Kunden und nutzt die Marktforschung in Form von Focus Groups intensiv, um den Kundenwünschen näherzukommen. Wenn Sie Kunden fragen, was ihnen beim Heizölkauf am wichtigsten ist, antworten über 90 Prozent mit „der Preis". Sich dem Preis als einziges Kriterium im Markt auszusetzen, war nicht das Ziel. aws hat seinen Kunden in den Focus Groups immer wieder neue Ideen vorgestellt, um herauszufinden, was neben dem Preis für den Kunden ein Argument bei der Wahl seines Lieferanten sein könnte. Hierbei war es wichtig, nicht nur den Kunden zu fragen, denn er hätte immer wieder zum „Preis" als größten Wunsch gegriffen. Wie sollte er auch etwas wollen bzw. vermissen, was er bis dahin noch gar nicht kannte? Es war wichtig, gemeinsam mit den Kunden tiefer zu schauen. aws hat in speziellen Focus Groups Reaktionen und Meinungen zu den eigenen Vorschlägen aufgenommen und damit die Marketing-Tools fortlaufend verfeinert. Unterstützend wurde ein Kundenbarometer aufgesetzt, mit dem die Kundenmeinung über das Angebot regelmäßig hinterfragt wird. aws wollte in den Spiegel schauen, den der Kunde einem vor hält.

Es gab den Wunsch, anders zu sein. Anders als der Wettbewerb und anders als bisher.

Wie läuft das Heizölgeschäft?

Es handelt sich im Vergleich zu anderen Branchen um ein eher unspektakuläres Geschäft. Einmal im Jahr ruft der Kunde an und fragt nach dem aktuellen Heizölpreis, aber nur dann, wenn der Heizöltank fast leer ist. Angerufen werden in der Regel der Stammlieferant und noch zwei oder drei andere Händler, um dann um den niedrigsten Preis feilschen zu können. Es herrscht eine Art Basar-Mentalität.

Einmal im Jahr Kontakt zum Kunden und das nur, wenn der Kunde anruft. Warten also, bis das Telefon klingelt und dann noch auf den niedrigsten Preis einsteigen müssen. Das ist etwas überspitzt beschrieben, trifft es aber im Kern. Es ist ein passives Geschäft, bei dem die Händler zwar schnell große Umsätze erzielen – denken Sie nur an die Preise für einen Liter Heizöl, Benzin oder Diesel – aber Umsatz allein reicht nicht aus.

Nun kann man sich natürlich auch hinsetzen und hoffen, das sich ein Kunde meldet und man dann von der sehr schmalen Marge auch noch etwas abgeben muss, da ein Wettbewerber einen niedrigen Preis angeboten hat. So wollte aws nicht arbeiten.

Es wurde quergedacht, um in diesem passiven und konservativen Markt für ein völlig austauschbares Massenprodukt die Spielregeln, die seit ewigen Zeiten existierten, zu ändern. Ändern, sodass die aws Wärme Servicevorteile gegenüber den Wettbewerbern generieren kann und damit in einem sinkenden Markt seine Marktanteile erhöhen und insgesamt wachsen kann. Das Unternehmen wollte sich von einem schleichenden und langsamen Marktrückgang abkoppeln, denn sich mit dem Markt zu entwickeln, hieße jedes Jahr die Mitarbeiterzahl zu reduzieren.

Betrachtet man die Regeln im Heizölmarkt, so wird die Vorgehensweise der aws deutlich:

▶ **Ein Heizölkunde ruft seinen Lieferanten an, wenn er Bedarf an Heizöl hat:**

So war es in der Branche schon immer. Wenn der Kunde Heizöl braucht, wird er schon anrufen. Passiver geht es kaum, bequem, aber langweilig. Aber warum? Zumal die Kunden selbst den Hinweis gaben, dass sie einem sinnvollen Kontakt und einer hilfreichen Information gegenüber aufgeschlossen sind.

Ein Heizölkunde benötigt ziemlich genau alle zwölf Monate eine neue Lieferung. Daraus ergibt sich ein neuer Bedarf ungefähr ein Jahr nach der letzten Lieferung. Aus dieser Information und der beim letzten Mal gelieferten Heizölmenge wurde ein ausgefeiltes Mailing- und Kundenbindungssystem entworfen. Der Kunde bekommt passend zu seiner Phase im Bedarfszyklus die adäquaten Informationen. Es geht dabei nicht um das, was er gerade nicht braucht, sondern punktgenau auf seinen Bedarfspunkt abgestimmt. Es hat zwar Jahre gedauert ein so detailliertes und effizientes System zu entwerfen und umzusetzen, aber im Markt gibt es nichts Vergleichbares. Das ist Kundenbindung pur. Normal ist ein Kundenkontakt im Jahr, die aws Wärme Service hat ein engmaschiges Kundenmanagementsystem von drei bis vier Kontakten aufgebaut. Das ist die Glaskugel, die über die Kunden gesetzt wird: Der Wettbewerber kann die Kunden der aws zwar sehen, aber kommt nicht an sie heran.

- ▶ **Ein Heizölkunde zahlt sein Heizöl erst, wenn er es im Tank hat:**

  Völlig normal, aber auch riskant und nicht gerade liquiditätsfördernd. Vor der Mehrwertsteuererhöhung zum 1. Januar 2007 um drei Prozent wollte die aws ihren Absatz steuern und aus der heißen Phase, wenn alle Kunden noch schnell zum alten Mehrwertsteuersatz kaufen wollten, in das erste Quartal 2008 verlagern. Die Gründe lagen branchenweit in den Kapazitäten für Personal und Logistik.

  Der Gedanke war, dem Kunden etwas anzubieten, was ihn dazu bewegt auch zum höheren Steuersatz zu kaufen und somit in den hektischen Monaten davor Ruhe zu bewahren. Dafür wurde das **H**eizöl-**e**xtra-**l**eicht **G**utschein-**A**ngebot „HelGA" entwickelt. „Heizöl extral leicht" ist die allgemein gültige Produktbezeichnung.

  HelGA ist ein Gutschein im Wert von beispielsweise 500 Euro. Der Heizölkunde kauft seine HelGA und vier Monate nachdem er sie bezahlt hat, lädt aws den Gutschein um drei Prozent auf. Das entspricht einer theoretischen Jahresverzinsung von neun Prozent. Ein gewaltiges Angebot. Und eine neue ungewöhnliche Idee in diesem Geschäft. Was steckt dahinter? Die Kunden haben die HelGA gekauft und bezahlt, aws hat also das Geld vom Kunden schon vor der Heizöllieferung. Liquidität ist hierbei ein wichtiges Argument. Der Kunde löst den Gutschein, der im CRM-System der aws hinterlegt wird, beim nächsten Heizölkauf ein und erzielt damit seinen Vorteil. Kaufen wird er natürlich nur bei aws, denn dort hat er ja quasi schon angezahlt. Zur Liquidität auch noch Kundenbindung. Eine HelGA gibt es in verschiedenen Wertstufen von 50 bis 500 Euro.

  Die HelGA ist so erfolgreich, dass sie auch nach der Mehrwertsteuererhöhung noch am Leben ist und einen ganz wichtigen Faktor im Kundenmanagementsystem der aws darstellt. Frei nach der Duplo-Werbung kann HelGA „die wohl erfolgreichste Prepaid-Card für Heizöl in Europa" genannt werden.

- ▶ **Nur der Preis entscheidet beim Heizölkauf:**

  Natürlich antwortet der Kunde auf die Frage, was für ihn das Wichtigste sei: der Preis. So ist es in den meisten Branchen. Allerdings muss immer versucht werden, den Kunden vom reinen Preisgedanken wegzuführen. Entscheidend ist nicht der absolute Preis, sondern der „gefühlte Preis", den der Kunde empfindet. Und den kann man beeinflussen, wie aws eindrucksvoll zeigt. In einem Markt, in dem der Kunde sich völlig frei für einen Lieferanten entscheidet, ist das äußerst wichtig.

Der Kunde sollte etwas bekommen, was die Bindung an aws erhöht und den Preis nicht als alleiniges Entscheidungsmerkmal gelten lässt. Nicht mit den Faktoren, die selbstverständlich sind, wie exakte Liefertermine, sichere Belieferung, exakte Abrechnung und nette, kompetente Kundenberater. Nicht mit Faktoren, die der Wettbewerb leicht nachahmen kann. Gesucht wurde etwas Einzigartiges, was es nur bei diesem Lieferanten gibt. Dieses Marketing-Tool sollte genau zum Kaufzeitpunkt parat stehen und ganz besonders die Lieferantentreue belohnen. Eine Verlosung schien die richtige Maßnahme zu sein, allerdings darf sie nach dem Wettbewerbsgesetz nicht an einen Kauf gekoppelt werden. Die Idee war, den Kunden Losanteile zu geben. Pro 1.000 Liter bekommt der Kunde einen Losanteil, einen Glückspilz, wie der Losanteil genannt wurde. Es geht um die Glückspilzaktion der aws Wärme Service.

Da die Treue belohnt werden soll, gelten die Mengen der letzten vier Jahre als Bezugspunkt. Je mehr der Kunde gekauft hat und je treuer er bei aws blieb, desto mehr Losanteile bekommt er, die dann in die virtuelle Lostrommel einfließen. Zusätzliche Losanteile gibt es zum Beispiel für die Abnahme der Premiumqualität, der Zahlung per EC-Karte oder den Kauf einer HelGA, für Dinge, die der aws wichtig sind. Zweimal im Jahr wird aus allen Glückspilzen ein Mini One verlost. Alle Kunden, die treuen Stammkunden umso mehr, haben zweimal im Jahr die Chance, ein Auto zu gewinnen. Die Kunden sind von dieser Möglichkeit begeistert und der letzte Cent ist im Preisgespräch nicht mehr ganz so wichtig. Nebenbei bietet diese Marketingmaßnahme den Kundenberatern am Telefon einen hervorragenden Gesprächseinstieg und eine einzigartige Argumentationshilfe. Es ist ein komplettes System, das hier entstanden ist und im Markt wirkt. Die Gewinner werden in die Zentrale nach Bochum eingeladen. Dort wird in einer kleinen Feier mit der Geschäfts- und Marketingleitung der Mini One übergeben. Ein Fotograf hält den Augenblick fest und die Bilder werden in den nächsten Mailings abgedruckt, um der Aktion immer mehr Durchschlagskraft zu verleihen. In den oben erwähnten Mailings kurz vor dem zu erwartenden Liefertermin des Kunden werden ihm seine bis jetzt erreichten Glückspilze schriftlich mitgeteilt, die ihn überzeugen, wieder bei aws zu kaufen.

▶ **Es gibt keine neuen Vertriebswege für Heizöl:**

Das könnte man denken, wenn man sich den Markt anschaut. Eine besondere Herausforderung für aws. Wie gelangt man an Kundenkreise, die einem sonst verschlossen bleiben? Es hat aws gereizt, etwas zu kreieren, was einen Heizöllieferanten interessant für andere Branchen macht.

Der „HeiNZ" ist eine solche Idee gewesen. Die aws hatte mit einem führenden Lebensmittelanbieter gesprochen und ihm dieses Angebot gemacht: aws bringt ihm Kundenfrequenz, aws bringt ihm Umsatz, aws bringt ihm Kundentreue, aws versetzt ihn in die Lage, einen hohen Kaufvorteil zu geben, der ihn aber nichts kostet. In einem der Workshops, die die aws zu verschiedenen Themen regelmäßig durchführt, kam die Idee zu „HeiNZ".

HeiNZ steht für **Hei**zöl-**N**atural-**Z**ugabe. Jeder Kunde, der in einem der Lebensmittelmärkte der Kette für 50 Euro einkaufte, erhielt einen Klebepunkt im Wert von 5 Litern Heizöl, den HeiNZ. Ein HeiNZ hatte zu dieser Zeit einen Wert von ca. 4 Euro, der Kunde erhielt also einen Nachlass von acht Prozent. Dies ist in der Lebensmittelbranche viel. Überzeugt hat zudem, dass dieser Nachlass der Lebensmittelkette keinen Cent kostete.

Der Kunde bekam ein Sammelheft und konnte bis zu zehn HeiNZe dort einkleben. Bei einem vollen Sammelheft hatte er zehnmal bei der Lebensmittelkette eingekauft und dort einen Umsatz von 500 Euro getätigt. Die Kunden haben ihre wöchentlichen Einkäufe auf diesen Händler gebündelt, damit das Heft schneller voll wurde. Das volle Sammelheft wurde an die aws geschickt und der Kunde erhielt bei der nächsten Heizölbestellung bei aws einen Nachlass von 50 Litern Heizöl. aws hatte einen neuen Kunden, der auch nur dann in den Genuss des kostenlosen Heizöls kam, wenn er seinen Heizölbedarf bei aws kaufte. Im schlechtesten Fall bekam aws eine qualifizierte Adresse für die folgenden Mailings im Kundenmanagementsystem. Für alle ein tolles Geschäft. Unterstützt wurde die Aktion durch umfangreiches Dekorationsmaterial in den einzelnen Häusern.

▶ **Auftritt nur unter einer Marke:**

So ist das in diesem Geschäft: Der Händler verkauft das Heizöl unter seinem Namen und bedient damit alle seine Kunden. Es gibt keine Differenzierung nach verschiedenen Kundengruppen.

Es gibt aber auch Heizölkäufer, die sich ausschließlich im Internet bedienen wollen. Hier zählen in der Tat nur der Preis und eine angemessene Lieferzeit. Es gab einzelne Internet-Plattformen, die aber in der Regel nur Vermittlerfunktion zwischen Kunde und Heizöllieferant ausüben. Allerdings verändert sich der Markt deutlich, da zunehmend auch ältere Menschen das Internet nutzen oder über Verwandte nutzen lassen. Der typische Heizölkunde ist älter als 60 Jahre. Heizöl hatte seine Boom-Phase in den Sechziger- und

Siebzigerjahren, in denen auch die meisten Häuser mit dieser Energie gebaut wurden. Den Internet-Markt mit der Marke aws zu bedienen war nicht ratsam, da diese Kunden völlig anders angesprochen werden müssen und die Hauptmarke nicht gefährdet werden sollte.

Die Ergebnisse einer speziellen Focus Group zum Thema „E-Commerce im Heizölgeschäft" haben ganz entscheidende Impulse gesetzt. aws installierte hierfür eine Second Brand, die als Low Cost Brand einen Low Cost Markt bedient. Die neue Marke mit dem Namen „comoil" ist im Markt rasant gewachsen und hat sich in kurzer Zeit in die Spitzengruppe der Anbieter katapultiert. Es war die am stärksten wachsende Marke im E-Commerce-Markt für Heizöl. Die Substitutionseffekte mit der Kernmarke aws waren gering. Zusatzgeschäft wurde generiert, ein neues Kundenklientel wurde gewonnen und der Markt in kurzer Zeit verändert.

▶ **Heizölhändler können nur Öl:**

So war es bestimmt bisher. Was sollte ein Heizölhändler seinen Kunden noch verkaufen? Manche versuchen es mit Holzkohle zum Grillen im Sommer, manche mit Streusalz im Winter und manche mit einem Heizungsdienst. All dies sind keine strategischen Schritte, um ein Geschäft fit für die Zukunft zu machen.

Bei aws wurde viel darüber nachgedacht, wie ein solcher Schritt aussehen könnte. Einiges wurde probiert und es wurde mit Kunden gesprochen, um zu erfahren, was man einem Heizöllieferanten an weiterer Kompetenz abnehmen würde. Es wurde entschieden, ein Strom-Produkt in das Angebotsportfolio aufzunehmen. Ein wachsender Markt – mit vergleichbaren Margen und ebenfalls ein Energie-Produkt – also passend zum Heizöl. Die Ergebnisse einer speziellen Marktforschung haben das bestätigt. Aus zahlreichen Gesprächen mit den führenden Stromanbietern wurde deutlich, dass dieser Markt nach der Liberalisierung noch gar nicht darauf vorbereitet war, um den Verbraucher zu kämpfen und ihn langfristig zu binden. In der Branche herrscht nach wie vor ein Monopolverhalten einiger Anbieter. Als Heizölhändler weiß man aber sehr genau, was es beinhaltet, jeden Tag um einen Kunden zu kämpfen, selbst wenn er schon Stammkunde ist.

aws kommt aus einem Markt mit einer Stammkundenquote von 50 bis 60 Prozent im Durchschnitt der Branche, aus einem Markt mit 4.000 Wettbewerbern und erblickte nun paradiesische Zustände: Eine Stammkundenquote von über 90 Prozent und nur 1.000 Wettbewerber. Und das alles in einem Markt, der gar nicht so weit weg vom angestammten Geschäft lag.

So fiel die Entscheidung, ein eingetragener Stromlieferant zu werden und ein Öko-Strom-Produkt anzubieten. Das neue Geschäftsfeld ist erfolgreich gestartet.

Die verschiedenen Maßnahmen der aws Wärme Service zeigen, wie in einem Commodity-Markt Präferenzen für eine Marke gesetzt werden können, wenn man bereit ist, andere Wege zu gehen und Spielregeln zu ändern. Die Grundlage für die Ideen liefern immer die Kunden, man muss sie nur mittels verschiedener Tools einbeziehen.

Beispiel: aws Wärme Service

Hindernisse im Markt eliminieren

Das galt bisher im Heizölmarkt:

• Kunde ruft an

• Kunde zahlt erst bei Lieferung

• Nur der Preis entscheidet

• Keine neuen Vertriebswege möglich

• Auftritt nur unter einer Marke

• Heizölhändler können nur Öl

Es geht auch anders:

• Kundenmanagementsystem

• HelGA Gutschein

• Glückspilzaktion

• HeiNZ

• Second Brand

• Ökostrom Angebot

→ Ein Commodity-Markt bekommt neue Regeln.

Abbildung 38: aws Wärme Service

CureWell

Was könnte es im Bereich von Wellness und Gesundheit an Querdenker-Ansätzen geben? Kann man auch in diesem Bereich die Regeln ändern?

Wie ist es typischerweise, wenn man eine Massage buchen möchte? Man sucht sich eine Praxis in der Nähe des Wohnortes und versucht, einen Termin abzustimmen. Eigentlich kein Problem, wenn man sich an die Öffnungszeiten der Praxis hält. Es wird immer dann schwierig, wenn man beruflich sehr eingespannt ist und im Terminkalender nicht spontan Zeit freimachen kann. Wenn man Glück hat, erwischt man eine Praxis, die auch vor 8.00 und nach 20.00 Uhr Behandlungen anbietet. Ansonsten bleibt nur, sich am Nachmittag oder zumindest eine Stunde aus dem Büro oder vom Arbeitsplatz zu entfernen, und in die Massagepraxis zu gehen. Gut, wenn die Praxis dann einigermaßen in der Nähe des Arbeitsplatzes liegt.

Einen anderen Ansatz verfolgen Jacqueline und Julian Ehrich mit ihrer Praxis „CureWell". Dort kann man telefonisch einen Termin abstimmen und einer von den beiden kommt mit mobiler Massagebank und den nötigen Utensilien zu Ihnen nach Hause. Was anfangs eher für ältere und nicht mobile Menschen gedacht war, hat sich mittlerweile für einen ganz anderen Kundenkreis entwickelt. Genau die gestressten Menschen, die keine Zeit und Möglichkeit haben, sich einen Termin in einer Praxis einzurichten, sind das Klientel der beiden. Egal, ob Werktag oder Feiertag, CureWell richtet einen freien Termin für den Kunden ein und kommt zu ihm. Auch dann, wenn dies für den Kunden einmal erst um 22:00 Uhr möglich ist.

Der Kunde und nicht die Arbeitszeit steht im Vordergrund des Geschäftsmodells. Neben der Möglichkeit sich eine Massage ohne eigene Anfahrt und ohne Terminprobleme nach Hause zu bestellen, bietet CureWell auch an, ins Hotel oder an den Arbeitsplatz zu kommen.

Von den Kunden wird das Modell sehr gut angenommen. Es gibt Kunden aus den USA, die geschäftlich öfter in Frankfurt oder Umgebung sind, die sich ihren speziellen Massagetermin im Hotel schon vor der Abreise aus den USA per E-Mail bestellen. Auch in diesen Fällen kommt es dann zu sehr ungewöhnlichen Massagezeiten, wenn der Kunde seinen gewohnten Zeitrhythmus für eine Drei-Tagesreise nicht ändern möchte.

Bei stationären Krankenhausaufenthalten können die beiden ebenfalls bestellt werden. Neben verschiedenen Massagen sind auch Kosmetik- und Fußpflegebehandlungen im Angebot.

Sogar für Firmenevents bietet CureWell seine Dienste an. Eine ganz andere Perspektive für ein Meeting, wenn dort Massagen oder andere Behandlungen für gestresste Teilnehmer angeboten werden.

Damit ergeben sich für die eigene Wellnessplanung neue Möglichkeiten.

Beispiel: CureWell

Hindernisse im Markt eliminieren

Das galt bisher bei Massagen:

- Behandlung nur in der Praxis
- Öffnungszeiten sind einzuhalten
- Mobilität nur in Notfällen
- Behandlung nur für „Bedürftige"

Es geht auch anders:

- Behandlung zu Hause und im Hotel
- Massage auch nachts um 22:00 Uhr
- Mobilität als Geschäftsprinzip
- Wellness als Event

➔ **Vom stationären Bedarf zum mobilen Event.**

Abbildung 39: CureWell

Existente Märkte neu beleben

Nespresso

Nespresso liefert ein gutes Beispiel, wie man durch Querdenken in einem gesättigten und besetzten Markt neue Dynamik entfachen kann.

Hinter dem Konzept steht der Gedanke, ein System zu entwickeln, das nicht auf den einzelnen Funktionen, sondern auf dem Gesamtprozess des Kaffeetrinkens aufbaut. Hier wurden bisherige Systemgrenzen neu definiert oder versetzt. Es ging darum, guten Kaffee zu trinken und zwar ohne umständlich daran arbeiten zu müssen.

Der Markt für gehobenen Espresso-Genuss war recht exklusiv. Benötigt wurden dazu teure Maschinen, zum Beispiel von Jura oder Saeco, technisch und in der Wartung aufwändig. Zudem gibt es Maschinen mit eigenem Mahlwerk und der Möglichkeit, Milchschaum zu erzeugen, um statt Kaffee einen Cappuccino zu trinken. Die Maschinen sind für den gelegentlichen Genießer wenig geeignet, sind aber auf jeden Fall ein Prestigeobjekt für den Käufer. Aus schlecht gewarteten Maschinen schmecken weder Espresso noch Cappuccino. Der Genuss des Getränks ist erheblich eingeschränkt. Grund dafür ist die nachlässige Wartung der Maschinen und Vollautomaten, die in bestimmten Zeitabständen dringend notwendig ist, denn die gerösteten Bohnen bestehen bis zu 19 Prozent aus Ölen.

Der Markt für diese Maschinen wächst zwar, bleibt aber relativ elitär. Die Maschinen kosten zwischen 500 und 2.000 Euro, einige sogar noch mehr. Zu den Maschinen werden die Kaffeebohnen, die Software, entsprechend den persönlichen Vorlieben ausgesucht. Software- und Hardware-Anbieter waren in der Regel nicht identisch.

Mit den vorhandenen Regeln im Markt war ein gewaltiges Wachstum in andere Zielgruppen nur schwer möglich. Wenn allerdings die Regeln in Frage gestellt werden und versucht wird, sich auf der grünen Wiese auf den Stuhl des Kunden zu setzen, kann man auf ganz neue Ansätze für den Markt stoßen.

Die Maschinenpreise sind abhängig von den Stückzahlen, die produziert und abgesetzt werden können. Die Frage war, wie es gelingen kann, aus dem elitären Markt einen Massenmarkt mit modischen Tendenzen zu machen und sogar einen neuen Trend zu setzen. Die Zielsetzung war, Maschinen zu günstigen Preisen unter 300 Euro anbieten zu können, die Handhabung einfach zu gestalten und trotzdem eine hohe Kaffeequalität zu garantieren.

Nestlé hat dabei eine Vorreiterrolle gespielt und den Markt mit dem Nespresso System verändert und in Bewegung gebracht.

Eric Favre hatte die Idee einer Kapsel schon sehr früh, konnte sie aber im Nestlé-Konzern anfangs nicht umsetzen. Er war schon frustriert und wollte das Unternehmen verlassen. Aber der damalige Konzernchef Helmut Maucher machte ihn zum Chef einer neuen Firma mit Namen Nespresso.

Zu Beginn war das System für Büros und Restaurants gedacht, mittlerweile ist daraus ein Renner im Consumer-Markt geworden. Grundgedanke ist eine technisch einheitlich definierte Maschine, die mit gemahlenem Kaffeepulver in Alu-Kapseln bestückt wird. Diese Kapseln werden nach dem Einsetzen in die Maschinen durchlöchert, dann wird mit hohem Druck heißer Wasserdampf in die Kapseln gespült und der Espresso tritt an definierter Stelle heraus. Der hohe Druck von festgelegten 19 Bar ermöglicht eine Crema, die für einen guten Espresso unerlässlich ist. Die Maschinen werden von Firmen wie Krups, Siemens und DeLonghi nach den definierten Standards von Nespresso gefertigt. Die gleich bleibende Qualität der Maschinen und des Kaffees ist damit gewährleistet.

Die Kapseln mit dem Kaffeepulver kann man nur exklusiv via Internet bei Nespresso bestellen oder in einer Nespresso Boutique kaufen. Ein völlig neuartiges System für den Kaffeekauf. Ein Club für Nespresso Fans. Die Boutiquen gibt es mittlerweile in Städten wie Hamburg, Frankfurt, Barcelona, Mailand, Rom, New York oder Chicago. Dort kann man die Kapseln und die Maschinen kaufen. Die Kapseln bieten gerade für die Gelegenheitstrinker einen großen Vorteil, da das Aroma nicht mit der Zeit verloren geht. Ein Nachteil der Maschinen mit eigenem Mahlwerk und Vorratsbehälter für die Kaffeebohnen.

Der Preis der einzelnen Kaffeeportion liegt im neuen System höher als bei den üblichen Maschinen. Daran erkennt man auch, dass das System erfunden wurde, um mit Kaffee Geld zu verdienen.

Wie schon angedeutet, war das System anfangs für andere Anwendungen gedacht und nicht erfolgreich. Der Erfolg stellte sich erst ein, als die Zielgruppe geändert wurde.

Eine Zielgruppe, der das Nespresso System Komfort und Sicherheit gibt.

Im Nespresso Club ist der Kundendienst für die Maschinen kostenlos und sollte einmal eine Maschine ausfallen, gibt es umgehend Ersatz, sodass man nicht lange auf den Kaffeegenuss verzichten muss. Die Reparatur der Maschine erfolgt innerhalb von drei bis fünf Werktagen. Eine kostenlose Telefonhotline versucht bei Problemen, dem Kunden direkt zu helfen und kanalisiert damit einfache Bedienungsfehler aus dem Reklamationsmanagement heraus, die dann wieder bei neuen Produkten berücksichtigt werden. Die Kaffeekapseln werden weltweit innerhalb von zwei Tagen geliefert. Über den Club hat Nespresso die Möglichkeit, seine hochwertigen Direktmarketingmaßnahmen in den Markt zu bringen und damit weitere Aktivitäten umzusetzen.

Immer neue Modelle und eine clevere Werbestrategie bringen Nespresso ungeahnte Umsatzzuwächse. Von 2006 bis 2008 wurde der Umsatz verdoppelt und danach ging es mit stets zweistelligen Zuwächsen weiter, wobei das Wachstum nach eigenen Aussagen überwiegend von neuen Kunden stammt. Mittlerweile gibt es fast acht Millionen Nespresso Clubmitglieder. Vom Luxusprodukt im elitären Markt zum Massenprodukt für jeden.

Querdenken funktionierte auch in diesem Markt erfolgreich.

Die Funktionen beim Kaffeetrinken Mahlen, Portionieren, Verpacken, Brühen, Entsorgen wurden unter dem Blickwinkel „guter Kaffeegenuss" neu definiert.

Was blieb, ist Kapsel einsetzen und Knopf drücken. Auch hier wird der Kunde in die Ideenfindung mit einbezogen. Holger Feldmann, Marketing-Head von Nespresso, betont, dass sich Nespresso mit den Wünschen der Kunden weiterentwickelt und Anregungen der Kunden gerne aufgenommen werden. So wird dem Kritikpunkt Aluminiumkapsel aus ökologischen Gesichtspunkten mit dem Ziel einer 75-prozentigen Wiederverwertung der Kapseln begegnet.

Mittlerweile versucht zum Beispiel auch Lavazza diesen neuen Regeln im Markt zu folgen und bietet zusammen mit Saeco Maschinen mit Kapselsystem für private Haushalte an.

Auch Nespresso muss sich nun mit anderen Wettbewerbern quälen, die ähnlich wie bei den Druckerpatronen, leere Kapseln für das Nespresso System zum Selbstbefüllen verkaufen. Damit ist es möglich, jeden Kaffee in die Kapsel zu geben und mit der komfortablen Technik zu genießen.

Wir werden sehen, ob und wie Nespresso darauf reagieren wird.

Beispiel: Nespresso

Existente Märkte neu beleben	Eine Branche neu erfinden
Das galt bisher im Kaffeegeschäft:	**Es geht auch anders:**
• Aufwändige und teure Maschinen	• Einfache und günstige Maschine
• Maschinen kosten 500 bis 2.000 Euro	• Preis ab 99 Euro
• Prestigeobjekt	• Gebrauchsgegenstand
• Komplizierte Handhabung	• Leichte Handhabung
• Aromaverlust bei „Wenig-Trinkern"	• Kein Aromaverlust durch Kapseln

➜ **Der Markt wächst und die „Alten" sind gezwungen zu reagieren.**

Abbildung 40: Nespresso

FedEx

Ende der Sechzigerjahre war UPS das führende Logistikunternehmen in den USA. Jede umwälzende Neuerung der Branche erwartete man zu dieser Zeit einzig vom Marktführer. Aber ein Außenseiter, der nicht durch Regeln und Branchenwissen geblendet war, hat die Branche revolutioniert.

In den Zeiten der Automatisierung und der durchstartenden Automobilindustrie veränderten sich die logistischen Anforderungen an die Marktteilnehmer. Just in time war nur eine der Anforderungen. Insgesamt mussten die Logistikleistungen schneller, flexibler und gleichzeitig genauer werden, um mit der produzierenden Industrie mitzuhalten.

Die entscheidende Idee hatte ein gewisser Frederick Wallace Smith. In einer wissenschaftlichen Arbeit während seines Studiums der Wirtschaftswissenschaften an der Yale University, hielt er seine Gedanken zu einem Übernachtkurier mit eigenen Flugzeugen fest. Die Grundidee seiner Arbeit in Yale war die Installation von Logistikdrehkreuzen, um so die hohe Anzahl von logistischen Einzelverbindungen zu verringern. Die Drehkreuze – verkehrsgünstig gelegen – waren Zwischenläger von denen aus wiederum die Lieferungen zu den Endpunkten durchgeführt wurden. Bis dahin war es üblich, jeden Standort mit jedem anderen Standort direkt zu verbinden, was zu einer sehr hohen Verbindungszahl führte. Die Luftfracht war damals nicht das Hauptgeschäft eines Logistikunternehmens, eher ein Zusatzgeschäft der Luftfahrtgesellschaften. Dies hatte zur Folge, dass sobald es keine Direktverbindung zweier Punkte gab, die Ware unter Umständen mehrmals umständlich umgeladen werden musste. Mit all den Gefahren und Risiken wie Zerstörung, Verlust und einem enormen Aufwand. Die Drehkreuze im Sinne von Verteilerkreuzen brachten in Bezug auf Schnelligkeit und Wirtschaftlichkeit einen riesigen Fortschritt in der Logistik. Beschrieben wird dies oft mit der Radnabe und den Speichen eines Rades. Von der Nabe aus strömen die Speichen in alle Richtungen aus. Die Nabe ist das zentrale Drehkreuz.

Diese für die gesamte Logistikwelt umwälzende Idee kam nicht vom Marktführer oder einem anderen aktiven Marktteilnehmer, sondern wurde von einem Studenten entwickelt, der genau daraus ein Weltunternehmen aufgebaut hat.

Smith hatte einen entscheidenden Vorteil gegenüber den etablierten Unternehmen in der Branche, er musste sich nicht von den traditionellen Rahmenbedingungen und vermeintlichen Branchengesetzen lösen und sie vergessen. Er kannte sie als Student nicht im Detail: Sie konnten seinen Blick nach vorne nicht trüben. Er konnte völlig unbelastet an seine Überlegungen gehen und auf der „grünen Wiese" den Baumeister spielen. Sicher haben auch die Fachleute der anderen Logistikunternehmen mit ihren Stäben in Projekten zusammengesessen und nach Lösungen gesucht. Sie haben immer und immer wieder das bestehende System optimiert und verfeinert. Aber auf eine völlig anders gedachte Organisation sind sie nicht gekommen. Sie konnten sicher in der Nähe alles im Detail erkennen, nur in die Ferne konnten sie nicht schauen. Da war die Brille durch die eigene Historie vernebelt.

Den Erzählungen von Frederick W. Smith nach, soll seine damalige Arbeit nur mit einem „befriedigend" benotet worden sein. Später beim Militär war Smith schon wieder mit Logistikaufgaben betreut und schließlich gründete er 1971 eine Firma namens Federal Express kurz FedEx genannt.

Im März 2008 hatte die Flotte von FedEx knapp 700 Flugzeuge verschiedenen Typs. Bei einigen Flugzeugtypen ist FedEx der weltweit größte Betreiber.

Frederick W. Smith ist immer aktiv und innovativen Schritten aufgeschlossen. Unter George W. Bush wäre er fast US-Verteidigungsminister geworden und im Kinohit „Cast Away" mit Tom Hanks übt er sich als Schauspieler, FedEx spielt im Film eine entscheidende Rolle.

Die Logistikbranche wurde nicht von einem Insider der Branche oder einem der damaligen Marktführer belebt, sondern von einem Außenseiter.

Beispiel: FedEx

Existente Märkte neu beleben	Eine Branche neu erfinden
Das galt bisher im Logistikmarkt:	Es geht auch anders:
	Anforderung der Automation
• Permanente Einzelverbindungen	• Zentrales Drehkreuz schaffen
• Für 100 Orte = 9.900 Verbindungen	• Für 100 Orte = 100 Verbindungen
• Teuer und aufwändig	• Schneller, präziser und zuverlässiger

→ Ein Student revolutioniert die Branche.

Abbildung 41: FedEx

Swatch

Swatch ist ein plakatives Beispiel für die Belebung eines bestehenden Marktes, der sich in akuten Schwierigkeiten befindet.

Die Uhren von Swatch kennt nahezu jeder, ob jung oder alt.

Armbanduhren gibt es schon lange, bevorzugt in der Schweiz hergestellt. Zeitweilig hatten Schweizer Uhren einen Weltmarktanteil von 30 Prozent. Die Uhren aus der Schweiz galten als technisch ausgereift mit immer neuen mechanischen Komplikationen und Innovationen mit analoger Anzeige. Allerdings war eine Schweizer Uhr nicht ganz billig, was aber nicht entscheidend für den Verbraucher war, da man in der Regel einmal im Leben eine vernünftige Uhr kaufte, die dann zu allen Anlässen getragen wurde.

Ende der Siebzigerjahre setzten die Japaner an, diesen Markt zu übernehmen. Sie produzierten günstige Uhren mit Quarzwerken und zum Teil digitalen Anzeigen.

Diese Uhren waren nicht nur deutlich günstiger als die Schweizer Uhren, sie gingen aufgrund ihres Quarzwerkes auch bedeutend genauer und mussten nicht mehr per Hand aufgezogen werden, da sie mit einer Batterie betrieben wurden. Der Schweizer Uhrenmarkt litt erheblich unter der neuen Entwicklung und der Marktanteil ging rapide zurück.

In dieser Marktsituation, in der sich der Mitspieler wahrscheinlich an Optimierungsversuchen festgebissen hätte, brachte Nicolas Hayek seine erste Swatch auf den Markt. Eine Uhr, die allen bisherigen Regeln im Markt widersprach.

Der Gedanke war, Uhren als Modeprodukt zu platzieren. Für jeden Anlass eine eigene Uhr. Die Swatch Uhren werden modisch in vielen Farben und unterschiedlichen Designvarianten angeboten. Ein neues Swatch Modell gab es ungefähr alle sechs Monate. Die Uhren waren aufgrund ihrer batteriebetriebenen Werke relativ günstig, konnten aber preislich als Modeprodukt etwas über den japanischen Modellen einjustiert werden. Die Verbraucher nahmen die Idee einer modischen Uhr für jeden Zweck auf und kauften die Swatch Uhren. Eine Uhr fürs Leben? Das war bei der Swatch völlig anders. Die Swatch Kunden kauften sich mehrere Modelle und warteten schon sehnsüchtig auf die neuen Kollektionen. Ein neues Spiel für Armbanduhren war durch Nicolas Hayek und seine Swatch entstanden. Hayek erkannte die begrenzenden Rahmenfaktoren der Marktregel „eine Uhr fürs Leben".

Die neue Regel „für jeden Anlass eine Uhr" ist auch kein rationaler Ansatz, denn wie viele Uhren braucht der Mensch? Die eine Uhr, die man besitzt, zeigt auch immer die richtige Zeit an. Aber Hayek positionierte seine Swatch eben nicht als reinen Zeitmesser, sondern als ein Modeprodukt, das sich den jeweiligen Anlässen und der Kleidung anpassen lässt. Eine Swatch für die Schule, eine für den Sport, eine für den Abend, eine fürs Büro, eine für die erste Verabredung. Das führte sogar dazu, dass viele Menschen Swatch Uhren regelrecht gesammelt haben und die Uhren auf Tauschbörsen gehandelt wurden.

Das Geschäft lief nach den neuen Regeln so gut, dass der Anteil der Schweizer Uhren – und hier natürlich ganz speziell der Swatch – wieder auf fast ein Viertel des Marktes stieg. Nicolas Hayek wurde reich mit seiner mutigen Idee und war später in der Lage, einige der etablierten Luxusmarken zu kaufen und in sein Unternehmen einzugliedern. Die Idee färbte sogar auf andere Märkte ab. Mit dem Auto Smart wurde der Swatch Gedanke auf den Automobilmarkt übertragen. Auch hier war Nicolas Hayek anfangs stark involviert.

Die Mitspieler in diesem Markt haben auf Produktinnovationen in Form von neuen Modellen für den gleichen Zweck gesetzt oder sie haben die bestehenden Produkte optimiert. Alle haben aber die Regeln des Marktes akzeptiert und nur im Rahmen dieser Grenzen agiert. Die Beschränkung haben sie, wenn überhaupt nur gespürt, aber nicht interpretiert oder hinterfragt. Der Spielmacher Nicolas Hayek hingegen hat die Beschränkungen durch die vermeintlichen Marktgesetze erkannt. Durch das Verlassen und das Ignorieren dieser Regeln konnte er zu einer so quergedachten Idee, wie er sie entwickelt hat, kommen. Er hat den Markt auf einem aus Schweizer Sicht kritischen Niveau aktiv geändert und mit seinen eigenen Regeln im Markt Erfolg gehabt.

Heute ist eine Schweizer Uhr auch wieder das, was sie früher war. Auch der Markt für technisch sehr anspruchsvolle Luxusuhren boomt und selbst in diesem Marktsegment kommen laufend Innovationen und neue Modelle auf den Markt.

Beispiel: Swatch

Existente Märkte neu beleben

Das galt bisher im Schweizer Uhrenmarkt:

Es geht auch anders:

- Eine Uhr im Leben
- Uhren sind teuer
- Uhren sind technisch und kompliziert
- Die Modelle leben lang
- Der Markt geht zurück

- Eine Swatch für jeden Anlass
- Eine Swatch ist günstig
- Eine Swatch ist simpel und genau
- Alle sechs Monate ein neues Modell
- Der Markt explodiert

→ Der Wandel zum Modeprodukt.

Abbildung 42: Swatch

7. Leider nicht selbst die Spielregeln geändert

In diesem Kapitel wird an einigen Beispielen deutlich, was passiert, wenn andere Unternehmen querdenken und Spielregeln ändern, man selbst aber nicht. Es sind Unternehmen, die einen großen Namen, hohe Umsätze, viele Kunden und Mitarbeiter hatten. Sie waren am Markt Ikonen in ihrer Zeit und viele sind heute im Nichts verschwunden. Bei einigen existiert zumindest noch der Name, andere sind komplett eliminiert. Sony ist selbstverständlich nach wie vor ein sehr erfolgreiches Unternehmen, aber in diesem Beispiel geht es ausschließlich um das Produkt Walkman.

Zündapp, Kreidler

Zündapp und Kreidler, waren die „Fuffziger" in den Siebzigerjahren. Eine Zündapp war der Traum der Jugendlichen, die einen „kleinen Führerschein" hatten. Früher ein Inbegriff für deutsche Motorräder, später für die Mopeds. Zündapp steht für Zünder- und Apparatebaugesellschaft, gegründet 1917 in Nürnberg. Neben Motorrädern wurden auch Nähmaschinen, Rasenmäher und Autos produziert. Der Zündapp Janus brachte es zwar nur auf eine geringe Stückzahl, aber sein Bild gehört zum Nachkriegsdeutschland.

Nach dem Zweiten Weltkrieg wurde der „Grüne Elefant" von Zündapp zum Begriff. Ein großes, schweres Zweizylindermotorrad, meistens in grüner Farbe lackiert. Von diesem Motorrad stammt der noch heute bekannte Name des „Elefantentreffens" für Motorräder, das einmal im Jahr stattfindet. Der Markt für schwere Motorräder ging Ende der Fünfzigerjahre deutlich zurück und Zündapp erkannte die Zeichen der Zeit. Man stellte die Produktion auf leichte Zweizylinder Modelle um, die die Folgejahre geprägt haben.

Die 50 ccm Mopeds waren in Deutschland ein großer Markt. Der alte Führerschein Vier reichte aus und man konnte ein ca. 6 PS starkes Motorrad fahren, alleine oder zu zweit. Die Zweitakter waren angesagt und bei der Jugend begehrt. Eine KS 50 Watercooled mit elektronischer Zündung war das Topmodell. Zu der Zeit durfte man sogar noch ohne Helm fahren. Zündapp war eine Macht mit bis zu 33 Prozent Marktanteil bei den Motorrädern bis 100 ccm. Die Maschinen waren technisch führend und hoch innovativ. Dann kam 1978 die Helmpflicht, und die Versicherungsprämien für diese Motorradklasse stiegen deutlich an. Die japanischen Anbieter boten eine komplette Reihe von Motorrädern mit 50 ccm bis zu 750 ccm an. Sie konnten ihre Kunden damit auch mit wachsenden Ansprüchen und dem „großen" Motorradführerschein bei der Marke halten. Elektro-Starter und ein automatischer Benzinhahn waren komfortable Innovationen, die neue Bedürfnisse bei den potenziellen Kunden geweckt haben. Technisch waren die deutschen Anbieter immer noch führend, aber der Komfortgedanke wurde von den Kunden gegenüber technischen Lösungen favorisiert. Honda, Yamaha und die anderen fernöstlichen Produzenten spielten ihre Kompetenz im Motorenbau aus. Die japanischen Viertaktmodelle entsprachen nun viel mehr dem Trend und stiegen rasant in der Käufergunst. Die Marktregeln wurden geändert. Zündapp hat das und einige sich ändernde Käuferwünsche nicht erkannt oder erkennen wollen. Es wurde nicht erfolgreich versucht, sich gegen die neuen Spielregeln im Markt zu wehren oder diese umzukehren. Die Stückzahlen gingen in den Keller und 1984 Zündapp in die Insolvenz. Die Produktionsanlagen wurden nach China verkauft und noch einige Jahre wurde unter der Marke Zündapp produziert.

Zündapp Motorräder waren legendär, technisch ausgereift und beliebt. Trotzdem verschwindet ein solches Unternehmen vom Markt, weil die Spielregeln geändert wurden und Zündapp dem nicht gefolgt ist.

Kreidler ist eine ähnliche Geschichte wie Zündapp. Kreidler´s Metall- und Drahtwerke in Kornwestheim haben Mopeds, Mofas und Leichtkrafträder gebaut. 1904 gegründet, war es neben Zündapp der andere allseits bekannt Anbieter der Träume von Jugendlichen in den Siebzigerjahren. Das bekannteste Moped war die Kreidler Florett. Der damalige Leiter der Presseabteilung war übrigens der später im Fernsehen bekannte Sportreporter Bruno Moravetz, der ja 1980 bei den Olympischen Winterspielen in Lake Placid den Langläufer Jochen Behle so gesucht hat („Wo ist Behle?"). Auch die Kreidler Maschinen waren für Ihre Technik und Robustheit bekannt und beliebt. Eine Kreidler war bei der Jugend auch so begehrt, weil sie sich gut tunen oder „frisieren" ließ und damit mehr als die üblichen PS aufweisen konnte. So ließ sich aus einem bei der Versicherung günstigen Mokick ein Leichtkraftrad machen, und zwar ohne dass man dies von außen sehen konnte. Nicht erlaubt, aber sehr beliebt. Kreidler Maschinen waren auch bei Rennen und Geschwindigkeitswettbewerben sehr erfolgreich. Eine Kreidler Florett mit 50 ccm fuhr 1977 einen Weltrekord mit 221 km/h. Das alles half, um den Mythos Kreidler bei seinen Kunden zu bewahren.

Dann aber erlag Kreidler dem gleichen Schicksal wie Zündapp und stellte sich nicht auf die geänderten Spielregeln im Markt ein, die zum Teil aus einer geänderten Gesetzgebung resultierten.

1982 ging Kreidler in die Insolvenz, die Produktion wurde eingestellt. Nur der Markenname blieb noch und wird weiter genutzt.

Mit Zündapp und Kreidler sind die unangefochtenen Marktführer und Träume der Jugendlichen in den Siebzigerjahren verschwunden. Es hätte sich zur Blütezeit niemand vorstellen können, dass diese beiden Hersteller mit ihren Marken und Produkten einmal vom Markt verschwinden können und in der Zukunft im Zweiradbereich keine Rolle mehr spielen würden. Man hätte erwartet, dass diese innovativen Hersteller sich ohne Probleme auf neue Gegebenheiten einstellen können, ja diese sogar im Markt selbst schaffen könnten.

Dual

Dual ist ebenfalls ein Beispiel für verpasstes Querdenken. In der Hochphase ein Anbieter von Schallplattenspielern der Spitzenklasse, aber ohne die Schallplatte nur noch eine Marke ohne große Bedeutung im Markt.

Dual wurde 1906 im Schwarzwald als Fabrik für Feinmechanik gegründet. Der Name Dual stammt von einer speziellen Motorentwicklung, einer Kombination aus Elektro- und Federelementen. Mit dieser Entwicklung wurden die ersten Plattenspieler ausgestattet. Gefertigt wurden die Plattenspieler unter dem Label Dual, aber auch als Komponenten für andere, Grundig, Saba oder Wega. Alle HiFi-Hersteller der Sechziger- und Siebzigerjahre. Dual wurde das Synonym für Plattenspieler. Es waren von der technischen Seite sehr gute Geräte und auch im Design lagen sie im Trend. Es war etwas Besonderes, einen Dual zu besitzen und seine Platten, egal ob Langspielplatte oder Single darauf abzuspielen. Die Kenner benutzten noch eine sogenannte Nassabspielvorrichtung, mit der neben dem Tonarm noch ein zweiter, mit einer speziellen Flüssigkeit gefüllter Arm, über die

Schallplatte geführt wurde. Damit wurde zum einen die Nadel geschont und zum anderen wurden störende Knistergeräusche durch die elektrostatische Aufladung vermieden.

Dual war der größte deutsche Hersteller dieser Produktgruppe. Im Laufe der Jahre wurde die fernöstliche Konkurrenz immer größer und spielte ihre Größenvorteile als Weltlieferant mit riesigen Entwicklungsabteilungen aus. Technisch und optisch lagen die japanischen Geräte bei der Jugend deutlich mehr im Trend als vergleichbare deutsche Produkte. Die Wettbewerber boten in ihrem Sortiment nicht nur die Einzelkomponente Plattenspieler an, sondern außerdem Verstärker, Endstufen und Lautsprecher, um die vollständige HiFi-Anlage von einer Marke zusammenstellen zu können.

1982 musste Dual Insolvenz anmelden und lebt heute noch als Marke, die von Hand zu Hand weitergereicht wurde, weiter.

Warum ist es Dual nicht gelungen, den Sprung vom analogen zum digitalen Abspielgerät erfolgreich zu gestalten? Ein CD-Spieler hätte aus heutiger Sicht von Dual kommen müssen. Warum gelang es dem Marktführer nicht, diesen Schritt zu gehen?

Telefunken

Telefunken war neben Grundig der Inbegriff für technische Produkte der Unterhaltungselektronik aus Deutschland.

1903 wurde Telefunken aus Teilen von zwei an der Entwicklung der drahtlosen Nachrichtenübermittlung arbeitenden Wettbewerbern, AEG und Siemens-Halske, gegründet. Der damalige Kaiser Wilhelm hatte dies so angeordnet. Mit der Gründung von Telefunken wurde das Know-how beider Seiten gebündelt und so gezielt eingesetzt. Aufgaben gab es im militärischen und im zivilen Bereich.

Später wurde Telefunken besonders durch seine Fernsehgeräte, Radios und Tonbandgeräte bekannt und geschätzt. Bei diesen Geräten waren Erfindungen von Telefunken prägend. Nach dem Krieg wurden die Radargeräte von Telefunken für den zivilen Bereich eingesetzt und auch erstmals zur Überwachung der Geschwindigkeitsbegrenzungen, die es ab 1957 zunächst innerhalb geschlossener

Ortschaften in Deutschland gab. Eine große Entwicklung aus dem Hause Telefunken war das PAL-System für die Farbfernseher, das bis heute eingesetzt wird. Nun begann die für Telefunken wohl erfolgreichste Zeit, mit Umsätzen von rund einer Milliarde DM im Jahr. Wettbewerbsprobleme führten 1967 zur Fusion von AEG und Telefunken. Schon 1970 mussten Unternehmensteile ausgegliedert oder verkauft werden, bis schließlich 1983 der französische Konzern Thomson Telefunken kaufte. Das Problem war die Rundfunksparte des Konzerns, die es mit dem fernöstlichen Wettbewerb nicht dauerhaft aufnehmen konnte. Der Markt für Unterhaltungselektronik sollte sich gravierend durch diesen Einfluss ändern. Immer wieder neue technische Merkmale und kleinere Einzelkomponenten veränderten die Kaufgewohnheiten. Auf diesem Sektor konnte Telefunken nicht mehr folgen. Teile des Unternehmens und ein großer Teil des Knowhow gingen später an Unternehmen wie Mannesmann, Bosch bis hin zu Ericsson. Die übrig gebliebenen Teile nannten sich wieder AEG und verweilten einige Zeit bei Daimler-Benz. Heute lebt von Telefunken fast nur noch der Name.

Ein ehemaliger Innovationsführer hatte zu spät bemerkt, dass sich Spielregeln im Markt geändert haben. Die Beispiele zeigen deutlich den Einfluss auf den deutschen Markt, den die neuen Spielregeln aus Fernost zur Folge hatten. Dort reagierte man bedeutend schneller auf neue Richtungen und Trends und initiierte sie sogar selbst. Neue Produkte kamen hinzu und veränderten das Verhalten der Konsumenten. Es waren eher Marketingthemen und die Beschäftigung mit den zukünftigen Bedürfnissen und Wünschen der Kunden, weniger die Technik der Produkte.

Olympia Schreibmaschinen

Briefe schrieb man früher auf einer Olympia Schreibmaschine. Die Entwicklung der Schreibmaschine wurde übrigens von der AEG ausgelöst, die im Zusammenhang mit Telefunken schon einmal erwähnt wurde. Die im AEG Auftrag entwickelten Schreibmaschinen hießen zuerst Mignon und später ab ungefähr 1930 „Olympia", wie das gleichnamig produzierende Unternehmen.

Nach einigen Wirren durch die neue, temporäre Grenze in Deutschland nach dem Zweiten Krieg, entstand zwischen dem Werk in Erfurt und dem neuen Werk in Wilhelmshaven eine Unsicherheit der Namensverwendung Olympia.

Der Internationale Gerichtshof in Den Haag entschied 1949, dass nur das westdeutsche Unternehmen in Wilhelmshaven den Markennamen Olympia verwenden durfte. Das Werk in Erfurt nannte seine Schreibmaschinen danach kreativ Optima.

Das Unternehmen Olympia florierte und wuchs rasch in neue Dimensionen. Bis zu 20.000 Mitarbeiter arbeiteten für dieses Unternehmen. Olympia beteiligte sich an anderen Unternehmen, wie dem Rechenmaschinenhersteller Brunsviga. Denkt man an die Bürowelt sind das die gleichen Kunden, der gleiche Vertriebsweg und der gleiche Service.

Schon 1959 begann die Produktion von elektrischen Schreibmaschinen, damals ein großer Schritt nach vorne. Der Marktanteil in Deutschland stieg rasant und bei den in Deutschland produzierten Maschinen lag er bei 50 Prozent. Auch international expandierte Olympia und stieg zur Nummer Eins der Büromaschinenhersteller in Deutschland und zur Nummer Drei der Welt auf. Eine steile Karriere. Was sollte diesem Unternehmen passieren?

Der Schritt in das Computerzeitalter wurde mit Datenerfassungssystemen erfolgreich gestartet. Doch auch hier konnte man den fernöstlichen Wettbewerbern so langsam nicht mehr erfolgreich begegnen. Die japanischen Maschinen waren bedeutend leichter und letztlich auch günstiger im Markt. Um an die neue Technik zu gelangen, kooperierte Olympia mit Matsushita in Japan. Den Anschluss auf dem Weg von der klassischen Bürotechnik hin zu Kleincomputern und der notwendigen Software hatte Olympia verpasst. Die Vision einer völlig neuen Technik- und Anwender-Welt hat gefehlt oder konnte sich nicht durchsetzen. Die Frage bleibt, warum sich der Marktführer für Büromaschinen in Deutschland und einer der größten Anbieter für Schreibmaschinen international nicht mit seinen Kunden und den Anwendungen entwickelt hat. Eigentlich hätten doch die weltbesten Drucker und Textverarbeitungsprogramme von Olympia und keinem anderen kommen müssen bzw. dürfen.

Der Marktführer erkannte nicht, dass sich andere Unternehmen mit einer anderen Technik und einem anderen Konzept einen kompletten Markt inklusive des Marktführers an sich zogen und ihn übernahmen. Genau diese „Markt-Übernehmer" haben quergedacht und die Spielregeln im Markt der Büromaschinen zu ihren eigenen Gunsten geändert. Dies nur mit fehlendem Geld oder fehlender Technik zu entschuldigen, wäre zu einfach. Heute lebt Olympia allenfalls noch im Namen weiter.

Sony Walkman

Der Walkman von Sony steht hier sogar zweimal, einmal für ein sehr gutes Beispiel für Querdenken und Spielregeln ändern und ein zweites Mal für die verpasste Chance, mit einem quergedachten Produkt weitere Spielregeln im Markt zu ändern.

Als im Juli 1979 der erste Walkman von Sony auf den Markt kam, war dies eine kulturelle Revolution. Mit dem Walkman wurde Musikhören mobil und es war möglich, fern der häuslichen Anlage, Musik zu hören. Der Walkman spielte Musikkassetten ab, die man selbst bespielt oder auch fertig gekauft haben konnte. Jugendliche mit Kopfhörer tauchten nun erstmals im Straßenbild auf und gehören seitdem zu einer normalen Erscheinung. Musik hören in Cafés, am Strand oder beim Spazierengehen war bisher nicht möglich, der Walkman hat dies verändert. Eine ganze Industrie von Zubehörteilen wie Kopfhörer, Booster und Lautsprecher hatte eine neue Zielgruppe. Der Walkman wurde zum Gattungsbegriff für mobiles Musikhören und ist es bis heute geblieben.

Sony entwickelte dieses Produkt, das die Spielregeln im Markt für Musik geändert hat, immer weiter. Schon 1984 konnte der Walkman CDs abspielen und nannte sich nun Discman. Ab 1992 spielte er ein weiteres Medium, die MiniDisc ab. Später nannte Sony alle seine mobilen Abspielgeräte Walkman und jeder verstand sofort, worum es bei den einzelnen Produkten ging. Aber dann wurden der Anschluss und die eigentlich logische Weiterentwicklung verpasst.

Warum hat Sony nicht den iPod erfunden?

Den Medienspieler als Datenspeicher, der sich sein Material aus dem Internet holt oder komprimierte Dateien verarbeiten kann, hat Apple und nicht Sony erfunden. Sony hat das mobile Hören erfunden und einen neuen Markt geschaffen, Apple hat diesen Weg nochmals mit neuen Spielregeln versorgt und damit ein zweites Mal revolutioniert. Im Jahre 2001 wurde der erste iPod von Apple von Steve Jobs vorgestellt. Alles daran war neu. Der iPod hatte eine Festplatte, Musik wurde nur noch digital transportiert, zur Steuerung gab es ein Scrollrad und einen Bildschirm, und man konnte sich selbst Abspiellisten zusammenstellen. Der Computer und seine Musikdateien wurden mit dem iPod mobil. Es entstand eine neue Industrie aus Geräten, die den iPod unterstützten. Der iPod wurde gleichzeitig zum Musiklieferanten für die stationäre HiFi-Anlage zu Hause und für den mobilen Einsatz. Ein riesiger Markt entstand und veranlasste Apple zu neuen Höhenflügen. Das Gerät wurde permanent weiterentwickelt bis zu den verschiedenen Modellen, die wir heute kennen.

Apple setzt von seinem Produkt Millionen Stück in der ganzen Welt ab. Heute werden Videos mit einem iPod abgespielt und eine Variante davon, das iPhone, hat wiederum den Markt für Mobiltelefone in völlig neue Bahnen gelenkt.

Wo ist Sony mit dem Urgedanken Walkman geblieben? Nach 30 Jahren wurde der letzte Walkman von Sony im April 2010 produziert. Eine Ära ging so zu Ende. Eigentlich wäre Sony der logische Erfinder des iPods gewesen.

Quelle

Ein Beispiel aus der jungen Geschichte ist Quelle. Es zeigt, dass große und mächtige Unternehmen existentielle Probleme bekommen können, wenn neue Spielregeln nicht erkannt und keine eigenen Regeln im Markt aufgestellt werden.

Quelle wurde 1927 von Gustav Schickedanz gegründet und startete als Versandhandel. Nach dem Zweiten Weltkrieg wurde dieser, neben stationären Geschäften, wieder aufgebaut. Quelle entwickelte sich phantastisch und das Unternehmen wuchs auch durch den Zukauf anderer Firmen. Quelle war das Synonym für den Versandhandel und schuf im Laufe der Zeit sogar eigene Marken in unterschiedlichen Sortimentsbereichen wie Revue, Universum oder Privileg. In der Folge wurden große Warenhäuser eröffnet, die damit in Konkurrenz zu Horten, Kaufhof und Karstadt in den Städten die Kunden versorgten. Auf der Versandhandelsseite war Otto der große Wettbewerber.

1999 fusionierten Karstadt und Quelle, später ging daraus die Arcandor AG hervor. Quelle hielt zu lange an dem teuren Medium Katalog fest, der eine Auflage von rund acht Millionen Exemplaren hatte. Der Katalog war in Zeiten des Internets jedoch nicht mehr zeitgemäß und die Gelder dafür wären besser in das E-Commerce-Geschäft investiert worden. Der Katalog war ein Verkaufsbuch, das früher sehr beliebt war, da er ein sehr breites und tiefes Sortiment nach Hause zum „Anschauen" brachte. Der Quelle Katalog bot Produkte für die ganze Familie und wurde auch von der ganzen Familie benutzt. Er war ein Barometer für markttaugliche Produkte. Ein Produkt, das nicht für den Quelle Katalog gelistet wurde, hatte auch im Markt keine Chance. Der Katalog war eine Art Marktfibel und Traumlandschaft zugleich. Viele haben sich richtig auf den neuen Quelle Katalog gefreut, um darin die Kreuzchen für den eigenen Wunschzettel zu machen. Im Internet funktioniert das heute allerdings erheblich besser und die Vielfalt ist deutlich größer.

Da Quelle aber mit seinen zahlreichen Outlets und Bestellshops auf den Katalog angewiesen war, hielt man zu lange an den alten Zöpfen fest. Der Wettbewerb hatte die Zeichen erkannt und sich längst auf der E-Commerce-Schiene engagiert. Quelle war zwar beim Aufbau des Internet-Geschäftes aktiv, aber die permanenten Neuausrichtungen unter Arcandor kosteten zu viel Geld und Kraft. Beides fehlte dann für den neuen Vertriebskanal. Der Kunde wollte nicht mehr in einem dicken Katalog blättern und hatte das Gefühl, dass die angebotene Ware sehr uniform aussah. Der Kunde möchte individuell und nicht wie aus dem Katalog aussehen. Ein Katalog mit einem so breiten Sortiment von Textilien über Möbel und Geschirr bis zu Saunen, Autos oder Hunden war völlig überholt. Andere haben das Sortiment untergliedert und Spezialkataloge herausgebracht und wieder andere haben im E-Commerce-Geschäft die Individualität des Kunden als Argument aufgenommen.

2009 wurde das Unternehmen Quelle abgewickelt. Den übrigen Wettbewerbern im Versandhandel geht es prächtig.

Quelle ist ein Beispiel dafür, wie ein großes und eigentlich unverwüstliches Unternehmen doch aus dem Markt gefegt werden kann. Alles, was eine positive Zukunft erwarten ließ, war vorhanden. Ein riesiger Kundenstamm, Kow-how im Versandhandel, zahlreiche Outlets im Markt und viele engagierte Mitarbeiter. Quelle war wegweisend im Versandhandel, in Logistik und in der Datenverarbeitung. All dies hat nicht gereicht, um sich den neuen Spielregeln im Markt anzupassen.

Heute lebt noch der Name Quelle beim Konkurrenten Otto weiter.

8. Fazit: Es gibt keine dummen Gedanken

Nun haben Sie sich durch das Thema „Querdenken und Spielregeln ändern" ge-kämpft und viel darüber erfahren. Sie haben gelesen, wie wichtig die aktive Zu-kunftsplanung für ein Unternehmen ist und warum wir mit den herkömmli-chen Managementmethoden nicht weiter kommen.

„Man entdeckt keine neuen Erdteile, ohne den Mut zu haben,
die alten Küsten aus den Augen zu verlieren." [4]

Was passieren kann, wenn der Preis das einzige Unterscheidungsmerkmal im Markt ist, wurde beschrieben. In diesem Zusammenhang steht meine Aussa-ge: „Billig ist kein Marketing". Querdenken als Methode wurde erläutert und der Spielmacher im Markt wurde vorgestellt.

Anhand von einigen Beispielen haben Sie erfahren, wie Querdenken in der Pra-xis erfolgreich umgesetzt wurde und neue Wege eingeschlagen wurden. Der Umsetzungsleitfaden wird Ihnen in der Praxis sicherlich helfen.

Querdenken ist ein notwendiges Handwerkszeug eines Managers. Es ist ent-scheidend, Fragen zu stellen und den Status quo im Markt und in der Rollenver-teilung nicht zu akzeptieren, sondern zu hinterfragen.

Es gibt keine Beschränkung beim Querdenken.

Wann wird die Automobilindustrie revolutioniert und arbeitet mit einem Ein-heitsmotor, der über ein einfaches Chip Tuning seine verschiedenen Varianten erhält? Ein solches „Chip Customizing" ist erheblich günstiger und für den Kun-den deutlich einfacher. Es gäbe mit diesem „Chip Customizing" ein völlig neu-es Geschäftsfeld, in dem der Kunde zum Beispiel sein Auto behält, wenn er ei-nen stärkeren Motor haben möchte, und bei den Herstellern im Zubehör einen neuen stärkeren Chip kauft und sich in sein Auto einsetzen lässt. Den Gedanken kann man noch weiter spinnen, wenn man daran denkt, dass dann für Fahran-fänger ein „Anfänger Chip" mit wenig Leistung eingesetzt werden könnte. 200 PS für Papa und 50 PS für die Kids. Das Einsetzen könnte man sogar so ein-fach umsetzen, dass der Kunde es selbst vornimmt. Der Chip würde einfach im Handschuhfach in den entsprechenden Schlitz gesteckt wie heute schon die

---

4   André Gide, französischer Schriftsteller

Speicherkarten in einen Fotoapparat. Wenn das Handling einfach gestaltet würde, könnte man sich selbst auch mal einen zweiten Chip leisten. Warum das ganze Jahr mit 200 PS unterwegs sein, wenn man nur einmal im Jahr viel Leistung für den Campingurlaub mit dem Wohnwagen braucht? Elf Monate braucht man den 75 PS Chip für den Weg zur Arbeit und für vier Wochen nutzt man dann den 200 PS Chip, um den Caravan nach Italien ziehen zu können. Noch weiter gedacht, könnte man sich den vielleicht sogar bei einem Autovermieter leihen. Eine weitere neue Geschäftsidee. Wenn so etwas mit einem Chip für die Motorleistung geht, dann doch bestimmt auch in Kombination mit einer anderen Fahrwerks- und Getriebeabstimmung.

Ein interessantes Thema, das sich zum Weiterdenken lohnt, wenn man an die Kosten und die Möglichkeiten im Markt denkt.

Wir reden seit Einführung der Winterreifenpflicht permanent darüber, wie die Polizei die Umsetzung kontrollieren soll. Quergedacht und ohne die Regeln des Marktes zu akzeptieren (ich kenne sie gar nicht), könnten doch die Winterreifen eine andere Farbe als die Sommerreifen haben. Sommerreifen wären schwarz – wie bisher – und die Winterreifen wären weiß. So wäre auf den ersten Blick zu erkennen, ob die Bereifung im Winter bei den Autos korrekt ist. Auch hier reizt es, den Gedanken weiter zu spinnen. Wenn das so möglich gemacht würde (nicht möglich ist, sondern möglich gemacht würde!) könnte die Reifenindustrie ja auch den farblich passenden Reifen zum Auto produzieren. Warum kann ich für mein rotes Auto keine roten Reifen haben? Vielleicht würde ich dann sogar öfter mal die Reifen wechseln, von Rot auf Blau oder Braun. Da kommen mir die Grundgedanken der Swatch Uhr wieder ins Gedächtnis. Das hat auch funktioniert und keiner außer Nicolas Hayek hatte vorher daran gedacht.

Alles Ideen, die aus heutiger Sicht, mit den heutigen Mitteln und Regeln nicht funktionieren. Genau das macht es so reizvoll. Es gibt beim Querdenken keine dummen Ideen oder unsinnige Gedanken.

Der Querdenker-Ansatz kann:

▶ Aktuelle Probleme lösen helfen.
▶ Neue Geschäftsfelder finden.
▶ Neue Märkte definieren.
▶ Neue Vermarktungsmethoden erfinden.
▶ Neue Vertriebskanäle finden.

- ▶ Neue Produkte kreieren.
- ▶ Marktpositionen verschieben.

Der Querdenker-Ansatz kann alles dies ermöglichen, wie die Beispiele im Buch gezeigt haben. Er kann aber, wenn er nach außen dringt, auch neue Mitarbeiter anlocken, bei Ihnen zu arbeiten und sich zu verwirklichen. Der eigene Markt und benachbarte Märkte werden auf das querdenkende Unternehmen aufmerksam. Wer würde nicht gerne in einem solchen Unternehmen arbeiten wollen?

Für mich das größte Lob und die schönste Bestätigung unserer Arbeit bei aws Wärme Service war eine Äußerung eines Mitarbeiters. Er berichtete, dass er Freunden von uns erzählt hat: von der Reise der Super Stars, der besten Verkäufer eines Jahres nach einem ausgeklügeltem System und von den verschiedenen Workshops und Meetings zum Thema Querdenken. Er hat seinen Freunden erläutert, wie ein solcher Workshop abläuft, dass alle Gedanken erlaubt sind, ja, dass man gerade aufgefordert wird, auch zu „spinnen" und in die Zukunft zu sehen. Er erzählte von dem Querdenker-Preis „QUH", den wir analog einer Oscar-Verleihung, ausgelobt hatten. Seine Freunde haben gestaunt und ihn nur gefragt „Habt ihr noch Jobs frei? Ich würde sofort kommen."

Ich hoffe sehr, dass Sie das Buch und die Ausführungen angesprochen haben und auch Sie vom Querdenken „gepackt" wurden.

Wenn Sie Beispiele für erfolgreiche Querdenker und Spielregeländerungen haben, können Sie mir diese gerne an folgende E-Mail-Adresse schicken:

querdenken@gis-con.de

Sie können auch Ihre eigenen Querdenker-Ideen an diese Adresse schicken, wenn Sie Ihre Gedanken mit anderen teilen möchten. Wer weiß, vielleicht entwickeln sich daraus eine „Querdenker-Börse" oder noch ganz andere Projekte.

Viel Spaß und Erfolg beim Querdenken!

Gerd-Inno Spindler

Danksagung

Die Planung, die Recherche, das Schreiben, die Korrektur in mehreren Runden hat viel Zeit gekostet und doch unendlich viel Spaß gebracht.

Mein Dank gilt meiner Familie, die in den Abend- und Nachtstunden, an den Wochenenden und im Urlaub während der Autorentätigkeit nicht allzu viel von mir hatte und doch immer wieder mit dem Thema durch Fragen und „lies doch mal" berührt wurde. Vielen Dank für die erste interne Lektoratsrunde durch meine Frau Jutta, die mir viele wertvolle Tipps gegeben hat. Danke für die Unterstützung und das Verständnis für manchmal komische Fragen und Launen.

Meinen Mitarbeiterinnen und Mitarbeitern gilt mein besonderer Dank, für das, was sie alles durch ihr Engagement und ihre Kreativität bei der Umsetzung des Querdenker Prozesses ermöglicht haben. Es hat so viel Freude gemacht, mit diesem Team der aws Wärme Service zu arbeiten und diese Managementmethode zu probieren und erfolgreich umzusetzen. Nie werde ich die erstaunten Blicke zum Start des Querdenkens, die ausdrückten: „Jetzt ist er völlig verrückt geworden" und auch nicht die wachsende Begeisterung in den folgenden Monaten bis zum „Wann denken wir mal wieder quer, Herr Spindler?", vergessen.

Bedanken möchte ich mich auch bei Prof. Dr. Jens Böcker, der bei unserem ersten Gespräch zum Thema Querdenken sofort Feuer und Flamme war und der mit seinem Team an der Uni den empirischen Teil des Buches ermöglicht hat. Mit seiner Hilfe konnte ich einen Teil der Arbeit vor Publikum präsentieren und viel Mut durch die Reaktionen daraus schöpfen. Vielen Dank auch an seine Frau Uli, die uns an manchen Abenden so gut versorgt hat, dass wir uns nur um unsere Gedanken kümmern mussten.

Das Projektteam um Manuel Hammes als Projektleiter an der Hochschule Bonn-Rhein-Sieg in St. Augustin hat mit dem „Forschungsprojekt Querdenken" hervorragende Arbeit geleistet. Es hat mir Spaß gemacht, wieder einmal im Studentenkreis mitzumachen.

Mein Dank gilt aber auch allen zitierten Autoren, die mir in den vielen Lesestunden immer einen neuen Blick und neue Gedanken im Hinblick auf mein Projekt ermöglicht haben.

Ganz herzlichen Dank an den Gabler Verlag in Wiesbaden und an meine Lektorin Manuela Eckstein, die so viele wertvolle Tipps zur Realisierung Buchprojektes gegeben haben. Vielen Dank auch für den Mut, es umzusetzen.

Insgesamt hat es so viel Spaß gemacht, dass bestimmt weitere Projekte folgen werden.

Stimmen aus dem Markt

Fragt man Führungskräfte, was sie von Querdenkern als Mitarbeiter halten, hört man Zwiespältiges: Einerseits werden selbstständiges Denken, Kreativität, Mut zum Abweichen von tradierten Normen gelobt, andererseits werden Unruhestifter, Illoyalität, „Befehlsverweigerer" gefürchtet, die den Unternehmenserfolg beeinträchtigen könnten.

Gerd-Inno Spindler liefert in seinem Beitrag ein überraschendes Beispiel, Querdenkertum für den Unternehmenserfolg nutzbar zu machen: Er schildert, wie er in seinem Unternehmen zum Querdenken auffordert, es als Prozess unter der engagierten Mitwirkung seiner Mitarbeiter etabliert und Erfolge belohnt, und dabei zu erstaunlichen, positiven Ergebnissen auf der Kosten- und Ertragsseite kommt. Das ist praxisnah, verständlich und – auf das jeweils eigene Unternehmen abgewandelt – nachahmbar.

Dr. Rolf Scheuten
Dr. Scheuten & Hill, HR Consulting

Ein reinrassiger Querdenker! Gerd-Inno Spindler gibt sich nicht mit Bestehenden zufrieden. Etabliertes wird gezielt in Frage gestellt, neue Ansätze zur Kundenorientierung systematisch entwickelt. In seinem Vortrag zum Bonner Management Forum hat Gerd-Inno Spindler konkrete Ideen und Spielräume zum Querdenken vorgestellt. Die Resonanz des Auditoriums war einhellig: Top-Sprecher der Konferenz!

Prof. Dr. Jens Böcker
Bonner Management Forum

Jedes Produkt und jede Dienstleistung wird im Lebenszyklus irgendwann zur Commodity. Es ist wichtig, nicht immer das Gleiche nur besser und billiger zu tun, sondern Mehrwert zu schaffen, der dann auch besser bezahlt wird.

Gerd-Inno Spindler zeigt dies eindrucksvoll und sehr anschaulich in seinen Ausführungen. Er regt damit zum Nachdenken an. Querdenken aus der operativen Sicht zum Anfassen.

Michael Weinreich
Vorsitzender der Geschäftsführung
arvato infoscore GmbH

Der Vortrag „Querdenken im Marketing" von Gerd-Inno Spindler regt zum Nach- und Neudenken an. Im strategischen Marketing sind viele Methoden und Entscheidungswege etabliert. Veränderungen bei den Methoden scheinen häufig nur in einem langfristigen Prozess möglich zu sein. Mit seinem Vortrag zeigt Gerd-Inno Spindler Wege und Möglichkeiten auf, wie pragmatisch und schnell neue Ideen identifiziert und umgesetzt werden können. Die von ihm dargestellte Vorgehensweise kann sehr gut auf andere Branchen übertragen werden. Wir werden diese Methodiken zukünftig in unserem Fachbereich nutzen, um neue Wege auszuprobieren und den Horizont zu erweitern.

Dr. Jörg Höppner
Leiter Konzern-Markenstrategie und Preisplanung
Konzern Marketing und Vertriebssteuerung
Volkswagen Aktiengesellschaft

Gerd-Inno Spindler überzeugte mit einer sehr pragmatischen und unkonventionellen Weise, Dinge zu hinterfragen, die auf den ersten Blick unverrückbar erscheinen.

Speziell in einer Branche mit einem sehr vergleichbaren und unattraktiven Produkt, durch Marketingmaßnahmen eine derartige Aufmerksamkeit und Erfolg zu generieren, war faszinierend.

Hartmut Drages
Leiter Central Department Marketing
Sick AG

Abbildungsverzeichnis

Literatur

Arden, Paul (2007): *Egal, was Du denkst, denke das Gegenteil,* Ehrenwirth, Bastei Lübbe, Köln 2007.

Ariely, Dan (2008): *Denken hilft zwar, nützt aber nichts,* Droemer Verlag, München 2008.

Buchholz, Andreas/Wördemann, Wolfram (2008): *„Spielstrategien im Business – Die Regeln des Wettbewerbs verändern",* Campus Verlag, Frankfurt am Main 2008.

Deckstein, Dinah (2009): *Vorher auf die Toilette,* Der Spiegel, 27/2009.

Dworschak, Manfred (2009): *Verranzt und zugekäst,* Der Spiegel, 18/2009.

Flatters, Paul/Willmot, Michael (2009): *Die Verbraucher von Morgen,* Harvard Business Manager, 09/2009.

Förster, Anja/Kreuz, Peter (2005): *Different Thinking!,* Redline Wirtschaft, Frankfurt 2005,

Förster, Anja/Kreuz, Peter (2007): *Alles, außer gewöhnlich!,* ECON, Berlin 2007.

Förster, Anja/Kreuz, Peter (2008): *Spuren statt Staub,* ECON, Berlin 2008.

Fuchs, Jürgen (2007): *Das Märchenbuch für Manager,* Frankfurter Allgemeine Buch, Frankfurt 2007.

Glüsing, Jens/Klawitter, Nils (2010): *Die Bohnen-Revolution,* Der Spiegel, 7/2010.

Hamel, Gary/Prahalad, C. K. (1995): *Wettlauf um die Zukunft,* Ueberreuter, Wien 1995.

Hanser, Peter (2009): *Keine Kompromisse bei der Kaffeequalität,* absatzwirtschaft Sonderheft 2009, Fachverlag der Verlagsgruppe Handelsblatt GmbH, Düsseldorf 2009.

Jungbluth, Rüdiger (2006): *Die 11 Geheimnisse des IKEA Erfolgs,* Campus Verlag, Frankfurt/New York 2006.

Karle, Roland (2009): *Von der Tigerente in die Torfabrik,* absatzwirtschaft Sonderheft 2009, Fachverlag der Verlagsgruppe Handelsblatt GmbH, Düsseldorf 2009.

Karle, Roland (2010): *Wie Querdenken Märkte verändert,* absatzwirtschaft Sonderheft 2010, Fachverlag der Verlagsgruppe Handelsblatt GmbH, Düsseldorf 2010.

Kim, W. Chan/Mauborgne, Renée (2005): *Der Blaue Ozean als Strategie,* Hanser, München 2005.

Kohlöffel, Klaus M./Rosche, Jan-Dirk (2009): *Spielmacher im Management,* Wiley-VCH, Weinheim 2009.

Manz, Hans-Henning (2007): *Gaskunde ärgere Dich!,* Brennstoffspiegel, 08/2007, Ceto-Verlag, Leipzig.

Manz, Hans-Henning (2008): *Es geht auch ohne Minus,* Brennstoffspiegel, 04/2008, Ceto-Verlag, Leipzig.

Michelli, Joseph A. (2008): *Das Starbucks Geheimnis,* Redline Wirtschaft, München 2008.

Oetinger , Bolko von (2006): *Hänsel und Gretel und Die Kuba-Krise,* Carl Hanser Verlag, München 2006

Piller, Tobias (2009): *Espresso aus der Kapsel,* FAZ, 05.01.2009.

Schumpeter, Joseph Alois (2005): *Kapitalismus, Sozialismus und Demokratie,* UTB, Stuttgart 2005.

Tietz, Janko (2009): *Elefant im Dorfteich*, Der Spiegel, 36/2009.

Watzlawick, Paul (1983): *Anleitung zum Unglücklichsein,* Piper, München 1983.

Weisshaupt, Bruno (2006): *Systeminnovation – Die Welt neu entwerfen,* Orrel Füssli Verlag, Zürich 2006.

Welch, Jack/Welch Suzy (2005): *Winning – Das ist Management,* Campus Verlag, Frankfurt/New York 2005.

Stichwortverzeichnis

Der Autor

Gerd-Inno Spindler hat an der Georg-August-Universität in Göttingen Betriebswirtschaftslehre studiert und begann seine Karriere bei der Blaupunkt Werke GmbH in Hildesheim.

Danach war er in leitenden Vertriebs- und Marketingpositionen für Heinrich Kopp GmbH & Co. KG, Black & Decker GmbH und für Nintendo Of Europe GmbH tätig.

Er wechselte später zur VEBA Oel AG (ab 2002 Deutsche BP AG). Dort übernahm er zunächst die Geschäftsführung der Caramba Chemie GmbH. Anschließend war er Geschäftsführer der Aral Wärme Service GmbH und später Geschäftsführer der aws Wärme-Service GmbH, einem Joint Venture der BP Europa SE.

Heute arbeitet Gerd-Inno Spindler als Berater und ist gefragter Referent auf Marketing- und Strategiekonferenzen, wenn es um Querdenken und „Spielregeln ändern" geht.

Gerd-Inno Spindler lebt mit seiner Familie in der Nähe von Aschaffenburg.

www.gerd-inno-spindler.de